Heinrich Ritter von Poschinger

Preussen im Bundestag, 1851 bis 1859

Dokumente der K. Preuss. Bundestags-Gesandtschaft

Heinrich Ritter von Poschinger

Preussen im Bundestag, 1851 bis 1859
Dokumente der K. Preuss. Bundestags-Gesandtschaft

ISBN/EAN: 9783744665575

Hergestellt in Europa, USA, Kanada, Australien, Japan

Cover: Foto ©ninafisch / pixelio.de

Weitere Bücher finden Sie auf **www.hansebooks.com**

Publicationen

aus den

K. Preußischen Staatsarchiven.

———

Dreiundzwanzigster Band.

Dr. H. Ritter v. Poschinger, Preußen im Bundestag 1851 bis 1859. Documente
der K. Preuß. Bundestags-Gesandtschaft. Vierter Theil.

Veranlaßt   durch die
und unterstützt   K. Archiv-Verwaltung.

———

Leipzig

Verlag von S. Hirzel

1884.

geliebten Mannes so verwandt zu sehen, nicht ohne Verschulden seiner Vorliebe für das Unerwartete und für den Beifall von Gegnern.

Die Österreichischen Papiere sind stark gefallen[1]) an der hiesigen Börse; die neue Anleihe soll, wie mir Herr von Tallenay[2]) sagt, auf 100 Millionen Gulden beabsichtigt sein, obschon die Zeitungen bis jetzt nur von 40 sprechen.

Die orientalische Frage[3]) absorbirt nachgerade hier alle politischen Interessen, besonders da man sehr im Ungewissen über die Sachlage ist, und Niemand, wie es scheint auch Prokesch nicht, sichere und neuere Nachrichten hat. Die Engländer forschen sehr eifrig nach Symptomen einer angeblich durch den Kronprinzen von Württemberg versuchten Annäherung Rußlands an Frankreich".

Postscriptum.

„Herr von Beust[4]) hat eine, auch an meinen Collegen Nostitz[5]) ergangene Circularnote zur Widerlegung der Angaben über seine Münchener Verhandlungen[6]) erlassen.

In Stuttgart scheint Herr von Dalwigk[7]) in Betreff des Unfriedens mit uns[8]) weiter nichts als allgemeine Wünsche zu erkennen gegeben zu haben. Wenn ein einlenkender Schritt von Darmstadt geschieht, so wird er vermuthlich in einem persönlichen Schreiben des Großherzogs an Se. M. den König bestehen. Der Großherzog macht sich nicht mehr viel aus Dalwigk, aber die Qual, einen Anderen zu wählen und sich mit einem Neuen einzuleben, ist für ihn ein Schreckbild, welches den Bemühungen J. K. H. der Großherzogin, Dalwigk zu halten, wirksam zur Seite steht".

---

1) Aus Anlaß der Befürchtungen eines Orientkrieges.

2) cf. oben S. 105, Note 6.

3) cf. unten S. 172, Note 2.

4) Freiherr von Beust, Königlich Sächsischer Minister des Innern, sowie der auswärtigen Angelegenheiten.

5) cf. oben S. 15, Note 3.

6) Unterm 11. Dezember 1853 theilte der Minister Freiherr von Manteuffel Herrn von Bismarck unter fliegendem Siegel zwei an die K. Gesandten zu Stuttgart und Karlsruhe gerichtete Erlasse mit, woraus zu ersehen war, wie seitens des Königlich Sächsischen Ministers von Beust der Versuch gemacht worden war, eine politische Spaltung unter den Bundesstaaten zu veranlassen. Sein neuerlicher Aufenthalt in München sollte zum ausdrücklichen Zweck gehabt haben, diesen Versuch mittelst Stiftung eines politischen Schutz- und Trutz-Bündnisses unter den deutschen Mittelstaaten zu verwirklichen.

7) cf. oben S. 103, Note 3.

8) scil. wegen der Canitz'schen Angelegenheit, cf. Band I, S. 33* f. sowie die Urkunden 194 und 195.

74. Eigenhändiger Bericht, betr. die Beziehungen zwischen Belgien und Frankreich. Haß Österreichs gegen England. Dominirende Stellung Frankreichs. Englisch-Französisches Bündniß. Plan einer Österreichisch-Französisch-Russischen Verbindung gegen Preußen und England. Lippesche Verfassungs-Angelegenheit. Unpreußische Gesinnung des westfälischen Adels; Bischof v. Kettler. Preußenfeindliche Umtriebe im Fürstenthum Lippe; Schriftenwechsel zwischen dem Staatsrath Fischer und dem Fürsten v. Metternich. Wechsel in der Person des Hannoverschen Bundestagsgesandten. Kurfürst von Hessen und Minister Hassenpflug. Diner bei Frhr. v. Prokesch zu Ehren des Belgischen Gesandten; Haltung des Ersteren gegenüber Herrn v. Bismarck. Meiningensche Domainenfrage. Kriegskosten-Liquidationen. Österreichische Preßagenten. 14. Januar 1854.

1854
Jan. 14. — — „Ich kann von hier kaum andere Dinge melden, als solche, deren an und für sich geringe Bedeutung im gegenwärtigen Augenblicke noch mehr in den Hintergrund tritt. Von Europäischer Politik wissen die meisten Deutschen Cabinette nicht viel und ihre hiesigen Vertreter noch weniger. Die Belgische Regierung ist offenbar in der jüngsten Zeit bemüht, sich das Wohlwollen Frankreichs in höherem Maße als bisher zu sichern. Als Grund dafür läßt sich wohl mit Wahrscheinlichkeit annehmen, daß in England der Glaube an die Nothwendigkeit, Krieg führen zu müssen, und damit der Werth Französischen Beistandes, gestiegen, dagegen bei Belgien hierdurch das Vertrauen auf Englischen Schutz gegen Frankreich vermindert ist, wenn man nicht geradezu den König Leopold von London aus veranlaßt hat, sich in bessere Beziehungen zum Französischen Kaiser zu setzen. Andererseits sind auch die Österreichischen Einflüsse in Belgien hierbei in Rechnung zu stellen, und zweifle ich nicht an der Bereitwilligkeit einer einflußreichen Partei im Österreichischen Cabinet, sich mit Frankreich auf unsere Kosten zu verständigen, und Belgien in solche Pläne hineinzuziehen, wenn der König Leopold denselben nicht widersteht.

Bei jeder politischen Unterhaltung mit Österreichern und den Coalitionsfreunden Österreichs merkt man, daß Haß gegen England in den maßgebenden Kreisen das hervorragendste Gefühl ist, von dem indessen immer noch ein auf Preußen fallender Überschuß bleibt.

Ein hiesiger Franzose, der mehr als Tallenay zu den Eingeweihten des Gouvernements gehört, schilderte mir in diesen Tagen in einer großsprecherischen Laune die dominirende Stellung Frankreichs, dessen Bündniß von Allen gesucht werde. England wage nicht, ohne Frankreich Rußland entgegenzutreten, und Österreich finde nur durch ein Bündniß mit Frankreich Sicherheit gegen seine malcontanten Unterthanen in Italien und Ungarn; Rußland könne ihm solche wohl zusagen, aber gegen Frankreichs Willen niemals geben.

Tallenay spricht sich in dem Sinne aus, als sei das Englisch-Französische Bündniß nur eine, von Frankreich in diesem Umfange nicht erstrebte Conse- quenz eines unberechneten Ganges der Ereignisse, bei der der Kaiser solange stehen bleiben müsse, bis er sich mit Anstand und ohne Verletzung der natio- nalen Eitelkeit aus der Türkischen Frage im engeren Sinne herausziehen könne, um die Ausfechtung Englisch-Russischer Rivalität der ersteren Macht vor der Hand allein zu überlassen. Auffällig ist mir, daß Tallenay, mit dem ich in sehr guten persönlichen Beziehungen lebe, etwa seit Weihnachten politisch viel zurückhaltender gegen mich als gegen Prokesch ist, was sonst weniger der Fall war.

Der leitende Gedanke mancher Österreichischen Staatsmänner ist der einer Österreichisch-Französisch-Russischen Verbindung gegen Preußen und Eng- land; Prokesch würde, sobald Rußland durch Türkische oder innere Verwicke- lungen geschwächt, und Österreich der Beistand der Coalition gesichert wäre, vielleicht noch lieber Rußland auf Seiten der Gegner sehen, und jedenfalls vor der Hand seine Freude an allem Schaden haben, den Rußland und Eng- land sich gegenseitig thun. Bezeichnend ist, daß Herr von Blittersdorf,[1] in seiner Eigenschaft als Österreichischer Mitarbeiter an der Postzeitung, den Beistand Amerikas gegen England mit den Worten anruft, man müsse den Teufel durch Beelzebub austreiben.

Ich habe schon erwähnt, welch doppeltes Spiel Prokesch in der Lippeschen Sache[2] getrieben hat, und berichte morgen[3] weiter darüber. Der Staats- rath Fischer,[4] eine wohlbeleibte unbeholfene Persönlichkeit, war vollständig erschüttert über die Perfidie, als deren Düpe er sich erkannte, wie ich ihm den wirklichen Sachverhalt auseinandersetzte, er gab seiner sittlichen Entrüstung mit so heftigen Körperbewegungen Ausdruck, daß er mit der ihn tragenden chaise longue vor meinen Augen zusammenbrach, und an der Menschheit wie an der Solidität hiesiger Tischlerarbeit gleichmäßig verzweifelnd an der Erde lag. Fischer ist übrigens ein in seinen Geisteskräften von der Altersschwäche stark entamirter Staatsmann, der langsam, aber sicher in die Kategorie der un- praktischen Redner hinabsinkt. Der eigentliche Beherrscher des Fürstenthums und des Fürsten zur Lippe scheint jetzt der gleichfalls hier anwesende Freiherr von Stitencron[5] zu sein, mit dem ich von der Universität her befreundet bin, und mit dem ich mich wohl vollständig in dem von Ew. Excellenz gebilligten Sinne verständigen werde.

---

1) cf. oben S. 6, Note 1.
2) cf. Band I, Einleitung S. 31* und die daselbst näher angeführten Urkunden, be- treffend den Lippeschen Verfassungsstreit.
3) cf. Band I, Urkunde 228.
4) cf. oben S. 65, Note 2.
5) cf. Band I, Urkunde 228.

Er erzählte mir beiläufig üble Dinge von der unpreußischen Gesinnung unseres Westfälischen, besonders des Münsterschen Adels. Der jetzige Bischof Kettler[1]) hat sich schon als Preußischer Referendarius gegen ihn gerühmt, „mit 6000 Kerls wie er selber sei" wolle er diesen Staat über den Haufen werfen. Im Jahre 1850, bei der Mobilmachung, hat das 13. Landwehr-Cavallerie-Regiment bei Stitencron in Quartier gelegen, und Offiziere desselben, die dem alten Münsterschen Adel angehören, haben gesagt, sie würden bei dem ersten Zusammenstoß mit Bayern oder Österreichern übergehen, worauf ein Anderer, ein Brinken, geantwortet: „Dann wird sich wohl ein ehrlicher Ulan finden, der Euch die Lanze durch den Leib rennt".

Im Lippeschen selbst zeichnet sich durch preußenfeindliche Umtriebe ein Herr von Blomberg aus, früher Preußischer Beamter, der mit Prokesch Correspondenz unterhält. Fischer steht mit Metternich[2]) in Briefwechsel; er zeigte mir ein eigenhändiges Schreiben von dem Fürsten, in welchem dieser ihm in allgemeinen Ausdrücken die vollste Unterstützung Österreichs in der Verfassungsfrage in Aussicht stellt.

Aus Hannover höre ich, daß wir wahrscheinlich Herrn von Bothmer[3]) anstatt des Generals Jacobi[4]) hier wieder zu erwarten haben; bei der ritterschaftlichen Richtung des Ersteren ein Fingerzeig für die Absichten des neuen Ministeriums. Ich wäre über den Tausch nicht böse, denn Jacobi ist zwar ein braver Mann, aber zu wortkarg und verschlossen. Bothmer ist ehrlich, traut Prokesch nicht, und neigt mehr zu uns als nach Wien.

Aus Cassel geht mir von guter Hand die Nachricht zu, daß der Kurfürst von seiner Excursion nach Wächtersbach in Zorn gegen Hassenpflug zurückkehre, und namentlich aufgeregt ist über das Condolenzschreiben, welches er selbst gleich nach dem Attentat[5]) auf Hassenpflug's Verlangen an diesen gerichtet hat. Er soll die Absicht geäußert haben, den Fürsten Felix Hohenlohe, seinen Schwiegersohn, mit dem Minister-Präsidium zu betrauen.

Prokesch hat vorgestern zu Ehren des Belgischen Gesandten[6]) ein Diner in Uniform gegeben; es ist dies üblich bei dem Antritte eines neuen Gesandten; nachdem es bisher unterblieben war, dürfte diese um acht Monate verspätete Nachholung wohl auf besonderen Befehl von Wien aus zu Ehren Belgiens erfolgt sein. Von diesem Diner, welches bis auf die Beleuchtung ganz tadelfrei war, und bei dem zum ersten mal das neue und sehr schöne Kai-

---

1) Freiherr von Kettler, Bischof von Mainz.

2) cf. oben S. 37, Note 1.

3) Früherer Hannoverscher Bundestagsgesandter. cf. oben S. 71, Note 3.

4) Jacobi, Generalmajor und Staatsminister a. D., Nachfolger des Herrn von Bothmer seit 2. Juni 1853.

5) cf. oben S. 158 ff.

6) Aldephonse Baron Dujardin.

serliche Silberservice der Präsidialgesandtschaft producirt wurde, macht er
einen erstaunlichen Lärm in den Zeitungen. Er ist seit einiger Zeit sehr sanft
gegen mich, und vermeidet alle Zornausbrüche, vermuthlich auf Befehl. Dafür entschädigt er sich durch Verhetzungen hinter meinem Rücken, und war bei-
spielsweise in diesen Tagen bemüht, Unfrieden zwischen Herwarth,[1] mir und
Walbersee[2] anzustiften, hatte aber darauf nicht gerechnet, daß wir einander
offen mittheilen würden. was er Jedem über den Anderen insinuirt hatte.

Es thut mir leid, daß Graf Arnim[3] in Wien sich auf das undankbare
Feld einer Beschwerde über die Person und eine einzelne Perfidie derselben ein-
gelassen hat, anstatt das System anzufassen.[4] Ich weiß nicht, ob Prokesch
schon Kenntniß von unserer Klage in Wien hat, glaube es aber; sein Hände-
druck wird täglich herzlicher.

In Bezug auf die Meiningensche Domainenfrage habe ich heute berichtet;[5]
ich fürchte, daß man in Wien die Wünsche des Herzogs mißbraucht, um im
Sächsisch-Österreichischen Sinne auf ihn zu wirken.

Auch das Rescript vom 9. in der Liquidationssache ist gestern Abend gekommen, und werde ich berichten, sobald Crüger[6] ausgerechnet hat, wie sich
unser Conto nach diesen Vorschlägen stellt.

Sehr dankbar bin ich für die Aussichten, die Zietelmann in Betreff einer
besseren polizeilichen Manipulation in Süddeutschland mitbrachte. Das Po-
lizei-Präsidium hatte neulich wieder überraschend falsche Nachrichten von hier.
Der Dr. X. sollte ein Agent des Herrn von Prokesch sein, und ein Herr von
Y. hier Österreichischer Correspondent der Augsburger Zeitung. X. ist nicht
nur unbrauchbar für Österreich, weil er nichts weiß, als den gewöhnlichen Po-
lizeiklatsch über Stimmungen und vage allgemeine Behauptungen, sondern er

---

1) cf. oben S. 3, Note 5.

2) cf. oben S. 37, Note 4.

3) cf. oben S. 70, Note 1.

4) Die Beschwerde der Preußischen Regierung war veranlaßt durch die antipreußische
Haltung der Österreichischen und von Österreich inspirirten Presse, sowie durch die von
Herrn von Prokesch verübten mannigfachen Präsidialübergriffe. cf. Band I unserer Samm-
lungen, Urkunde 210.

5) Herr von Bismarck berichtete hier dem Minister Freiherrn von Manteuffel, daß,
gleichwie im Herzogthum Altenburg, auch in Meiningen sich die Möglichkeit bieten werde,
die Wünsche Sr. H. des Herzogs in der Domainenfrage ohne eine direkte Betheiligung
des Bundes zu verwirklichen, sobald von Seiten der Herzoglichen Regierung mit derselben
Entschiedenheit und Geschicklichkeit operirt werde, wie in Altenburg. Jedenfalls werde eine
etwaige Mitwirkung des Bundes erst herbeigeführt werden, nachdem der Versuch einer Verständigung mit dem Landtage keine Aussicht auf Erfolg mehr böte. Bis dahin dürfte es
sich darum handeln, bei der Herzoglichen Regierung dasjenige Vertrauen auf den Erfolg
zu erwecken, dessen sie bedürfe, um die Durchführung der Wünsche Sr. H. des Herzogs
überhaupt in Angriff zu nehmen.

6) cf. oben S. 44, Note 2.

1854
Jan. 14.
wird auch nach wie vor von Österreich und dem Major Deetz alles Ernstes polizeilich und richterlich angegriffen. Herr von Y., ein hier verheiratheter Österreichischer Offizier a. D., kann kaum orthographisch schreiben, viel weniger in Zeitungen corresponbiren, und hat gar keine Verbindungen hier, außer mit Pferden und Hunden".

75. Eigenhändiger Bericht, betr. den Badischen Kirchenconflict. Herrn v. Gerlach's Rundschau über den Badischen Kirchenconflict. Die Neutralität Preußens, Österreichs und Deutschlands in der orientalischen Frage. Engerer Anschluß Bayerns an Österreich und Russische Ordensverleihung an den Minister v. d. Pfordten. Beeinträchtigung der Sicherheit Preußens. Aus dem ultramontanen Lager. Bentinck'sche Streitsache. Umwandlung der Festung Mastricht in eine Bundesfestung. Nothwendigkeit von Vorsichtsmaßregeln in Bezug auf Mainz. Wiederaufnahme des Planes über die Aufstellung eines Bundescorps bei Frankfurt a. M. Garantievertrag von Mailand. 25. Januar 1854.

Jan. 25.
„Nachdem ich gestern die telegraphische Weisung erhalten habe, [1]) werde ich morgen sogleich nach Schluß der Sitzung nach Karlsruhe abgehen; die Sitzung mag ich des Aufsehens wegen nicht versäumen, obschon Verhandlungen von Wichtigkeit nicht zu erwarten sind. Mein Badischer College [2]) hier hat mit mir neuerdings eingehender als früher über den Conflict von Freiburg gesprochen. Er hat keine Nachricht, daß ein Abkommen mit Kettler [3]) geschlossen sei; wenn er auch nicht zu den besonders Eingeweihten seines Gouvernements gehört, so glaube ich doch, daß er nunmehr, nach Verlauf von zehn Tagen, sichere Kunde haben müsse, wenn der „Waffenstillstand" wirklich so definitiv geschlossen wäre, wie mir Savigny unter dem 17. cr. schrieb. Mir wäre es nicht unlieb, wenn die Sendung nach Rom [4]) noch nicht unbedingt feststände; bei der Art, wie in der päpstlichen Allocution der Auflehnung des Erzbischofs gegen die Regierung gedacht wird, und bei der kühlen Aufnahme, welche die Badischen Demarchen bei dem Nuntius in Wien [5]) gefunden haben, muß ein beflis-

---

1) Der Minister Freiherr von Manteuffel ersuchte darin Herrn von Bismarck, sich nach Karlsruhe zu begeben, um die nach Lage der Sache wünschenswerthe Kräftigung der Badischen Regierung in Sachen des dortigen Kirchenconflicts durch Stärkung des Vertrauens auf Preußen herbeizuführen. cf. auch oben S. 160, Note 2.

2) Freiherr Marschall von Bieberstein, Wirklicher Geheimer Rath und Kammerherr, Badischer Gesandter am Bundestage.

3) cf. oben S. 164, Note 1.

4) Als Abgesandter der Badischen Regierung zu den diesbezüglichen Verhandlungen in Rom war Carl Erbgraf zu Leiningen-Billigheim, Hofmarschall des Prinz-Regenten von Baden, ausersehen.

5) Cardinal Michel Viale-Prelà, Erzbischof von Carthago, bekleidete damals die Stelle eines apostolischen Nuntius in Wien.

jenes Aufsuchen der Verhandlung mit Rom nothwendig den Eindruck machen, daß das Gefühl der Unbehaglichkeit und das Bedürfniß, der gegenwärtigen Lage ein Ende zu machen, auf Großherzoglicher Seite stärker sei, als auf Bischöflicher; und doch ist es umgekehrt, besonders nach dem Auftreten der Badischen Landesvertretung. Sowenig sich daher die Badische Regierung der Verhandlung mit Rom, sobald sie von der anderen Seite nahe gelegt wird, entziehen sollte, sowenig scheint es ihren Interessen zu entsprechen, eine empressirte Initiative in dieser Beziehung zu nehmen. Da der Regent die Haltung Österreichs schon aus der Presse erkennen konnte, so würde ich in seiner Stelle nicht mit dem Nuntius in Wien angeknüpft haben, der, außer der Rücksicht auf seine Kirche, auch die auf den Kaiser von Österreich zu nehmen hatte.

Dem General Gerlach[1]) habe ich über den Eindruck geschrieben, welchen mir die „Rundschau"[2]) gemacht hat, und über die Feindschaft, in welcher sie mit der Preußischen Politik in catholicis steht. Seine Replik darauf habe ich bisher nicht; er klagt, daß man seinen Bruder[3]) der Polizei und dem Staatsanwalt preisgebe; ich würde in diese Klagen einstimmen, wenn ich glaubte, daß es mit einem wirklichen Strafverfahren gegen ihn Ernst wäre. Ich betrachte die Unterdrückung der „Rundschau" als eine durch die äußere Politik gebotene Maßregel; Gerlach's Person dagegen in Anspruch zu nehmen, würde ich, auch wenn ich unabhängig von allen persönlichen Sympathien und Rücksichtnahmen zu urtheilen suche, für politisch bedenklich halten. Seine etwaige Bestrafung würde in und außer der Kammer weniger ihrer juristischen Begründung nach und mehr im Lichte eines Kriteriums für unsere Parteistellungen, eines Fehdebriefs für die äußerste Rechte, aufgefaßt werden, und in diesem Sinne eine unverhältnißmäßige Tragweite erreichen können.

Ich habe vor einigen Tagen schon gemeldet, was mir über den Betrieb einer Neutralitäts-Erklärung am Bunde[4]) zur Kenntniß gelangt war. Heute habe ich eine Broschüre[5]) gesehen, aber noch nicht lesen können, die in einer Österreichischen Officin zu Leipzig erschienen ist, und jenen Bestrebungen die

---

1) cf. oben S. 4, Note 3.
2) cf. oben S. 160.
3) cf. oben S. 160, Note 3.
4) Am 24. Januar 1854 zeigte Herr von Bismarck dem Minister Freiherrn von Manteuffel in einem vertraulichen Schreiben an, der beim Bunde accreditirte Französische Gesandte habe ihm Tags vorher mitgetheilt, wie er aus ganz sicherer Quelle wisse, daß von Österreich ein neuer Versuch beabsichtigt werde, den Deutschen Bund zu einer ausdrücklichen Neutralitäts-Erklärung zu bestimmen. „Wie er mir sagte, wußte er nicht, mit welcher der Bundesregierungen eine Verständigung bereits erfolgt sei, glaubte aber als wahrscheinlich annehmen zu können, daß in kürzester Zeit von Wien aus der Preußischen Regierung Eröffnungen über die angedeutete Absicht gemacht werden würden."
5) „Die Neutralität Preußens, Österreichs und Deutschlands sichert die Unmöglichkeit des Krieges." Leipzig bei Remmelmann (Österreichischer Verlag in der Zollvereinskrise).

1854
Jan. 25.

Wege ebnen soll; nach flüchtigem Einblick sehe ich nur, daß sie Preußen gröb-
lich schmeichelt, und sich ganz besonders an die persönlichen Gefühle unseres
Allergnädigsten Herrn adressirt.

Der enge Anschluß Bayerns an Österreich tritt auch hier neuerdings wie-
der stärker und äußerlicher hervor. Die Verleihung des Alexander-Newsky-
Ordens an von der Pfordten[1]) macht Aufsehen; man legt ihr Gewicht bei im
Sinne einer antipreußischen Demonstration, einer Russischen Billigung der
Coalitions-Politik. Beust's Anblick soll die Begehrlichkeit nach diesem Orden
bei seinen Münchener Collegen geweckt haben, und man macht Bayerischer
Seits fast von der schnellen Befriedigung derselben.

Als Symptom dafür, daß etwas gegen uns im Werke ist, betrachte ich
das Bestreben meiner coalitionistischen Collegen, die Situation Preußens als
besonders exponirt und unsicher darzustellen, und uns und Anderen einzu-
reden, daß wir am Rhein und in Posen vollkommen Analoga für Österreich-
Italien und Ungarn hätten und deshalb der Anlehnung ebenso bedürftig
wären. Der unangenehmste Bundesgenosse unserer Gegner ist auf diesem
Felde der wetteifernde Ehrgeiz unserer Polizeibeamten, Verschwörungen zu entdecken und die Resultate dieser Bemühungen, sowie die beabsichtigten und ver-
hinderten Verbrechen in einer Weise aufzuputzen, daß man den eingeschüchterten
Gemüthern im bengalischen Feuer eines ununterbrochenen Rettens der Krone
und der Gesellschaft aus haarsträubenden Gefahren erscheint. So circuliren
jetzt wieder Räubergeschichten über den Plan, Graudenz zu verrathen, über die
Bestechung sämmtlicher dortiger Unteroffiziere; Gerüchte, die im Auslande zu
der Größe einer die politische Action Preußens lähmenden Gefahr heranwach-
sen, und die sich muthmaßlich auf die Bestechung einiger Gefangenwärter
durch wohlhabende Sträflinge reduciren. Unsere „Bundesgenossen" sehen
gern in solchem Vorgange den einzelnen Funken, der trotz der Anstrengung der
Regierung das Dasein des weit verbreiteten inneren Brandes von Posen,
Preußen und Schlesien verräth. Die Geschicklichkeit, Agentenberichte für
Thatsachen halten, und diese aufschwellen zu lassen wie Faust's Pudel hinter
dem Ofen, ist unserer politischen Polizei im hohen Grade eigen, und sie übt
sie mit einem bemerkenswerthen Mangel an Rücksicht auf den Glauben an die
Sicherheit unserer Zustände, dessen wir zur Erhaltung unseres Credits in der
auswärtigen Politik bedürfen.

Das Polizeithema bringt mich nochmals auf die Ultramontanen. Im
vorigen Jahre wurde einer meiner Preßarbeiter, der besonders in der „Mittel-
rheinischen Zeitung" den katholischen Umtrieben entgegentrat, auf Veranlassung der Cölner Polizei wegen „socialistischer Tendenz" verfolgt, und sollte
ausgewiesen werden; ich bewirkte durch Vermittelung des Oberpräsidiums die

---

1) cf. oben S. 63, Note 2.

Zurücknahme, und der Zusammenhang wird mir erst jetzt klar, wo ich erfahre, daß der Polizei-Direktor Geiger ein naher Verwandter des Erzbischofs von Geissel[1]) ist.

1854
Jan. 25.

In der Bentinck'schen Sache[2]) ist Geheimer Rath Erdmann wieder hier, um auf den Prätendenten[3]) zu wirken, findet aber das Nest leer, da der Graf vor einigen Tagen, unter dem Vorgeben, krank im Bett zu liegen, heimlich verreist ist; vermuthlich um eine Zusammenkunft mit seinem Feinde, dem faktischen Besitzer, zu haben, und sich mit diesem, wenn es angeht, auf bessere Bedingungen, als die Oldenburgischen sind, zu verständigen. Eisendecher[4]) macht bonne mine dazu und sagt, man werde sich in Oldenburg freuen, wenn der Streit auf diesem Wege geendet würde. Das glaube ich nicht, aber auch nicht an eine Einigung zwischen den streitenden Grafen; es müßte denn wirklich das Mißverhältniß zwischen dem Gebot Oldenburgs und dem Werth der Güter so groß sein, wie die Bentinck's behaupten.

Wegen der Festung Mastricht berichte ich morgen;[5]) gegen Hollands Neigung läßt sich die Sache nicht durchfechten, und ist Holland wider Erwarten dafür zu gewinnen, so wird es sich doch jetzt nicht darüber aussprechen und Frankreichs Argwohn reizen wollen. Prokesch geht sehr bereitwillig auf die Sache ein, meint aber auch, daß der Gedanke, eine Bundesfestung daraus zu machen, unausführbar sei, auch wenn Holland darauf eingehen wollte; der Bund thut es nicht.

Die Eingabe des Gouvernements von Mainz, in Betreff der Nothwendigkeit von Vorsichtsmaßregeln,[6]) scheint den Nebengedanken von Geldforderun-

---

1) Johannes von Geissel, seit 1846 Erzbischof von Cöln, wegen seiner eifrigen Bestrebungen für die Herstellung der Unabhängigkeit der Kirche von der Staatsgewalt 1850 von der römischen Curie zum Cardinal ernannt; gestorben 1864.

2) cf. oben S. 39, Note 1.

3) Carl Graf von Bentinck war der Hauptkläger und Prätendent der Bentinck'schen Güter, der faktische Besitzer war Gustav Graf von Bentinck. Erledigt wurde der s. g. Bentinck'sche Erbfolgestreit, dessen erste Fäden bis in das Jahr 1827 reichen, durch Vergleich vom 30. Juni 1854. Hiernach kam das gesammte Oldenburg-Bentinck'sche Familienfideicommiß, soweit dasselbe aus Liegenschaften bestand, an Oldenburg; Kläger und Beklagte erhielten sehr beträchtliche Geldentschädigungen.

4) cf. oben S. 56, Note 1.

5) Es verlautete damals, die Niederländische Regierung gehe mit dem Plane um, die Vertheidigungsfähigkeit der Festung Mastricht zu schwächen. Wenn auch Zweifel darüber obwalteten, inwieweit der Deutsche Bund zu einer Einsprache gegen solche Maßregeln berechtigt, und inwieweit diese Einsprache eventuell augenblicklich opportun war, so war doch unverkennbar, daß Mastricht für gewisse militairische Eventualitäten ein wichtiger Punkt für die militairischen Operationen des nordwestlichen Deutschlands bilde, und daß sein fortifikatorischer Zustand die Aufmerksamkeit Preußens verdiene; deshalb ersuchte der Minister Freiherr von Manteuffel Herrn von Bismarck unterm 17. Dezember 1853, die Angelegenheit zum Gegenstand vertraulicher Besprechung mit Herrn von Prokesch zu machen.

6) Zum Schutze der Bundesfestung Mainz gegenüber den französischen Rüstungen be-

gen, unabhängig von der Liquidationsfrage, zu haben. Prokesch sprach von
der Eventualität, nöthigenfalls die hiesige Besatzung nach Mainz zu werfen.
Ein Offizier des Frankfurter Bataillons, einer Österreichisch-patrizischen Familie
angehörig, hat vorgestern schon behauptet, aus guter Quelle zu wissen, daß
sein Bataillon bald nach Mainz käme.

Nicht unmöglich ist es, daß Österreich, wenn der hiesige Oberbefehl jetzt
an uns übergeht, [1] die Idee eines aufzustellenden Bundescorps [2] wieder an-
regt, daß diese dann bei den Betheiligten mehr Anklang findet, und unser
Oberbefehl wieder in Frage gestellt wird. Meines Erachtens kann aber eine
derartige Aufstellung solange nicht stattfinden, als nicht herausfordernde
Maßregeln Frankreichs uns dazu berechtigen, [3] und dann wird hoffentlich
diese kleinliche Rivalität in dem einen oder dem anderen Wege ihr Ende
finden.

Ich weiß nicht, ob schon über Verlängerung oder Aufhebung unseres im
Mai ablaufenden Vertrages über die Garantie von Mailand verhandelt worden ist. Wenn es geschieht, so möchte ich anheimstellen, nicht die Erneuerung
definitiv abzulehnen, sondern sie an Bedingungen zu knüpfen, welche Anlaß
zu weiteren Negotiationen bieten, event. die Ursache des Nichtzustandekom-
mens in Österreichs Weigerung finden lassen, auf billige Concessionen einzugehen".

76. **Eigenhändiger Bericht, betr. die Enthüllungen über Frhr. v. Prokesch. Wünsche Rußlands in Bezug auf die politische Haltung Preußens. Sendung des Grafen v. Orloff. Abhängigkeit Preußens von
Österreich. Bruch der Preußischen Regierung mit dem Präsidenten
v. Gerlach. Besetzung der Festung Mastricht durch Preußen. 2. Februar 1854.**

— — „Die Enthüllungen über Prokesch [4] haben mich sehr amüsirt; ich

---

antragte der Vice-Gouverneur von Mainz u. A. eine alsbald einzuleitende Überwachung
und militairische Besetzung der Bayerisch-Pfälzischen und Hessischen Ludwigs-Bahn, die
Rasirung des Außenfeldes der Festung Mainz und eine Verstärkung der Besatzung.

1) cf. oben S. 85 und 127.

2) cf. Band I, S. 10* sowie die Urkunden 5 und 70.

3) Der Minister Freiherr von Manteuffel erwiderte Herrn von Bismarck, er warte
eine Äußerung aus Wien ab, und mache unterdessen dem Kriegsminister Mittheilung
(Telegraphische Depesche vom 25. Januar 1854). Unterm 30. Januar 1854 äußerte sich
demnächst der Kriegsminister von Bonin, daß auch nach seiner Ansicht die Anträge des
Vice-Gouverneurs von Mainz unter den augenblicklichen politischen Verhältnissen nicht zur
Erfüllung geeignet erschienen.

4) Gemeint ist die im I. Bande unserer Sammlung erwähnte, in Preußens Hände
gefallene Correspondenz des Freiherr von Prokesch mit Österreichischen Agenten, worüber sich
Herr von Bismarck des Näheren in seinem Berichte vom 2. Februar 1854 (Band I, Urkunde 236) verbreitet.

glaube, daß man noch üblere Dinge bei ihm entdecken könnte; aber daß er ſo 1854
unvorſichtig iſt, dergleichen aufzubewahren und eigenhändig zu ſchreiben, über- Febr. 2.
raſcht mich und macht ihn mir als Gegner noch lieber.

Der hieſige Vertreter Rußlands, Herr von Glinka, der übrigens nur das
erfährt, was an alle Ruſſiſchen Agenten gelangt, beſuchte mich geſtern, und
ſprach in dem Sinne, daß Rußland nicht unbillig genug ſei, um von uns eine
materielle Unterſtützung für Zwecke, die uns fern lägen, zu erwarten, und daß
man zufrieden ſei, wenn wir uns von der anderen Seite nicht zu feindſeligen
Demonſtrationen gegen Rußland bewegen ließen. Ich ſehe nicht ein, was uns
auch dazu treiben könnte; zu gewinnen haben wir auf der Grenze nichts; da
eine Vermehrung unſerer polniſch-katholiſchen Unterthanen keine Kräftigung
wäre, und wir unſere Anſtrengungen nicht gegen Rußland verwenden können,
ohne uns in demſelben Maße abhängig von Öſterreich zu machen und in
Deutſchland Feld zu verlieren.

Man ſchreibt der Sendung des Grafen Orloff[1]) hier den Zweck zu, ſich
über die Haltung Öſterreichs für den Fall zu vergewiſſern, daß die Ruſſen die
Donau überſchreiten.

(Die Öſterreichiſche Preſſe bemüht ſich unausgeſetzt, uns als im Schlepptau
von Wien befindlich erſcheinen zu laſſen; wenn wir überhaupt kriegsluſtig wären,
ſo könnte unſere Haltung allerdings von der Öſterreichs abhängen, aber nur
inſoweit, als Öſterreich der einzige Gegner für uns wäre, von dem wir etwas
gewinnen könnten, und wir daher jedenfalls die Seite gegenüber wählen müßten.)

Vom Präſidenten Gerlach[2]) höre ich, daß er den Abſchied nehmen will,
falls der Prozeß gegen ihn[3]) Fortgang nimmt; ſeine politiſche Geltung würde
durch eine ſolche Wendung mehr ſteigen als fallen; für die Stellung der Regierung zu den Parteien, zu Höchſten Perſonen und zu den ehrgeizigen Beſtre-
bungen anderer Prätendenten fürchte ich aber eine nachtheilige Wirkung von
dem formellen Bruch der Regierung mit Gerlach, und Letzterer ſcheint mir,
ſelbſt von einem mehr centralen Standpunkte als dem meinigen aus betrachtet,
ein Gegengewicht gegen andere Feinde oder „bedingte" Bundesgenoſſen, deſſen
Deplacirung aus ſeiner jetzigen Lage die Regierung ſchwächen würde.

In Betreff der Feſtung Maſtricht[4]) höre ich, daß im März 1848 ein
Holländiſcher General nach Berlin geſchickt wurde, um dort die Beſetzung

---

1) Alexander Feodorowitſch Graf von Orloff, geboren 1788, der Vermittler des Frie-
densvertrages von Adrianopel vom 14. September 1829, demnächſt Ruſſiſcher Botſchafter in
Conſtantinopel, Begleiter des Kaiſers Nicolaus auf ſeiner Reiſe nach Olmütz; 1854 wurde
derſelbe nach Wien entſandt, um Öſterreich für die Ruſſiſche Politik zu gewinnen. Seit
1856 in den Fürſtenſtand erhoben.

2) cf. oben S. 160, Note 3.

3) cf. oben S. 167.

4) cf. oben S. 169.

1854
Febr. 2.

Maſtrichts uns anzubieten, daß er aber bei ſeiner Ankunft die März-Tage vor-
fand, und deßhalb umgekehrt iſt, ohne ſeinen Auftrag auszurichten".

**77. Eigenhändiger Bericht, betr. den Urlaub zum Beſuche von Schön-
hauſen. Öſterreichiſche Circulardepeſche. Beziehungen zwiſchen Öſterreich und Bayern, ſowie Haltung der Mittelſtaaten in der orientaliſchen Frage. Preußenfreundliche Wandlung des Frhr. v. Proſeſch;
Opportunität einer Erklärung der Deutſchen Großmächte in der orientaliſchen Frage. Verhinderung jedwelcher Demonstration des Bundes
durch England und Frankreich. Allianzfähigkeit Öſterreichs. Zer-
ſtreuung der Furcht vor einer Iſolirung Preußens; Warnung vor
einem verfrühten Feſtlegen der Preußiſchen Politik; Schlußfolgerungen
für das Verhalten gegenüber Öſterreich. Einſendung der allgemeinen politiſchen Circulardepeſchen an Herrn v. Bismarck. Herr v.
Brunnow.*) 15. Februar 1854.**

Febr. 15.

„Ew. Excellenz ſage ich zuvörderſt meinen Dank für die Bewilligung des
von mir erbetenen Urlaubs nach Schönhauſen.[1]) Ich habe denſelben bisher
noch nicht angetreten, weil ich noch Nachricht über das Reſultat einer ohne
mich dort angeſtellten Forſchung erwarte, welches möglicher Weiſe meine Hin-
reiſe unnöthig macht. Ein Aufenthalt von wenig Tagen auf einem unbe-
wohnten Gute gehört zu den unbehaglichſten Erlebniſſen, beſonders im Winter;
man bleibt gerade lange genug, um den Kelch der Anſprüche und Beſchwerden
von Pächtern und Einwohnern bis zur Hefe zu leeren, und die mißlichen Ver-
ſuche einer aus der Übung gekommenen Heizung zu erleben, der Vexationen
höflicher und neugieriger Nachbarn nicht zu gedenken.

Das Ereigniß des Tages in der hieſigen Diplomatie iſt die Öſterreichiſche
Circulardepeſche vom 9. cr. [2]) Man hat nicht geglaubt, daß das Wiener

---

*) Hat dem König vorgelegen.

1) Anfangs Februar 1854 wurde Herr von Bismarck von ſeinem Kreisgerichte aufgefordert, bei Vermeidung gewiſſer Rechtsnachtheile binnen 14 Tagen verſchiedene alte, auf
ländliche Verhältniſſe Bezug habende, ihm ganz unbekannte Documente zu produciren. Herr
von Bismarck bat demnächſt (6. Februar) den Miniſter von Manteuffel, ſich auf ein oder
zwei Tage nach Schönhauſen begeben zu dürfen, da ſein Hausverwalter daſelbſt nach ſeinem
Bildungsgrade nicht im Stande ſei, zu ermitteln, ob ſich das Geſuchte unter den ſeit 70
Jahren nicht geordneten Papiermaſſen befindet, welche Herr von Bismarck unter dem Namen
„Archiv" ererbt hatte. Der Miniſter Freiherr von Manteuffel entſprach dem Anſuchen.

2) In der gedachten Circulardepeſche verbreitete ſich Graf Buol zunächſt des Näheren
über die Ziele der Miſſion des Grafen Orloff nach Wien. Die Aufträge dieſes Unterhänd-
lers bezogen ſich theils auf die Frage der Friedensunterhandlungen zwiſchen Rußland und
der Türkei, theils auf die Stellung, welche Öſterreich in der Eventualität eines Krieges
zwiſchen Rußland und den Weſtmächten einnehmen werde. Die Gegenvorſchläge des Ruſſiſchen Cabinets auf die in St. Petersburg von Öſterreich befürworteten Anerbietungen der

Cabinet die durch Graf Orloff angebrachten Wünsche so unumwunden abge- 1854
lehnt hätte, und namentlich nicht, daß Rußland sich weigern werde, die von Febr. 15.

Pforte waren von Graf Buol nicht geeignet befunden worden, um sie an die Regierung des
Sultans zu befördern. — — — "Es konnte daher nur beschlossen werden, die Russischen Gegenvorschläge den an der Conferenz betheiligten Höfen vorzulegen. Auf das Tiefste mußten wir
bedauern, daß wir unsere Stimme nicht in anderem Sinne abgeben konnten, und wir
haben in Folge dieses Vorganges um so dringender unsere Bestrebungen erneuert, Rußland günstiger für die ihm dargebotenen eben so gerechten, als ehrenvollen Bedingungen
zu stimmen. Zu demselben Zweck hat Preußen erneuete Schritte gethan, und was die
Cabinette von Paris und London betrifft, so läßt uns ihre Sprache nicht daran zweifeln,
daß sie im Verein mit den beiden Deutschen Mächten die Wege friedlicher Unterhandlung
solange als irgend möglich offen zu halten bestrebt sein werden. Graf Orloff überbrachte
uns aber noch weitere Vorschläge, die zugleich an den Berliner Hof durch das Organ des
dortigen K. Russischen Gesandten gerichtet worden waren. Der Zweck derselben war, daß von
den drei Höfen von Wien, Berlin und St. Petersburg Angesichts der Gefahren der gegenwärtigen Lage, ein Protokoll unterzeichnet werden sollte, wodurch Österreich und Preußen
sich verpflichtet hätten, eine strenge Neutralität zu beobachten, und dieselbe nöthigenfalls im
Bunde mit Rußland mit den Waffen in der Hand zu behaupten. Diese letztere Macht
hätte dagegen allerdings die Verpflichtung übernommen, im Verlaufe der Ereignisse im
Orient zu definitiven Entschließungen nicht vorschreiten zu wollen, ohne sich vorher darüber
mit den beiden Deutschen Mächten in Einvernehmen gesetzt zu haben. Schon im Augenblicke der Ankunft des Grafen Orloff in Wien war die Nachricht hierher gelangt, daß dieser
Vorschlag die Zustimmung des K. Preußischen Hofes nicht gefunden habe. Wäre dies
aber auch nicht der Fall gewesen, so würden doch die Entschließungen Sr. M. des Kaisers und
anderer Höfe, ungeachtet des engen zwischen den beiden Kaiserhöfen bestehenden Freundschafts-
bündnisses, dem Vorschlage Sr. M. des Kaisers Nicolaus sich nicht haben zuneigen können.
Entscheidende Erwägungen mußten unserem erhabenen Monarchen die Beibehaltung der
selber beobachteten unparteiischen und abwartenden Haltung anrathen. Österreich ist vom
Anfange des Russisch-Türkischen Streites an unermüdlich bestrebt gewesen, diese unglückliche
Verwickelung auf die möglichst engen Grenzen zu beschränken. Es durfte hoffen, diesen
Zweck auf das Wirksamste zu fördern, indem es erklärte, sich der Theilnahme an dem Streite
seiner beiden Grenznachbarn enthalten zu wollen, und indem es seinen Wunsch, neutral
zu bleiben, so offenkundig als möglich aussprach und bethätigte. Unseren Deutschen Bundesgenossen wird aber noch gegenwärtig sein, daß, als wir uns zur Zeit der Türkischen
Kriegserklärung in ihrer Mitte über unsere Stellung erklärten, wir unsere Neutralität auf
die uns von dem K. Russischen Hofe gegebenen Zusicherungen stützten und ihre Bewahrung
an die Bedingung knüpften, daß nicht die eigenen Interessen der Österreichischen Monarchie,
mit welchen jene Deutschlands so innig verbunden sind, uns eine andere Haltung zur
Pflicht machen würden. Diese Interessen waren hinlänglich geschützt, solange der Streit
nur zwischen Rußland und der Türkei schwebte und die erstere Macht in der Defensive
bleiben zu wollen erklärte, während zugleich ihre Versicherungen die Erhaltung der Sou-
verainetäts-Rechte des Sultans und die Integrität des Ottomanischen Gebietes verbürgten.
In solcher Lage der Dinge konnte Österreich in einer für Rußland freundschaftlichen Neutralität verharren, und Se. M. der Kaiser, unerschütterlich treu den Grundsätzen, auf
welchen die mächtige und wohlthätige Allianz der drei Mächte beruht, würde mit der
größten Entschiedenheit diese Stellung nach allen Seiten hin behauptet haben. Eine ganz
andere Lage aber ist es, welche der durch den Grafen Orloff uns vorgelegte Protokoll-Ent-
wurf voraussetzt. Rußland hat darin den Fall vor Augen, daß die Parteinahme Englands und Frankreichs für die Türkei es zur Ergreifung einer energischen Offensive nöthi-

Öſterreich verlangten Garantien in Betreff der Erhaltung des Territorialbe-
ſitzes in Europa zu geben.

gen werde, und es verhehlt ſich ſelber nicht, daß es der menſchlichen Vorausſicht nicht gegeben iſt, die Folgen der Entfaltung ſeiner Macht in einem Kriege gegen die Türkei und
ihre Bundesgenoſſen zu berechnen. Der Übergang der Ruſſiſchen Armeen über die Donau
würde vorausſichtlich das Signal zur Erhebung der chriſtlichen Bevölkerung des Türkiſchen
Reiches geben, und das erſte Glied einer Kette von Ereigniſſen ſein, bei deren Verlauf und
möglicher Löſung ein großer Theil der wichtigſten Intereſſen Öſterreichs und der Staaten,
deren Vorhut es bildet, in Frage ſtehen würde. Der K. Ruſſiſche Hof hat ſich zwar zu den
Verſprechungen bereit erklärt, nicht ohne die beiden Deutſchen Mächte zu definitiven Verabredungen über das Loos des Türkiſchen Ländergebietes überzugehen. Aber die Zukunft
könnte Thatſachen herbeiführen, die Niemand nach ſeinem Willen zu lenken im Stande
wäre, und die freundſchaftlichſte Abſicht Sr. M. des Kaiſers von Rußland vermöchte in
jene Zuſage nicht diejenige volle Gewähr für unſere Stellung zu legen, die es uns unbedenklich erſcheinen laſſen könnte, durch eine Verpflichtung zu unbedingter Beobachtung
der Neutralität uns die Hände zu binden. Eine ſolche Verpflichtung würde uns auf der
einen Seite die nöthigen Bürgſchaften nicht verſchaffen; ſie würde auf der andern unſere
Verhältniſſe zu den Weſtlichen Mächten, mit welchen wir uns gemeinſchaftlich zu den Grund-
ſätzen des Protokolls vom 5. Dezember v. J. bekennen, nothwendig in eine ſchwierige
Lage bringen. Von dieſen Erwägungen geleitet, haben Se. M. der Kaiſer Sich gegen
Ihren erhabenen Freund und Verbündeten, den Kaiſer Nicolaus, mit Offenheit dahin
ausgeſprochen, daß Allerhöchſtdieſelben es für Ihre Pflicht halten, die Freiheit Ihrer Ent-
ſchlüſſe in der Eventualität einer weiteren Ausdehnung der orientaliſchen Verwickelung
nicht aufzugeben. Ähnliche Betrachtungen hat der Vorſchlag Rußlands auch am K.
Preußiſchen Hofe hervorgerufen; und gewiß werden die Deutſchen Regierungen mit Beruhigung und Freude die Übereinſtimmung der Anſichten begrüßen, die ſich unter den Umſtänden von ſo großer Tragweite zwiſchen Öſterreich und Preußen kundgegeben hat, ſelbſt
ohne daß die Gleichmäßigkeit des Verhaltens der beiden Mächte durch eine vorgängige
Verſtändigung vorbereitet worden wäre. Eine Folge der ſoeben dargelegten Auffaſſung
unſerer Lage iſt auch die von Sr. Majeſtät beſchloſſene Aufſtellung eines Truppencorps
von 25000 Mann im Banate und der Serbiſchen Wojwodina. Dieſe militairiſche An-
ordnung überſchreitet nicht die Linie der bis jetzt von uns beobachteten ſtreng neutralen
Haltung. Sie hat keinen gegen Rußland feindlichen Charakter, ſondern iſt nur beſtimmt,
die Sicherheit unſerer Grenzen vor jeder Verletzung zu bewahren, uns im Falle ausbrechen-
der Unruhen gegen deren weitere Verbreitung zu ſchützen, und uns der Aufrechthaltung
der völkerrechtlich anerkannten Zuſtände nach allen Seiten hin zu verſichern. Wir ſind
durchdrungen von der Schwierigkeit der Zeitumſtände und unſerer eigenen Aufgabe; aber
die Kraft der Grundſätze, die uns leiten, die Lauterkeit des Zweckes, der uns vorleuchtet,
laſſen uns an der Hoffnung feſthalten, daß es uns zuletzt dennoch gelingen wird, zur
Wiederherſtellung beſſerer Verhältniſſe zwiſchen den Europäiſchen Mächten und zur Abwen-
dung der Folgen vorübergehender Störungen beizutragen. Die Anhänger der erhaltenden
Politik in Europa, die gewohnt ſind, in dem engen Bündniſſe Rußlands mit den beiden
Deutſchen Mächten und in der perſönlichen innigen Freundſchaft der drei Monarchen die
ſtärkſte Schutzwehr gegen das Überfluthen des revolutionären Elementes zu erblicken, werden
uns das Vertrauen ſchenken, daß wir das Äußerſte thun werden, um uns ſelbſt und unſeren
Zeitgenoſſen dieſes während ſo langer Zeit unverletzt gebliebene Palladium der allgemeinen
Sicherheit und des Friedens zu erhalten. Welcher Erfolg aber auch unſeren Bemühungen
vorbehalten ſein mag, wir ſind feſt überzeugt, an den befreundeten Regierungen Deutſchlands ſichere und treue Bundesgenoſſen zu haben, und ſowie uns die Wahrung der In-

Zwifchen Bayern und Öfterreich fcheint einige Erkältung eingetreten zu   1854
fein, an deren Urfache ich der orientalifchen Frage den Hauptantheil zufchreibe.   Febr. 15.
Was ich durch meine Collegen und anderweit höre, macht überhaupt den Eindruck, daß die Höfe von München, Stuttgart und Dresden ihre Blicke weniger
nach Berlin und Wien, als nach Petersburg richten, mit dem Hintergedanken
eines Franzöfifch-Ruffifchen Bündniffes, in welchem ihnen bisher Öfterreich als
der Dritte vorfchwebte. Wiederholt habe ich vernommen, daß die Vertreter
jener Mittelftaaten andeuteten, daß Rußland durch das kalte oder gar feind-
felige Verhalten der Deutfchen Großmächte dazu gedrängt werde, fich mit Frankreich zu verftändigen, und daß letzteres ohne Zweifel derartigen Beftrebungen
fchließlich fich geneigt zeigen werde, weil es fich mehr und mehr herausftellen
müffe, daß Frankreichs jetzige Politik mehr den Englifchen Intereffen als den
eigenen diene.

Herr von Prokefch war unter dem Eindrucke der Circularbepefche anfcheinend fehr niedergefchlagen. Er fprach mir viel von feinen Bemühungen im
Jahre 1849, einen engeren Anfchluß Norddeutfchlands an Preußen zu fördern,
und ließ durchblicken, daß er noch jetzt von der Nothwendigkeit einer derartigen
Geftaltung überzeugt fei. Überhaupt ift er in der letzten Zeit faft fchwarzweiß
zu nennen, thut nichts, ohne mich zu fragen, findet jede Änderung genehm, die
ich vorfchlage, und gewährt ein Bild der Sanftmuth und Nachgiebigkeit. Auch
er beforgt eine oppofitionelle Haltung der Mittelftaaten gegen die beiden Großmächte, und findet die Schuld davon einigermaßen bei den letzteren, weil wir
es verfäumten, durch gemeinfame Acte in Betreff der orientalifchen Frage die
Solidarität des Bundes hervorzuheben, und die kleineren Staaten zu feffeln
und zu leiten; dadurch würden diefe unficher und fielen fremder Leitung an-
heim. Etwas wahres ift daran, wenn auch Bayern und ein ehrgeiziger Stören-
fried wie Beuft durch bloße Mittheilungen und gemeinfame Acte zu Protokoll
fich fchwerlich feffeln laffen. Ich kann in diefen ftets erneuerten Anregungen
zu einem anfcheinend fo inhaltlofen Act wie eine Erklärung, daß der Bund zu-
fammenhalte, oder daß er folidarifch neutral bleiben wolle, oder in einer von
den Übrigen dankend entgegengenommenen Erklärung der beiden Großmächte
nur die alternative Abficht fehen, entweder ein Öfterreichifches Börfenmanöver
zu machen, oder unfere Unabhängigkeit in das Gewebe einer Bundes-Präfi-
dial-Politik einzufpinnen. Wenn man gewiß wäre, daß es nur dem erftge-
nannten Zweck gälte, und ihn wirklich erreichte, fo könnte man ihnen den Gefallen wohl thun. Herr von Prokefch äußerte, daß für ihre inneren Verhält-

terefien, für die wir an unferen füdöftlichen Grenzen einftehen, auch in unferer Eigenfchaft
als Deutfche Bundesmacht am Herzen liegt, fo dürfen wir die Hoffnung hegen, daß unferen
Anftrengungen für eine gemeinfame Sache die Anerkennung und Billigung, und wenn je
im Gange der Ereigniffe auch an die gemeinfame Kraft die Anforderung erginge, die that-
kräftige Unterftützung der Deutfchen Regierungen zur Seite ftehen werde".

nisse, besonders die finanziellen, das Scheitern der Mission Orloff's[1]) ein furcht-
barer Schlag sei, und seine Worte ließen mich annehmen, daß er weitergehende
Rüstungen Österreichs voraussah. Ein Österreichischer Bankerott würde gewiß auch in unseren Grenzen als Calamität gefühlt werden; und ob es überhaupt unseren Interessen entspricht, auf fernere Schwächung der europäischen
Stellung Österreichs hinzuarbeiten, darüber könnte ich nur eine Ansicht haben,
wenn mir die politische Richtung, welche zu verfolgen in den Allerhöchsten Intentionen liegt, und das Maß von Kühnheit und Energie, welches dabei entwickelt werden soll, einigermaßen bekannt wäre.

Von Seiten der Vertreter Englands[2]) und Frankreichs[3]) wird hier täglich,
und von Ersterem in Folge eines Special-Auftrages des Lord Clarendon[4]) auf
mich in der Absicht eingewirkt, daß ich dem Plan einer Neutralitäts-Erklärung
oder sonstigen Demonstration am Bunde entgegenarbeiten soll. Ich bin von
der Bedeutung eines derartigen Actes nicht hinreichend durchdrungen, um mir
den Eifer, welchen jene beiden Herren dabei entwickeln, erklären zu können.
Herr von Tallenay sagt, es gehe ihm darin ebenso, er sei aber dazu angewiesen. Möglicherweise wünscht man Österreich zum Gegner, uns aber zum
Verbündeten zu haben, und sieht deshalb jede engere Verkettung zwischen der
Politik unseres und des Wiener Cabinets ungern. Es giebt allerdings viele
Politiker, die der Ansicht sind, daß es heutzutage besser sei, Österreich zum
Gegner als zum Verbündeten zu haben, weil seine Hülfsbedürftigkeit gegen
Schulden, Italiener und Ungarn größer sei, als seine Fähigkeit, Anderen zu
helfen. Ob es wahr ist, darüber muß Graf Arnim[5]) eher urtheilen können als
ich; aber ganz unbedenklich halte ich die Frage keinenfalls, und ich kann nicht
leugnen, daß es mich einigermaßen erschreckt hat, aus Briefen von Freunden
zu entnehmen, daß sich in der Umgebung Sr. Majestät eine Art von Grau-
lichkeit zu erkennen giebt, bei dem Gedanken an die Einsamkeit, in welcher wir
uns nach der Trennung von Rußland befänden, und die deshalb einen engeren
Anschluß als bisher an Österreich, und die Vermeidung aller Streitfragen mit
letzterem, für nöthig hält. Es würde mich ängstigen, wenn wir vor dem möglichen Sturm dadurch Schutz suchten, daß wir unsere schmucke und seefeste
Fregatte an das wurmstichige alte Orlogschiff[6]) von Österreich koppelten. Wir
sind der bessere Schwimmer von beiden, und jedem ein willkommener Bundes-

---

1) cf. oben S. 171, Note 1.
2) Sir Alexander Malet.
3) Herr von Tallenay.
4) Großbritannischer Staatssecretair des Äußern.
5) cf. oben S. 70, Note 1.
6) Orlog (holländisch Oorlog), Krieg, daher Orlogsflotte soviel wie Kriegsflotte, Orlogschiff = Kriegsschiff, besonders ersten Ranges.

genosse; sobald wir unsere etwaige Isolirung und strenge Neutralität aufgeben   1854
wollen, und wo wir später Bedingungen für unseren Beistand stellen können,   Febr. 15.
würde es jetzt schwer fallen, den Schein einer ängstlich von uns gesuchten Anlehnung zu vermeiden. Die großen Krisen bilden das Wetter, welches Preußens Wachsthum fördert, indem sie furchtlos, vielleicht auch sehr rücksichtslos
von uns benutzt wurden; wollen wir noch weiter wachsen, so müssen wir wenigstens nicht fürchten, mit 400000 Mann allein zu stehen, besonders solange die
Anderen sich schlagen, und wir durch Parteinahme für jeden von ihnen immer
noch ein besseres Geschäft machen, als durch frühe und unbedingte Allianz mit
einem sowenig kampffähigen Genossen wie Österreich. Jedenfalls steigt der
Werth unseres Beistandes noch im Preise mit der fortschreitenden Verwickelung,
und man giebt uns später mehr dafür als jetzt. Meine Ansicht würde deshalb
dahin gehen, daß wir uns auch mit Österreich jetzt nicht näher einlassen, und
wenn es später geschehen sollte, tüchtige Bedingung in Betreff unserer beiderseitigen Stellung in Deutschland daran knüpfen. Daß Österreich schon jetzt in
dieser Beziehung so mürbe und zu Concessionen geneigt sein sollte, wie mir
Prokesch andeuten zu wollen schien, kann ich mir nicht denken, man müßte sich
denn dort sehr viel unsicherer fühlen, als wir wissen. Herr von Prokesch sprach
allerdings von der Eventualität slavisch-griechischer Aufstände an der Österreichischen Grenze und über dieselbe hinaus, sowie von Symptomen italienischer Verschwörungen in einer Weise, die muthmaßen läßt, daß die Regierung
besonders in der ersteren Richtung neuerdings unwillkommene Entdeckungen
gemacht habe. Er sprach im Sinne einer Äußerung, die Fürst Metternich[1]
vor zwei Jahren in Johannisberg zu mir machte: „Preußen sei noch kein satu-
rirter Staat; es liege in Österreichs Interesse, daß Preußen „saturirt" werde,
dann werde es im Stande und geneigt sein, aufrichtig und ohne Rivalität mit
Österreich zu gehen". Gewiß ein sehr wahres Wort, wenn man in Wien nur
danach handeln wollte.

Sehr dankbar bin ich für die laufenden telegraphischen Mittheilungen von
der Centralstelle der Presse.[2] Gut und schnell unterrichtet zu sein, hebt hier
das Ansehen und den Einfluß bei den Collegen; aus diesem Grunde erlaube
ich mir die Bitte, anordnen zu wollen, daß auch von den allgemein-politischen
Circulardepeschen ein Exemplar der Bundesgesandtschaft zugefertigt werde.
Früher geschah es stets, neuerdings scheint es in Abgang gekommen zu sein,
wenigstens gerieth ich gestern einigen Collegen gegenüber in die Verlegenheit,
bekennen zu müssen, daß mir der Inhalt einer Circulardepesche über unsere

---

1) cf. oben S. 37, Note 1.

2) Unterm 24. Januar 1853 hatte Herr von Bismarck um Zusendung der die innere
Politik betreffenden Nachrichten gebeten. cf. Band I, Urkunde 137.

1854
Febr. 15.

Verhandlungen mit Petersburg, welche Graf Perponcher[1] schon vor einigen Tagen in Wiesbaden mitgetheilt hatte, gänzlich unbekannt sei.

Herr von Brunnow[2] ist vorgestern hier eingetroffen, hat aber weder Protesch noch mich gesehen, und ist gestern Vormittag nach Darmstadt übergesiedelt. Der Grund, weshalb er gerade diesen Aufenthalt wählt, liegt vielleicht weniger in Darmstadt selbst, als weil es ein weniger auffälliger und klatschiger Centralpunkt als Frankfurt für den süd= und westdeutschen Verkehr, vielleicht auch den europäischen, durch seine Lage im Eisenbahnsystem ist. Auffällig findet man es allerdings, daß der Kaiser nicht das Bedürfniß hat, Brunnow in Petersburg zu sehen, um mündliche Berichte über England und die jüngsten dortigen Erlebnisse zu haben".

78. Eigenhändiger Bericht, betr. die orientalische Frage; Stimmung des Frhr. v. Prokesch. Kriegerische Absichten Rußlands. Bedingungen für die Unterstützung Österreichs durch Preußen. Beziehungen Rußlands zu Preußen. Haltung Dänemarks, Bayerns und Sachsens in der orientalischen Frage; Vortheile der Mittelstaaten und Österreichs im Falle einer Behandlung der orientalischen Frage am Bunde. Unmöglichkeit einer Wiederherstellung Polens. Badischer und Nassauischer Kirchenconflict. 23. Februar 1854.

Febr. 23.

„Seit meinem letzten Schreiben scheint die Österreichische Anschauung von der orientalischen Frage wieder etwas rosenfarbiger geworden zu sein. Herr von Prokesch ist so nervös und impressionabel, daß seine Stimmung und sein Befinden täglich den Inhalt seiner Nachrichten abspiegeln, und die Niedergeschlagenheit, mit der ihn vor 8 bis 14 Tagen die Nachrichten von der Serbischen Grenze erfüllt hatten, scheint in der letzten Woche gehoben zu sein, und nur, wenn man der Griechischen Bewegung in Epirus erwähnt, nimmt er den Ausdruck von Besorgniß an. Nach der Art, wie sich der hiesige Russische Geschäftsträger vertraulich gegen mich äußerte, wird indessen die Beruhigung meines Österreichischen Collegen nur eine vorübergehende sein.

Herr von Glinka[3] ist der Ansicht, daß die Russische Kriegführung auf die Vortheile, welche die Sympathien der Slavo-Griechen und die daraus hervorgehenden Bewegungen bieten würden, nicht verzichten könne, und um so weniger Grund dazu habe, als mit der Bildung Polnischer und anderer revolutionärer Freischaaren auf Türkischer Seite die Initiative ergriffen worden sei. Kommt dies System zu weiterer praktischer Entwickelung, so muß die Span-

---

1) Graf von Perponcher, Preußischer Minister-Resident bei der Freien Stadt Frankfurt und Geschäftsträger bei dem Nassauischen Hofe.

2) cf. oben S. 153, Note 1.

3) cf. oben S. 177.

nung Österreichs gegen Rußland steigen, und damit die Verlegenheit des Wiener Cabinets, da auf der anderen Seite die Seemächte es in Händen haben, die Pandorabüchse von Italien zu öffnen. 1854
Febr. 23.

Ohne in die Frage einzugehen, inwieweit und unter welchen Bedingungen es im Interesse Preußens liegt, Österreich in Überwindung seiner Verlegenheiten und in Wahrung seiner Unabhängigkeit gegenüber von Rußland oder Frankreich beizustehen, kann man annehmen, daß wir unseren Beistand an Bedingungen knüpfen werden. Daß man uns bei dieser Gelegenheit mit ziemlich werthloser „Wiener Währung" wird abfinden wollen, kann ich aus Äußerungen Prokesch's entnehmen, der mir weiß machen will, daß Österreich lediglich aus Gefälligkeit gegen uns seine jüngste, ihm doch durch die bitterste Nothwendigkeit gebotene Position eingenommen, und sich auf diese Weise ganz der Preußischen Politik angeschlossen hätte. Ebenso betrachtet er es als eine besonders dankenswerthe Concession, daß das Wiener Cabinet für jetzt nicht mit den Coalitionsstaaten[1]) gegen uns complottirt; das ist das Raisonnement des Beduinen, der es sich als ein besonderes Verdienst bezahlen läßt, daß er den Reisenden, dessen Hülfe er selbst brauchte, nicht anfällt, und dabei doch noch denkt, aufgeschoben ist nicht aufgehoben. Es ist ein Trost für uns, daß Ew. Excellenz mehr als wir die „Bonhommie" unserer Freunde an der Donau aus Erfahrung kennen, und Winkelzüge von dort uns nicht hindern werden, die Gelegenheiten, die Gott uns geben sollte, zu benutzen, um für unsere zukünftige Stellung zu Österreich unzweideutige Vereinbarungen zu gewinnen, auf deren Basis wir dermaleinst ehrliche Bundesgenossen ohne eifersüchtige Hintergedanken sein können.

Seit Herr von Brunnow in Darmstadt ist,[2]) hat er seinen Secretair, den Grafen Bludoff, hier stationirt, und hält sich durch ihn mit der hiesigen Russischen Gesandtschaft in Verbindung. Bei letzterer scheint bisher die Ansicht zu prävaliren, daß, ungeachtet der entschiedenen Abweisung der Budberg[3])-Orloff-schen[4]) Anmuthungen,[5]) und ungeachtet der Haltung unserer Presse, Rußland zu uns doch noch in besseren Beziehungen stehen und bleiben werde als zu Österreich. Ich weiß nicht, inwieweit nach den letzten Rückäußerungen aus Petersburg diese Ansicht sich rechtfertigt, und das Verhalten Budberg's und Benkendorf's[6]) steht ihr dem Vernehmen nach nicht zur Seite; aber ich würde

---

1) cf. oben Urkunde 33.
2) cf. oben S. 178.
3) Freiherr von Budberg, Staatsrath, Russischer Gesandter in Berlin.
4) cf. oben S. 171, Note 1.
5) Wegen des Inhalts dieser Anmuthungen cf. oben S. 173, Note.
6) Constantin Graf von Benkendorf, Russischer General und Diplomat, focht unter Weljaminow und Woronzow im Kaukasus, und kam dann als Russischer Militaircommissar nach Berlin.

mich freuen, wenn sie richtig wäre, denn m. E. giebt es keine Motive, die es rathsam machten, die Kluft zwischen uns und Rußland, wie sie durch die Verschiedenheit der Interessen absichtslos entstanden ist, irgendwie absichtlich zu erweitern. Niemand kann vorher wissen, wie lange die jetzige Vertheilung der streitenden Kräfte dauert, und England ist zu Lande, Österreich überhaupt ein schwacher Bundesgenosse.

Herr von Bülow[1] theilte mir vertraulich mit, daß Herr von Prokesch ihn bis vor etwa acht Tagen wiederholt aufgefordert habe, die Dänische Regierung zur Mittheilung ihrer Neutralitäts-Erklärung[2] an den Bund zu bewegen, neuerdings aber gebeten habe, damit noch nicht vorzugehen, indem ähnliche Erklärungen von den Großmächten, wenn auch keine collective, in Aussicht ständen, denen Dänemark sich anschließen könne. Nach Herrn von Bülow's Versicherungen wird Dänemark sich nur dann, wenn es der Übereinstimmung Preußens gewiß ist, auf derartige Schritte einlassen. Von Bayern und Sachsen scheint der Gedanke an solidarische Erklärungen des Bundes noch immer nicht aufgegeben zu sein, obschon mir nur durch dritte Hand Symptome von dem Vorhandensein derartiger Absichten zukommen. Wenn es diesen Staaten gelänge, die orientalische Frage mehr als bisher der selbständigen Entschließung der einzelnen Großmächte Deutschlands zu entrücken, und ihre Behandlung durch das consolidirte Bündel Österreich-Preußen-Deutschland anzubahnen, so würden sie zwar den formellen Vortheil davon haben, die Stimmen der 7 Mittelstaaten in der Europäischen Politik 7 mal soviel zählen zu lassen, als die Preußens; der materielle Gewinn würde aber allein Österreich zufallen, welches dann an der Donau im Namen Mittel-Europas auftreten und hinter seinem kranken Staatswesen die Preußischen Thaler und die Deutschen Bajonette rasseln lassen würde, um seinen eigenen Zwecken zu dienen. Der Besitz des Präsidiums und die zunächst betheiligte geographische Lage würden ihm unter diesen gegenseitig Gebundenen die freieste Bewegung und die leitende Initiative sichern. Wir könnten uns auf gute Bedingungen gegen Österreich oder gegen die übrigen Bundesstaaten zu Solidarität verbindlich machen, aber nicht gegen beide zugleich.

Die Gothaisirenden unter meinen Collegen gehen soweit, daß sie unter den Eventualitäten Preußischer Entschließung die Herstellung Polens nicht aus dem Reiche der Möglichkeit ausschließen. Die Herren kennen Polen nicht und wissen nicht, daß ein unabhängiges Polen nur dann aufhören könnte, Preußens Feind zu sein, wenn wir zu seiner Ausstattung Länder hergeben, ohne die wir wiederum nicht existiren können, wie die untere Weichsel, ganz Posen

---

1) cf. oben S. 44, Note 3.

2) Die Regierungen von Schweden und Dänemark hatten unterm 29. Dezember 1853 eine übereinstimmende Erklärung in Betreff ihrer Neutralität bei einem etwa eintretenden Seekriege an Preußen gerichtet.

und was in Schlesien polnisch spricht. Und selbst dann wären wir des Friedens mit ihnen in keiner Verlegenheit sicher.

In Betreff Badens[1]) möchte ich Ew. Excellenz anheimstellen, durch Herrn
von Savigny[2]) nochmals dahin wirken zu lassen, daß die Regierung, wenn sie
trotz aller erneuter Avancen Leiningen[3]) doch nach Rom schicken sollte, wenigstens streng den Charakter einer Beschwerde über den Erzbischof festhält,
den eines Aufsuchens der Wiederanknüpfung der älteren Unterhandlungen
aber vermeidet. Herr von Rübt[4]) versprach mir dies, scheint aber nicht die
Absicht gehabt zu haben, es zu halten. In Nassau ist man ganz correkt in
dieser Beziehung.[5]) Für den Augenblick scheint allerdings Aussicht zu sein,
daß die Mission des Grafen Leiningen unterbleibt".

79. Eigenhändiger Bericht, betr. die Gerüchte von dem Anschluß Öster-
reichs an Frankreich; Ansichten des Frhr. v. Prokesch über die Auf-
gaben der Preußischen Politik; Einverständniß und weitergehende
Vorschläge des Herrn v. Bismarck in Bezug auf die Aufstellung eines
Preußischen Armeecorps, sowie demnächstige Haltung gegenüber den
Großmächten. Französische Circulardepesche über Beust's Umtriebe.
Rückwirkung der Wiener Entschließungen auf die Börse. Stand des
Preußischen Geldes in Frankfurt a. M. Herr v. Meysenbug.
Französische Rüstungen. Österreichisches Preßmanöver im Journal
de Francfort. 26. Februar 1854.

„Ew. Excellenz sage ich meinen Dank für die Mittheilung der inhaltschwe-
ren Nachricht, welche mir vorgestern Abend durch den Telegraphen zuging.[6])
In Übereinstimmung mit derselben sagt mir Herr von Tallenay,[7]) daß man in
Paris auf eine aktive Betheiligung Österreichs am Kriege rechne, und von uns
wenigstens moralischen und demonstrativen Beistand zu erwarten scheine. Herr
von Savigny schreibt mir heute, daß durch Karlsruhe gestern mehrere telegraphische Depeschen zwischen Wien und Paris gegangen seien, welche, „insoweit man sie dort verstehen konnte", auf einen Anschluß Österreichs an Frank-

1854
Febr. 23.

Febr. 26.

---

1) cf. oben S. 166.

2) cf. oben S. 3, Note 4.

3) cf. oben S. 166, Note 4.

4) Freiherr Rübt von Collenberg-Bödigheim, Badischer Minister des Großherzoglichen
Hauses und der auswärtigen Angelegenheiten.

5) Wegen des Nassauischen Kirchenconflicts siehe Band I, Urkunden 235 und 237.

6) Der Minister Freiherr von Manteuffel telegraphirte am 24. Februar 1854 Herrn
von Bismarck (in Chiffern): „Österreich will Rußland einen Termin zur Räumung der
Donaufürstenthümer setzen, sonst den Krieg machen. Man wird von uns die Aufstellung
eines Armeecorps fordern. Diese Nachricht ist geheim, aber sicher".

7) cf. oben S. 5, Note 3.

1854
Febr. 26.
reich deuteten. Auch Baron Prokesch hatte einen Brief von Hübner, [1] der mit der Post gegangen war, und deshalb nur den allgemeinen Ausdruck enthielt, daß der Umschwung der Österreichischen Politik, welcher sich in der letzten Zeit vorbereitet habe, nunmehr vollendet und in Ausführung gekommen sei. Nachdem er mir dies gesagt hatte, glaubte ich ihm nicht vorenthalten zu sollen, daß mir „nach glaubwürdigen Privatnachrichten" kaum zweifelhaft sei, daß seine Regierung in Kürze Rußland zur Räumung der Fürstenthümer auffordern werde, unter Androhung des Krieges. Er hielt es Anfangs nicht für wahrscheinlich, weil Österreich zu schwach dazu sei, und bei solchen Absichten schon längst andere Rüstungen hätte machen müssen, als die 30 oder 50000 Mann, die nach dem Banat rückten. Nachdem er aber einige Briefe, und namentlich die neuesten Artikel der Wiener Blätter wiederholt verglichen hatte, fürchtete er, ich möchte doch Recht haben. Daß er sich bis dahin gegen eine derartige Auffassung gesträubt hatte, bewies der Eindruck, den die neue Überzeugung auf ihn machte. Er wurde körperlich unwohl, und ist seitdem auf's Tiefste niedergeschlagen. Im Laufe des Gesprächs entwickelte er, wie es seine Art ist, das, was er thun würde, wenn er jetzt Preußischer Minister wäre; er würde in dieser Stellung sich auf einen so guten Fuß mit Österreich und den Westmächten setzen, als dies ohne wirkliche Kriegführung gegen Rußland möglich wäre, jedenfalls aber ungesäumt mit Österreich in Unterhandlung treten, um eine für Preußen vortheilhaftere Abgrenzung der Stellung beider Mächte in Deutschland zu gewinnen. Er las mir zur Erläuterung seiner Ansichten und zum Beweise, wie sehr man denselben in Wien zugänglich sei, den anliegenden Artikel aus dem „Lloyd" vor, indem er die darin angestrichenen Stellen besonders accentuirte und geltend machte, daß der „Lloyd" und „Wanderer" in dem neuen Österreichischen System offenbar zu den gut Unterrichteten gehören müsse. Er hatte mir schon bei Eingang der ersten beunruhigenden Nachrichten aus Serbien vor etwa 14 Tagen in demselben Sinne gesprochen, und erinnerte auch jetzt wieder an den Umstand, daß Österreich schon 1849 uns eine vertragsmäßige Hegemonie über Norddeutschland angetragen habe, und wie sehr er bedauere, daß Graf Brandenburg [2] nicht darauf eingegangen sei. Auch von dem im Mai ablaufenden Mailänder Vertrage [3] sprach er, und wie natürlich er es finde, daß Preußen bei Erneuerung desselben seine Bedingungen machen werde, wenn auch für den Augenblick Frankreich die Lombardei ohne Zweifel in Folge der neuen Verbindung decken werde. Ich befinde mich in der ungewohnten Lage, diesmal mit meinem Österreichischen Collegen über Preußische Politik einverstanden zu sein, und möchte nur noch hinzufügen, daß wir die Aufforderung „ein Armeecorps

---

1) Frhr. von Hübner, Wirklicher Geheimer Rath, Österreichischer Botschafter in Paris.

2) Ehemaliger Preußischer Minister-Präsident, gestorben am 6. November 1850.

3) cf. oben S. 170.

aufzustellen", utiliter acceptiren sollten, um auch unsererseits eine unverdächtige Gelegenheit zum Rüsten zu haben; wir bleiben sonst in dieser Beziehung gefährlich hinter den übrigen Großmächten zurück, und sind im Augenblicke der Noth nicht in prompto. Dabei müßten wir aber nicht eher offenherzig gegen Österreich werden, als bis wir die Überzeugung haben, daß man dort aus Noth wirklich so denkt, wie Prokesch anzudeuten bemüht ist, und daß Frankreich und England nicht entgegentreten, oder unmögliche Bedingungen stellen. Bis wir darüber sicher sind, würde ich Rußland nicht alle Hoffnung benehmen und die Brücke zwischen ihm und uns soweit erhalten, daß wir dem Cabinet von Petersburg doch näher stehen, als die anderen drei Mächte. Deßhalb könnten wir sondirende Verhandlungen mit Wien doch ohne Weiteres einleiten.

Von Frankreich ist eine Circulardepesche ergangen, in welcher man seine Mißbilligung über die Umtriebe des Ministers von Beust und über seine Bemühungen, die Disciplin der Mittelstaaten gegen die Großmächte zu lockern, offen ausspricht. Gelesen habe ich sie noch nicht.

Wenn der Entschluß Österreichs bekannt wird, so vermuthe ich, daß er an der Börse für den ersten Augenblick einen steigernden Eindruck machen wird, und dadurch dem Wiener Cabinet die Beschaffung einer Anleihe erleichtert. Die hiesigen Börsenmänner rechnen wenigstens eine derartige Betheiligung Österreichs am Kriege zu den Eventualitäten, welche den letzteren abkürzen, vielleicht sogar den Frieden ganz erhalten würden; diese Herrn sind darin sanguinischer als ich. Die Russen sind zu stolz, um zu Kreuz zu kriechen, und England hat zuviel Geld in Rüstungen angelegt, um diese, sowie überhaupt den günstigen Augenblick nicht zu benutzen; es würde jetzt nur unannehmbare Friedensbedingungen stellen.

Merkwürdig ist der Stand unseres Geldes. Der Thaler in Silber ist nicht ganz 105 Kreuzer werth, es fehlt daran nicht nur der ganze Betrag des Prägeschatzes, sondern außerdem etwa $\frac{1}{4}$ Kreuzer, da das verkehrte hiesige Münzsystem aus der Mark Silber für 3 bis 4 Kreuzer weniger münzt, als der Einkaufspreis der rohen Mark Silber beträgt!! Dennoch steht unser Thaler Silbergeld 106$\frac{1}{3}$ und in Kassenanweisungen sogar 106$\frac{3}{8}$ Kreuzer. Der Friedrichsd'or hat an Goldwerth kaum 9 fl. 40 Kr., an Zahlungswerth in Preußen 9 fl. 55, hier aber steht er 10 fl. 2 Kr. Nach allen Preußischen Münzsorten ist fortwährend unbefriedigte Nachfrage, und es ist unerhört zu nennen, daß unser Courant soviel höher steht, als die werthvollere Landes-Valuta, unser Papier aber höher als die Münze, welche es repräsentirt. Schade daß wir nicht mehr Kassenanweisungen gemacht haben; vielleicht geschieht es noch; 40 Millionen wären gewiß nicht zu viel. Silber geht noch immer viel nach Asien. Worüber man hier viel klagen hört, ist der Umstand, daß bei uns die Courant-Sendungen postzwangspflichtig seien; das muß neuerdings erst eingerichtet sein, mir wenigstens war es unbekannt.

Heute oder gestern sollte Herr von Meysenbug[1] nach Berlin hier durch-
kommen.

Hiesige Privatbriefe aus Frankreich sind voll von Nachrichten über Trup-
penmärsche, Artillerie-Transporte, letztere besonders nach Metz. Auch heißt es
darin, daß ein Theil der National-Garden mobilisirt werde. Der Feldmarschall-Lieutenant Mertens[2] in Mainz, der mehrere Correspondenten in den
Provinzen diesseits Paris zu haben scheint, sagt, daß nach seinen Nachrichten
die Rüstungen den Zweck einer einzuschiffenden Expedition jedenfalls über-
steigen. Vielleicht sehen wir bald Französische Truppen nach Ungarn marschiren".

Postscriptum.

„Charakteristisch ist eine soeben zu meiner Kenntniß gelangende Thatsache:
Vor etwa zehn Tagen stand im Journal de Francfort ein heftiger Artikel gegen
die Mittelstaaten, ihr Bestreben, die Darmstädter Coalition zu erneuern, und
worin sie mit hochfahrender Grobheit auf ihr Nichts durchbohrendes Gefühl
verwiesen wurden; er war als communiqué unter dem Datum „Wien" gegeben. Jetzt höre ich von der Redaction, daß ihr diese Correspondenz direkt
aus dem Bach'schen Ministerium[3] zugegangen sei, aber mit der Weisung, sie
von „Berlin" zu batiren, und so, bei den Verhältnissen des Blattes, die Meinung zu erwecken, daß der Ausfall aus unserem Ministerium käme. Die Redaction hat aber dieser Consigne nicht gehorcht, weil sie Reklamationen von
Berlin fürchtete. Das Journal de Francfort wird nun bald wählen müssen,
ob es die Österreichische oder die Russische Subvention verlieren will. Ein
harter Schlag für Herrn von Brints".[4]

80. **Eigenhändiger Bericht, betr. die Influencirung der Nationalzeitung durch Österreich. Drängen der öffentlichen Meinung gegen Rußland. Verrath des Preußischen Mobilmachungsplans. 28. Februar
1854.**

„Die Nationalzeitung macht in der jüngsten Periode den Eindruck, als
ob sie von Österreichischen Einflüssen beherrscht würde, und namentlich dient
sie dem von Österreichischen Agenten betriebenen Manöver, uns durch den
Druck der öffentlichen Meinung auf eine für Österreich wohlfeile Weise zur

---

1) von Meysenbug, Kammerherr, Badischer Gesandter in Berlin.
2) Freiherr von Mertens, Österreichischer Feldmarschall-Lieutenant, Vice-Gouverneur der
Bundesfestung Mainz.
3) Freiherr von Bach, Österreichischer Minister des Innern.
4) Eigenthümer des »Journal de Francfort«, verheirathet mit einer Schwester des
Grafen von Buol-Schauenstein, Österreichischen Ministers des Äußern und des Kaiserlichen Hauses.

Unterstützung der Wiener Politik zu nöthigen. Es ist erklärlich, daß man es an der Donau lieber sieht, wenn wir freiwillig und gratis solche Entschlüsse fassen, zu denen man uns anderenfalls durch Concessionen gewinnen müßte. Diesem Bestreben steht leider die öffentliche Stimmung in der Art zur Seite, daß man aus instinktiver Mißstimmung gegen Rußland feindseligen Schritten gegen letzteres auch dann Beifall zollt, wenn sie uns voraussichtlich Nichts einbringen, aber viel kosten.

Ew. Excellenz Erwägung erlaube ich mir die Frage zu unterbreiten, ob nicht die Central-Preßstelle anzuweisen sein möchte, einem solchen Drängen der öffentlichen Meinung entgegenzuarbeiten, und vielmehr die südslavischen Sonderinteressen Österreichs im Gegensatz zu den deutschen hervorzuheben, wenigstens einstweilen, und ohne feindselig gegen Wien zu werden. Bis jetzt scheint es mir, als ob die officiöse Presse sich jenem Drängen eher anschließe, und so darauf hinwirke, unseren etwaigen Entschlüssen zu Gunsten Österreichs das Verdienst der Freiwilligkeit zu schmälern. Wenn wir gar, wie die Nationalzeitung anräth, dem Wiener Cabinet mit Erklärungen gegen Rußland noch vorauseilen wollten, so würden wir aus unserer ganzen hoffnungsreichen Situation keinen anderen Vortheil ziehen als Worte der Anerkennung von verschiedenen Seiten, mit hinterher folgender Kritik derselben öffentlichen Meinung, welche dem ersten Entschlusse zujauchzte.

Ein anderes Gravamen gegen viele unserer officiösen Correspondenzen, welches ich Ew. Excellenz Cognition unterbreiten möchte, betrifft die angelegentliche Hervorhebung und Verbreitung der Geschichte von dem angeblichen oder wirklichen Verrath unseres Mobilmachungsplans. Ist die Sache gegründet, so sollte dergleichen schmutzige Wäsche so heimlich wie möglich gewaschen werden; die Art, wie sie besprochen wird, schadet unzweifelhaft unserer Consideration in Deutschland, und erregt den Verdacht einer Fäulniß von unbestimmter Ausdehnung in unseren höchsten Regionen. Die jüngsten gleichlautenden Berliner Correspondenzen in uns befreundeten Blättern gehen sogar soweit, von einem Aktenstück zu sprechen, welches als höchst wichtig nur in drei, in den Händen Sr. M. des Königs, Sr. K. H. des Prinzen von Preußen und des Herrn Kriegsministers befindlichen, Exemplaren vorhanden wäre, so daß die Vermuthungen über dessen Mittheilung an das Ausland sich auf Möglichkeiten einschränken, welche nur bei politischen Discrepanzen in den Regionen des Ministeriums ihre Erklärung in den Augen des großen Publikums finden".

81. **Eigenhändiger Bericht**, betr. den Abschluß eines Allianzvertrages
zwischen Preußen und Österreich. Berufung des Frhr. v. Hübner
nach Wien. Nachgiebigkeit Österreichs in Sachen der Geschäftsordnung. Mission des Herzogs v. Cambridge nach Wien. Wechsel
des Preußischen Gesandten in London. Französische Circulardepesche
in der orientalischen Frage. Verhältniß zwischen Rußland und Frankreich. 21. April 1854.

„Ew. Excellenz habe ich in den letzten Wochen wenig von hier melden
können, weil Alles mit stagnirender Erwartung den Blick nach Berlin richtete,
und auf die Resultate der dortigen Verhandlungen wartete, um seine Stellung
dazu zu nehmen. Ich will indessen die Reise des Grafen Walbersee[1])
wenigstens benutzen, um meinen Glückwunsch zu dem gestrigen Abschluß[2)] und

---

1) cf. oben S. 37, Note 4.

2) Gemeint ist der Band II, S. 5, Note 1 unserer Sammlung erwähnte Allianzvertrag,
mittelst dessen sich Preußen und Österreich den Besitz ihrer deutschen und außerdeutschen
Länder während der orientalischen Wirren garantirten. — Nachstehend der Wortlaut des
Schutz- und Trutzbündnisses zwischen Österreich und Preußen:

Seine Majestät der Kaiser von Österreich und Seine Majestät der König von Preußen,
durchdrungen von tiefem Bedauern über die Fruchtlosigkeit Ihrer bisherigen Versuche,
dem Ausbruche des Krieges zwischen Rußland einer- und der Türkei, Frankreich und England andererseits vorzubeugen;

eingedenk der von Ihnen durch Unterzeichnung der jüngsten Wiener Protokolle eingegangenen moralischen Verpflichtungen;

angesichts der auf beiden Seiten immer weiter um sich greifenden militairischen Maßregeln und der daraus für den allgemeinen Frieden Europas erwachsenden Gefahren;

überzeugt von dem hohen Berufe, der, an der Schwelle einer unheilvollen Zukunft,
dem mit Allerhöchstihren beiderseitigen Staaten engvereinten Deutschland im Interesse der
Europäischen Wohlfahrt obliegt, —

haben beschlossen, Sich für die Dauer des zwischen Rußland einer- und der Türkei,
England und Frankreich andererseits ausgebrochenen Krieges zu einem Schutz- und Trutzbündnisse zu vereinigen, und zu dessen Abschluß die nachstehenden Bevollmächtigten ernannt:

Seine Majestät der Kaiser von Österreich:

Allerhöchstihren Wirklichen Geheimen Rath, Feldzeugmeister und General-Quartiermeister der Armee, Heinrich Freiherrn von Heß, Commandeur des Kaiserlich Österreichischen
militairischen Marien-Theresien-Ordens, Großkreuz des Kaiserlich Österreichischen Leopoldordens, Ritter des Königlich Preußischen Schwarzen Adlerordens 2c. 2c. 2c.

und

Allerhöchstihren Wirklichen Geheimen Rath und Kämmerer, außerordentlichen Gesandten
und bevollmächtigten Minister am Königlich Preußischen Hofe, Friedrich Grafen von Thun-
Hohenstein, Großkreuz des Kaiserlich Österreichischen Leopoldordens, Ritter des Königlich
Preußischen Rothen Adlerordens erster Classe 2c. 2c. 2c.,

und

Seine Majestät der König von Preußen:

Allerhöchstihren Minister-Präsidenten und Minister der auswärtigen Angelegenheiten,
Otto Theodor Freiherrn von Manteuffel, Ritter des Königlich Preußischen Rothen Adlerordens erster Klasse mit Eichenlaub, Krone und Scepter, Großkreuz des Kaiserlich Österreichischen St. Stephanordens 2c. 2c. 2c.

meinen Dank für die telegraphische Benachrichtigung von demselben[1] auszu-

Dieselben sind, nach Austausch ihrer genügend befundenen Vollmachten, über folgende Punkte übereingekommen:

I.

Seine Kaiserlich-Königlich Apostolische Majestät und Seine Majestät der König von Preußen garantiren sich gegenseitig den Besitz Ihrer deutschen und außerdeutschen Länder, so daß jeder auf das Ländergebiet des Einen gerichtete Angriff, woher er auch komme, auch von dem Anderen als ein gegen das eigene Gebiet gerichtetes feindliches Unternehmen angesehen werden wird.

II.

In gleicher Weise halten Sich die Hohen Contrahenten für verpflichtet, die Rechte und Interessen Deutschlands gegen alle und jede Beeinträchtigung zu schützen, und betrachten Sich demnach zur gemeinsamen Abwehr jedes Angriffs auf irgend einen Theil Ihrer Gebiete auch in dem Falle als verbunden, wenn Einer derselben im Einverständnisse mit dem Anderen zur Wahrung Deutscher Interessen activ vorzugehen Sich veranlaßt findet.

Die Verständigung über den Eintritt des eben bezeichneten Falles, sowie über den Umfang der alsdann zu gewährenden Hülfeleistung wird den Gegenstand einer besonderen und als integrirender Theil des vorliegenden Vertrages zu betrachtenden Übereinkunft bilden.

III.

Um den Bedingungen Ihres eingegangenen Schutz- und Trutzbündnisses auch die gehörige Gewähr und Kraft zu geben, verbinden Sich die beiden Deutschen Großmächte, im Falle des Bedarfes, nach unter Sich zu bestimmenden Epochen und auf zu bestimmenden Punkten, einen Theil Ihrer Streitmacht in voller Kriegsbereitschaft zu halten. Über die Zeit, den Umfang und die Art der Aufstellung dieser Streitkräfte wird ebenfalls eine besondere Festsetzung erfolgen.

IV.

Die Hohen contrahirenden Theile werden sämmtliche Deutschen Bundesregierungen einladen, diesem Bündnisse beizutreten, mit der Maßgabe, daß die durch Artikel 47 der Wiener Schlußacte vorgesehenen bundesrechtlichen Verpflichtungen für die beitretenden Staaten diejenige Ausdehnung annehmen, die der gegenwärtige Vertrag vorbedingt.

V.

Keiner der beiden Hohen contrahirenden Theile wird während der Dauer dieses Bündnisses irgend ein Separatbündniß mit anderen Mächten eingehen, welches mit den Grundlagen des gegenwärtigen Vertrages nicht in der vollsten Übereinstimmung stehen würde.

VI.

Gegenwärtige Übereinkunft soll sobald als möglich zur Ratifikation der Allerhöchsten Souveraine gelangen.

Geschehen zu Berlin, den 20. April 1854.

Heinrich Frhr. v. Heß m/p.   Fr. Thun m/p.   Frhr. O. Th. Manteuffel m/p.
(L.S.)   (L.S.)   (L.S.)

Zusatzartikel zu dem Schutz- und Trutzbündnisse zwischen Österreich und Preußen vom 20. April 1854.

Nach der Bestimmung des Artikels II des am heutigen Tage zwischen Seiner Majestät dem Kaiser von Österreich und Seiner Majestät dem König von Preußen abgeschlossenen Vertrages wegen Errichtung eines Schutz- und Trutzbündnisses soll die nähere Verständigung über den Eintritt des Falles, in welchem ein actives Vorgehen des Einen der Hohen contrahirenden Theile für den Anderen die Verpflichtung zu gemeinsamer Vertheidigung des beiderseitigen Gebietes begründen wird, den Gegenstand einer besonderen, als integrirender Theil des Hauptvertrages zu betrachtenden Vereinbarung bilden.

---

1) cf. Band II, S. 3, Note 1.

sprechen. Ich habe noch keine Vorstellung von der Tragweite und überhaupt

Ihre Majestäten haben Sich der Erwägung nicht entziehen können, daß die unbestimmte Fortdauer der Besetzung der unter der Hoheit der Ottomanischen Pforte stehenden Länder an der unteren Donau durch Kaiserlich Russische Truppen die politischen, moralischen und materiellen Interessen des gesammten Deutschen Bundes, und also auch Ihrer eigenen Staaten, und zwar in einem um so höheren Grade gefährden würde, je weiter Rußland seine Kriegsoperationen auf Türkischem Gebiete ausdehnt. Die Allerhöchsten Höfe von Österreich und Preußen sind in dem Wunsche einig, jede Betheiligung an dem zwischen Rußland einerseits, der Türkei, Frankreich und Großbritannien andererseits ausgebrochenen Kriege womöglich vermeiden und zugleich zur Wiederherstellung des allgemeinen Friedens beitragen zu können. Insbesondere betrachten Sie die neuerlich von dem Hofe von St. Petersburg in Berlin gegebenen Erklärungen, wonach Rußland die ursprüngliche Ursache zur Besetzung der Fürstenthümer durch die nunmehr den christlichen Unterthanen der Pforte gemachten und in nahe Aussicht gestellten Zugeständnisse als beseitigt anzusehen scheint, als ein wichtiges Element der Pacifikation, welchem Sie einen weiteren praktischen Einfluß nur mit Bedauern versagt sehen könnten. Sie hoffen daher, daß die zu erwartenden Rückäußerungen des Petersburger Cabinets auf die unter dem 8. d. dorthin abgegangenen Preußischen Vorschläge Ihnen die erforderliche Gewähr für ein baldiges Zurückziehen der Russischen Truppen vom Türkischen Gebiete darbieten werden. Für den Fall jedoch, daß diese Hoffnung getäuscht werden sollte, haben die ernannten Bevollmächtigten, nämlich:

von Seiten Seiner Majestät des Kaisers von Österreich:

Allerhöchstihr Wirklicher Geheimer Rath, Feldzeugmeister und General-Quartiermeister der Armee, Heinrich Freiherr von Heß ꝛc. ꝛc.

und

Allerhöchstihr Wirklicher Geheimer Rath und Kämmerer, außerordentlicher Gesandter und bevollmächtigter Minister am Königlich Preußischen Hofe, Friedrich Graf von Thun-Hohenstein ꝛc. ꝛc.,

von Seiten Seiner Majestät des Königs von Preußen:

Allerhöchstihr Minister-Präsident und Minister der auswärtigen Angelegenheiten, Otto Theodor Freiherr von Manteuffel ꝛc. ꝛc.

die folgende nähere Verabredung über den Eintritt des im vorerwähnten Artikel II des Allianzvertrages vom heutigen Tage bezeichneten Falles getroffen.

Einziger Artikel.

Die Kaiserlich Österreichische Regierung wird auch Ihrerseits an den Kaiserlich Russischen Hof eine Eröffnung zu dem Zweck richten, um von Seiner Majestät dem Kaiser von Rußland die nöthigen Befehle zu erwirken, damit sofort jedem weiteren Vordringen Seiner Armee auf Türkischem Gebiete Einhalt geschehe, sowie um vollgültige Zusicherungen wegen baldiger Räumung der Donaufürstenthümer von Seiner Majestät zu begehren, und die Preußische Regierung wird diese Eröffnungen mit Rücksicht auf Ihre bereits nach St. Petersburg gegangenen Vorschläge wiederholt auf das Nachdrücklichste unterstützen.

Ist die auf diese Schritte der Cabinette von Berlin und Wien erfolgende Antwort des Kaiserlich Russischen Hofes wider Verhoffen von der Art, daß sie Ihnen nicht volle Beruhigung über die erwähnten beiden Punkte gewährt, so werden die von Einem der contrahirenden Theile zur Erreichung derselben zu ergreifenden Maßregeln unter die Bestimmung des Artikels II des am heutigen Tage abgeschlossenen Schutz- und Trutzbündnisses mit der Maßgabe fallen, daß jeder feindliche Angriff auf das Gebiet Einer der beiden Hohen contrahirenden Mächte von der Anderen mit allen dieser zu Gebote stehenden militairischen Kräften abgewehrt wird.

dem speciellen Inhalt der Convention. Den Beifall der Deutschen Regierungen wird sie in dem Maße haben, als sie Garantien gegen die Wiener Kriegsbe- strebungen bietet; in diesem Sinne sprechen sich meine Collegen, mit Einschluß des Herrn von Prokesch aus. Letzterer fürchtet offenbar die schwersten Folgen für Österreich von einem Kriege gegen Rußland, denn Liebe zu den Russen ist es gewiß nicht, was ihn veranlaßt, einer friedlichen Politik das Wort zu reden, und sogar gegen diesseitige Offiziere von dem Dank zu sprechen, den Öster- reich uns dafür schulde, daß wir seinen Beitritt zu der Convention im März gehindert haben.

Er sprach mir heute von der Berufung Hübner's [1]) nach Wien; officiell sei sie erfolgt, damit er der Vermählung beiwohne; [2] eine ähnliche Berufung sei aber an andere Gesandte des Kaisers nicht ergangen, und dem Grafen Thun[3]) habe man sogar seinen deshalb angebrachten Wunsch abgeschlagen; wahrscheinlich sei, daß man Hübner's Haltung zu westmächtlich gefunden, er sich auch vielleicht zu weit avancirt habe, und man seine zeitweise Abwesen- heit von Paris wünsche, die man gleichzeitig zu gründlicher Instruirung über die ferneren Ideen des Cabinets benutzen werde.

In Sachen der Geschäftsordnung[4]) hat mein Österreichischer College seit acht Tagen eine für alle Mitglieder des Ausschusses unerwartete Nachgiebigkeit bewiesen. Er hat ein, noch wenig Tage vorher zu den Akten gegebenes, sehr grobes polemisches Memoir über unsere Vorschläge aus freien Stücken zurück- genommen, und ist mir, seit ich zuletzt berichtete, noch unaufgefordert mit mehreren untergeordneten Concessionen entgegengekommen, während er sonst jede Besprechung der Angelegenheit übellaunig abkürzte. Auch hat er mir aus eigenem Antriebe erklärt, daß er bemüht sein wolle, schon in der nächsten Sitzung den Ausschußvortrag einzubringen.

Sir A. Malet[5]) sagte mir heute, daß er gestern von Darmstadt hierher

---

Ein offensives beiderseitiges Vorgehen aber würde erst durch eine Incorporation der Fürstenthümer, sowie durch einen Angriff oder Übergang des Balkans von Seiten Ruß- lands bedingt.

Die gegenwärtige Übereinkunft soll der Ratifikation der Allerhöchsten Souveraine gleichzeitig mit dem obenerwähnten Vertrage unterzogen werden.

Geschehen zu Berlin, den 20. April 1854.

Heinrich Frhr. v. Heß m/p.　　Fr. Thun m/p.　　Frhr. O. Th. Manteuffel m/p.
(L.S.)　　　　　　　　　(L.S.)　　　　　　(L.S.)

(cf. Beilage 1 und 2 zum Separat-Protokoll der 22. Sitzung vom 20. Juli 1854.)

1) Frhr. von Hübner, Wirklicher Geheimer Rath, Österreichischer Botschafter in Paris.
2) acil. des Kaisers Franz Joseph mit der Bayerischen Prinzessin Elisabeth am 24. April 1854.
3) cf. oben S. 122, Note 5.
4) cf. oben S. 150, Note 3 und Band II, Urkunde 15.
5) cf. oben S. 107, Note 2.

1854
April 21.

mit dem Herzog von Cambridge[1]) gereist sei. Derselbe hat ihm gesagt, daß die Anregung zu der Reise nach Wien[2]) vom Französischen Kaiser ausgegangen sei, daß man in London keinen Gedanken davon gehabt, und erst kurz vor der Abreise die Erlaubniß dazu telegraphisch eingeholt worden sei.

Der Englische Gesandte theilte mir außerdem vertraulich mit, daß von ihm und seiner Ansicht nach auch von den Englischen Ministern ein Wechsel in der Person des dortigen Preußischen Gesandten nur als gedeihlich für unsere Beziehungen mit England betrachtet werden könne. Bunsen[3]) sei zu sehr »âme damnée« des Prinzen Albert[4]) gewesen.

Von Paris soll eine Circulardepesche an die Gesandten in Deutschland ergangen sein, in Betreff der durch den Fürsten Gortschakoff angeblich an Frankreich gemachten Eröffnungen; Herr von Tallenay hat ein derartiges Circular entweder nicht erhalten oder zur Produktion nicht für geeignet erachtet.

Von der hiesigen Russischen Gesandtschaft wird mir erzählt, daß der Kaiser es verbiete, auf „Enthüllungen" einzugehen, und daß umgekehrt der Prinz Napoleon dem Fürsten Gortschakoff derartige Anerbietungen gemacht habe, die dieser nach Petersburg gemeldet; dort seien sie sechs Wochen lang gar nicht, und dann mit allgemeinen Phrasen beantwortet; in dem Verhalten des Pariser Cabinets aber habe der Zeitpunkt, wo die Antwort aus Petersburg hätte eingehen können, wenn man dort bereitwillig gewesen wäre, einen merklichen Wendepunkt gebildet. Mir ist nicht glaublich, daß man Russischer Seits zu derartigen Eröffnungen Fürst Gortschakoff benutzt haben würde, da man so viele unauffälligere Kanäle hat".

82. Eigenhändiger Bericht, betr. die praktische Bedeutung des Aprilbündnisses zwischen Preußen und Österreich sowie die Formulirung der Ziele der Preußischen Politik. Vorlage des Aprilbündnisses an den Bund. Perspective in Bezug auf die demnächstige Haltung Österreichs und Preußens. 25. April 1854.

April 25.

— — „Ich komme soeben von den Vermählungsfeierlichkeiten[5]) zurück, die uns das Österreichische Militair in Mainz gegeben hat, da Prokesch in dieser Beziehung sein strenges Ersparungssystem durchführte, und muß bei der vor-

---

1) Herzog von Cambridge, Großbritannischer Feldmarschall; cf. auch Band II, Urkunde 7 am Schluß.

2) cf. oben S. 189, Note 3 (scil. zu den Vermählungsfeierlichkeiten'.

3) Ritter von Bunsen, Wirklicher Geheimer Rath, Preußischer Gesandter in London.

4) Prinz-Gemahl der Königin von England.

5) cf. oben Note 2.

gerückten Stunde die befohlene Berichterstattung auf morgen verschieben, indem 1854
ich mich heute auf meinen Glückwunsch in Betreff des Abschlusses vom 20. be- April 25.
schränke. ¹) Wenn uns die in Bezug genommene, wahrscheinlich das Militairische regulirende „Übereinkunft" nicht genauer formulirte Verpflichtungen auf-
erlegt, so ist das Bündniß vom 20. wesentlich ein pactum de contrahendo,
durch welches wir den Vortheil erreichen, Österreich den Vorwand zum Drängen
und zu eigenen leichtsinnigen Beschlüssen zu nehmen, und für uns Zeit zu weiterer Beobachtung der Ereignisse zu gewinnen, während wir durch das „im
Einverständniß mit dem Anderen" in Artikel II einstweilen das Heft in der
Hand behalten.

Wenn Ew. Excellenz mir gestatten, das Ziel zu formuliren, welches mir
von meinem eine Übersicht allerdings nicht gewährenden Standpunkte vor-
schwebt, so ist es 1) durch alle Mittel uns einem kriegerischen Vorgehen gegen
Rußland zu entziehen, weil wir mit dem ersten Preußischen Kanonenschuß
gegen die Russen abhängig werden von den Chancen einer Verständigung
zwischen Paris und Petersburg; 2) Zusammenhalten der Preußisch-Öster-
reichisch-Deutschen Staatenmasse unter Bedingungen, die uns mindestens ein
wirksames veto in Betreff der gemeinsamen Politik sichern. Das Bündniß
vom 20. in den mir vorliegenden sechs Artikeln bietet eine vortreffliche Handhabe zu diesem System, wenn wir nur mit Entschlossenheit die Auslegung in
unserem Sinne von vornherein festhalten. Die Mehrzahl der Deutschen Regierungen wird uns darin faktisch unterstützen, wenn auch nicht mit der Absicht,
die Entscheidung in Preußens Hand zu legen. Jedenfalls werden sie ein wirksamer Hemmschuh für die vorzeitige Kriegslust Österreichs sein; in diesem
Sinne sprach sich auf dem gestrigen Ball in Mainz der Herzog von Nassau,
der Großherzog von Hessen, der Prinz Emil und der Minister Hassenpflug
aus, die wenigstens für den Barometerstand der Coalitionsstaaten Zeugniß
geben.

In Betreff der Vorlage an den Bund hat uns Österreich eine secundäre
und undankbare Rolle zugemuthet; ²) eine Aufforderung, unserem Bundesgenossen auch jetzt nicht mehr Wohlwollen und Billigkeit zuzutrauen als früher.
Nach Äußerungen des Bayerischen Gesandten darf ich annehmen, daß die
Mittelstaaten, wenn sie dem Bündniß beitreten, sich ebenso gut wie wir in
Artikel II die „Verständigung" und Constatirung ihres „Einverständnisses"
vorbehalten werden, ehe sie sich bereit erklären, mit Österreich „activ" vorzugehen.

Läßt sich Österreich nicht von uns auf dem Wege besonnener Politik er-

---

1) cf. vorhergehende Urkunde.
2) Wie sich Österreich diese Rolle dachte, erhellt aus Band II, S. 3, Note 2.

halten, so bin ich überzeugt, daß es bald in Lagen gerathen wird, wo es einer energischen und wohlwollenden Ausführung der zwischen uns bestehenden Stipulationen sehr viel bringender bedarf, und sehr viel höheren Werth darauf legen wird, als jetzt auf deren Unterzeichnung. In dem Falle fürchte ich Nachtheile für uns eher von der großmüthigen Gesinnung Sr. Majestät gegen einen Bundesgenossen, der in dieser Beziehung so wenig Reciprocität gewährt, als von den äußeren Ereignissen".

83. **Eigenhändiger Bericht, betr. die Herrscherzusammenkunft in Tetschen: Kritik der Orientpolitik des Grafen v. Buol; Verhältniß Österreichs zu Rußland; Wiederherstellung Polens; Bedeutung des Adriatischen Meeres für Österreich; Rußlands europäisches Übergewicht. Opportunität eines Anschlusses Preußens an Österreichs Orientpolitik; Anschluß Österreichs sowie Preußens an die Seemächte. Ansichten der Bundestagsgesandten in Betreff der Ziele der Wiener Politik; Auflösung der Coalition von Rußland, Österreich und den Mittelstaaten; Haltung Österreichs gegenüber der Bamberger Coalition sowie Argwohn der letzteren gegen Preußen und Österreich. Politik des Grafen v. Buol und Schicksal des Aprilbündnisses im Schoße der Bundesversammlung. Überhebung der Österreichischen Presse. Ultramontane Aufreizungen. Herr v. Sydow und die Presse. Gerücht von der Berufung eines Deutschen Fürstencongresses. Stand der Preußischen Kassenanweisungen. 16. Juni 1854.[1]**

„Ew. Excellenz Schreiben vom 9. cr. aus Tetschen[2], habe ich gestern erhalten. Ich würde mir schon früher die Ehre genommen haben, Ew. Excellenz wiederum zu schreiben, wenn ich mich nicht gefürchtet hätte, mit meinen Expectorationen in das Dunkel einer mir gänzlich unbekannten Situation hineinzutappen, und mit verspäteten Raisonnements gegen den Prellstein eines fait accompli anzurennen. Obschon ich auch jetzt über die Ergebnisse von Tetschen nicht klar sehe, so führt mich doch die von Ew. Excellenz mitgetheilte Auffassung des Grafen Buol zu sehr in die Versuchung, Ihre Nachsicht für eine Besprechung derselben in Anspruch zu nehmen.

Selbst vom alleinigen Wiener Standpunkte aus betrachtet, halte ich die Politik des Grafen Buol für unrichtig, indem ich glaube, daß Österreich sich früher oder später mit Rußland über das Schicksal der Türkei in Güte ver-

---

1) Das Datum „16. Juni 1854" steht zu Eingang des sich über drei Quartbriefbogen erstreckenden Schreibens. Am Schlusse des Briefes findet sich das Datum „17. Juni 1854".
2) Ort der Zusammenkunft der Herrscher und der Minister-Präsidenten Österreichs und Preußens am 8. und 9. Juni. cf. Band II, S. 23, Note 1.

ftändigen muß, und dazu findet sich ein so günstiger Augenblick, wie die
jetzige Verlegenheit Rußlands ihn bietet, sobald nicht wieder. Jede den Ruffen
durch Öfterreich abgezwungene Concession wird Rußland nur nöthigen, den
Moment abzuwarten, wo es als Verbündeter eines Feindes Öfterreichs sich
revanchiren kann, und letzteres hat in Deutschland gegen uns, in Mailand,
Rom, Neapel gegen Frankreich, und zu Hause gegen seine eigenen Unterthanen zu viele ftreitbringende Interessen, als daß dieser Augenblick nicht
kommen sollte. Eine Schwächung Rußlands, durch die es unfähig würde, sich
zu rächen, ließe sich nur durch die volle Herstellung Polens, und auch dadurch
nicht sicher herbeiführen. Dadurch aber, ganz abgesehen von der Möglichkeit
für uns, wäre ein viel bedenklicheres Übergewicht Frankreichs gegeben, als
das jetzige Rußlands. Dabei ist außerdem schwer zu glauben, daß die im
Orient zu erringenden Vortheile nicht mehr England als Öfterreich zu Gute
kommen sollten, und das ist in demselben Maße für letzteres bedenklich, als
ihm das Adriatische Meer wichtiger ist wie die Donau. Profesch, der diese
Verhältnisse genau kennt, sagt selbst, daß der Handel von Wien nach den
Donaumündungen vielmehr über Triest und den Bosporus, als auf der Donau
betrieben wird, und für die gesammten in diesem Handel ftecenden Deutschen
Interessen ist eine Befestigung und Förderung der Englischen Autokratie auf
der See gefährlicher als alle Kosaken. Rußlands europäisches Übergewicht im
letzten Menschenalter beruhte ohne Zweifel mehr auf der Furcht der Fürsten
vor der Revolution, als auf der materiellen Gewalt, die Rußland außerhalb
seiner Grenzen zu entwickeln im Stande ist; der jetzige Türkische Feldzug liefert ein neues Argument für diese Ansicht, und selbst Preußen isolirt hat mehr
Chancen, sich der Russischen Armee zu erwehren, als Englischer Mißhand-
lungen auf der See; und daß England da, wo es die Förderung seiner Interessen gilt, schonender und scrupulöser in Anwendung seiner Macht ist als
Andere, ist nicht anzunehmen, sobald durch Vernichtung Rußlands, als See-
macht, für längere Zeit die Überlegenheit der Englischen Marine, auch über
eine Coalition aller übrigen, festgestellt wäre.

Es ist indessen nicht mein Beruf, die Öfterreichische Politik vom Standpunkte eines Öfterreichers aus zu kritifiren und auseinander zu legen, welchen
Antheil daran die Jugend des Kaisers hat und der Stachel militairischer
Rivalität, oder eine bornirte Gereiztheit des Grafen Buol, oder die politischen
und commerciellen Privatinteressen einzelner einflußreicher Personen, deren
Stellung — Bach,[1] Hübner,[2] Bruck[3] — durch ein antirussisches System,
oder deren Vermögen durch das Gedeihen der mächtigen Corporationen bedingt ist.

---

1) cf. oben S. 76, Note 4.
2) cf. oben S. 162, Note 1.
3) Freiherr von Bruck, Öfterreichischer Finanzminister.

Eine andere Frage ist, ob wir wohlthun, uns dieser Österreichischen Politik hinzugeben.   Graf Buol scheint diese Frage als unwiderruflich abgethan
zu betrachten, wenn auch nur durch die einfache Drohung Österreichs, sich
andernfalls den Seemächten vertragsmäßig anzuschließen. Diese Drohung
halte ich für eine leere, und um vor ihrer Ausführung sicher zu sein, hätten
wir nicht einmal nöthig, die Möglichkeit durchblicken zu lassen, daß wir im
Verein mit den übrigen Deutschen Staaten nöthigenfalls feindlich dagegen auftreten könnten; schon die Aussicht auf eine willenlose Abhängigkeit von Frankreich in Bezug auf Kriegführung und Friedensschluß würde Österreich von
solchen Schritten zurückhalten. Es hat mir hier bei Niemand gelingen wollen,
Glauben zu finden, wenn ich eine derartige Eventualität als ein für die Bamberger Politik[1] beachtenswerthes Moment geltend zu machen versuchte. Wenn
die Drohung des Grafen Buol aber auch ernstlich gemeint wäre, so könnten
wir derselben entgegen halten, daß uns der Weg nach London und Paris nicht
minder offen steht, daß wir, weil weniger hülfsbedürftig und weniger interessirt, uns rein westmächtlichen Plänen im Orient zu widersetzen, dort vielleicht
willkommenere Genossen gegen Rußland wären, als Österreich, und daß es
für uns ersprießlicher ist, direkt und in our own right mit den Seemächten
verbunden zu sein, als durch das leitende medium Österreichs. Derartige
Argumente werden, wie ich glaube, ihre Wirkung nicht verfehlen, wenn das
Wiener Cabinet bei den Versuchen beharrt, den Vertrag einseitig und willkürlich auszulegen.

Meine Collegen sind wie es scheint über die Ziele der Wiener Politik desorientirt und beunruhigt; bald glauben sie, man beabsichtige nach Räumung
der Fürstenthümer sich Rußland zu nähern, um eine gemeinsame Stellung
gegen Frankreich zu nehmen, bald meinen sie, daß es nur darauf abgesehen
sei, sich die Kräfte Preußens und des Bundes zur Eroberung der Donaufürstenthümer oder zu weitergehenden Österreichischen Plänen dienstbar zu
machen. Gewiß ist, daß beide Gedanken, und auch der einer Herstellung
Polens, als antipanslavisch, zugleich antipreußisch, unter den Österreichern
Fürsprecher finden. Für uns betrachte ich es jedenfalls als einen Gewinn,
daß die Coalition von Rußland, Österreich und den Mittelstaaten, der wir auf
den Wegen der Deutschen Politik in den letzten Jahren überall begegneten, sich
gelöst hat, hoffentlich auf die Dauer; zwischen den beiden Ersteren glaube ich
es, in Betreff der Mittelstaaten aber ist man von Wien aus merklich bemüht,
die Beziehungen, welche in Bamberg gelockert sind, wieder zu befestigen. Im
Anfang erließ man eine tadelnde Circulardepesche an die Bamberger Höfe, und

---

1) Am 25. Mai traten, auf Anregung Baverns und Sachsens, Hannover, beide Hessen
und Nassau mit jenen in Bamberg zu einer Conferenz zusammen, um die Bedingungen des
Beitrittes zum Aprilbündnisse festzustellen. cf. Band II, Urkunden 12, 13 und 14. Siehe
auch „von Jasmund: Aktenstücke zur orientalischen Frage", Band I, S. 309 ff. u. 315 ff.

leider [1]) war unsere officiöse Presse, besonders die Preußische Correspondenz, sehr bereit, sich zum Organ dieser Verstimmung zu machen. Jetzt erscheinen auf Commando im Lloyd, der Postzeitung und tutti quanti inspirirte Artikel, welche den Bambergern den Hof machen, und mit sittlicher Entrüstung von den „Lügen und Verdächtigungen" sprechen, welche „zumeist durch Berliner Federn" gegen die Mittelstaaten systematisch verbreitet wurden. Dem entspricht eine Äußerung eines meiner mittelstaatlichen Collegen, der mir sagte: „Sie klagen über unsere Haltung gegen Sie; aber sobald wir bei vorkommenden Divergenzen der beiden Großmächte mit Preußen gehen wollen, so werden Sie sofort noch schwarzgelber wie Österreich und fallen im Österreichischen Interesse über uns her". Ich entgegnete, daß in diesem Falle gar keine Divergenzen vorlägen zwischen Berlin und Wien, worauf jener äußerte: „Allerdings, wenn Preußen zufrieden ist, daß die Österreichische Politik als die alleinige Deutsche gilt, so können wir nichts dagegen haben". Ich führe dies als Symptom der Stimmung an, welche noch eine besondere Beimischung durch den Argwohn erhält, daß unsere Einigkeit mit Österreich durch geheime Verabredungen zum Nachtheil der übrigen Bundesregierungen erzielt worden sei.

Die Haltung des hiesigen Englischen und Französischen Gesandten ist übrigens eher kühl und mißtrauisch in Bezug auf Österreich, als das Gegentheil. In den Ansichten des Grafen Buol liegt ein Widerspruch, wenn er einerseits fürchtet, daß die Westmächte es müde werden würden, ohne Deutschland den Krieg fortzusetzen, und andererseits, daß sie im nächsten Jahre, trotz der entgegenstehenden Ansicht Österreichs, nicht mehr ohne Verkleinerung Rußlands würden Frieden machen wollen. Er nennt die Mittelstaaten Russische Hospodare: sobald sie nicht gehorsam mit Österreich gehen, würde er immer einen ähnlichen Namen für sie finden, sei es Rheinbundfürsten oder Preußische Unionsvasallen. Der Fehler liegt vielmehr in dem verwöhnten Egoismus von Österreich, dem es nur zu oft seit Jahrhunderten gelungen ist, seine Hausinteressen für Deutsche einzuschmuggeln, und dann im speciellen Fall in der Voreiligkeit, mit der man gerüstet hat. Unter allen Umständen liegt es im Österreichischen Interesse, vor dem Losschlagen eine stärkere Betheiligung der Westmächte abzuwarten; letztere aber wissen ebensogut wie Graf Buol, daß Österreich seine jetzigen Rüstungen nicht lange aufrecht halten kann, und sie bald nutzen oder das Schwert wieder einstecken muß, und in dieser Betrachtung liegt für die Seemächte eine Aufforderung abzuwarten.

Ich darf annehmen, besonders nach der heutigen Preußischen Correspondenz, daß der bei Behandlung des Bündnisses ferner einzuhaltende Weg bereits

---

1) Herr von Bismarck rieth gleich von Anfang an von jedwelcher Censur über das Verhalten der Mittelstaaten ab. cf. Band II, S. 23.

feftgelegt ift; ich würde keine Überrafchung empfinden, wenn das Bündniß nunmehr von den Großmächten einfach an die Bundesverfammlung gebracht würde, da der Eindruck eines fofort entfchloffenen Beitrittes doch nicht mehr zu erreichen ift; fein fchlimmftes Schickfal würde fein, in den Ausfchußverhandlungen folange trainirt zu werden, bis die Ereigniffe, und nicht mehr die Abftimmungen, über das Verhalten der Bundesregierungen entfcheiden. Der in Folge der Vorlage vom 24. gewählte Ausfchuß[1] ift noch nicht zufammengewefen. Der Referent, Herr von Schrenk,[2] wartet, wie er fagt, ab, was man in Tetfchen über das Schickfal der Bamberger entfchieden haben wird. Wenn Pfordten[3] fich über feine Erfolge exaltirt, fo theilt fein hiefiger Vertreter diefes Gefühl durchaus nicht; er ift befcheiden, faft kleinlaut; überhaupt fcheint man in München lange nicht fo fouverainetätsfchwindlig zu fein, als in Dresden und Hannover, obfchon ich über meine hiefigen Collegen von dort nicht klagen kann.

Die Öfterreichifche Preffe ift ebenfo anmaßend wie fonft; von uns ift nur die Rede mit den Worten „in Gefellfchaft Öfterreichs" oder „im engften Anfchluß an die erhabene Politik des Kaiferhaufes" und dergl.

Auch die ultramontanen Aufreizungen werden lebhaft unterftützt. Ein übles Element auf diefem Felde ift ein Freiherr von Burfian,[4] den ich zu meiner Verwunderung vor einigen Monaten an der Königlichen Tafel in Charlottenburg fah, wo er als Agent der gegen uns thätigen Fürftin von Yfenburg[5] introducirt war. Er ift Correfpondent aller ultramontanen Blätter. Die Fürftin foll damit umgehen, ihren minorennen Sohn katholifch zu machen, und unter dem Vorwande mütterlicher Gefühle fich die Protection Sr. Majeftät gegenüber der Vormundfchaft zu fichern.

Ich möchte aus einigen Anzeichen fchließen, daß Herr von Sydow[6] bei feiner Haltung der Preffe gegenüber fich in Betreff der Gefährlichkeit ultramontaner Tendenzen täufchen läßt. Daraus erkläre ich mir fein Einfchreiten gegen den Schwäbifchen Merkur, und das nähere Verhältniß, in welchem er zu dem (ultramontanen) deutfchen Volksblatt von Stuttgart zu treten bemüht ift.

Verzeihen Ew. Excellenz meine weitfchweifige Expectoration, und nehmen Sie diefelbe unter der Rubrik einer Herzenserleichterung mit Wohlwollen auf und mit der Erwägung, daß jeder Preuße, der meine jetzige Stellung eine Zeit lang innegehabt hat, alle politifchen Fragen einigermaßen durch die Brille

1) cf. Band II, Urkunde 11.
2) cf. oben S. 16, Note 4.
3) cf. oben S. 63, Note 2.
4) Freiherr von Burfian, Naffauifcher Legationsrath. cf. auch unten Urkunde 84.
5) cf. unten S. 199.
6) cf. oben S. 5, Note 2.

Preußiſch-Öſterreichiſcher Rivalität zu betrachten ſich gewöhnt. Die Befürchtung, unſere Gutmüthigkeit von Wien mißbraucht zu ſehen, raubt mir vielleicht die Unbefangenheit in Betreff größerer Fragen.

Man erzählt ſich hier (ich habe es aus Hannoverſcher Quelle), daß in
Tetſchen die Berufung der Deutſchen Fürſten zu einem Congreß verabredet
worden ſei. Ich referire es, ohne daran zu glauben.

Unſere Kaſſenanweiſungen ſtehen hier fortwährend 1 Fl. 47¹/₂ Kr. für
den Thaler, die 3¹/₂ proc. Staatsſchuldſcheine 86³/₄.[1]) Ich erwähne es nur, um
Ew. Excellenz hart zu machen gegen Rothſchild[2]) und der, wenigſtens partiellen,
Emiſſion von Kaſſenanweiſungen nochmals das Wort zu reden. Alle unſere
Papiere ſtehen hier immer 1 bis 3 Procent höher als gleichzeitig in Berlin".

84. Vertraulicher Bericht, betr. die Diſpoſitionen der Bamberger Regierungen in Bezug auf den Beitritt des Bundes zu dem Aprilbündniß. Eventualität eines neuen Congreſſes der Bamberger Coa-
lirten. Abſicht eines Fürſtencongreſſes in Brüſſel. Miſſion des
Oberſt Kowalewsky. Zuſammenkünfte in Heidelberg ſowie Umtriebe
des Frhr. v. Burſian. Beſuch des Königs von Bayern in Coblenz.
27. Juni 1854.

„Soviel ich mir nach gelegentlichen Unterredungen mit meinen Collegen von
den Bamberger Staaten[3]) bisher ein Urtheil habe bilden können, iſt die große
Mehrheit der Regierungen letzterer geneigt, Anknüpfungspunkte zum Einlenken
zu ſuchen und zu benutzen; nur die Geſandten von Bayern und Sachſen haben
in der Art eine Zurückhaltung gegen mich beobachtet, daß ſie über die Intentionen ihrer Regierungen noch gänzlich im Unklaren zu ſein erklärten. Ich habe
es mir angelegen ſein laſſen, in Ausführung des Erlaſſes vom 16. Juni cr.[4])
die Überzeugung zu verbreiten, daß ein irgend wie bedingter Beitritt auf
ein Entgegenkommen von unſerer Seite auf keine Weiſe zu rechnen habe,
und es ſcheint mir, als ob die Betheiligten, mit Ausnahme der beiden genannten Regierungen, mehr bemüht ſind, einen ſchicklichen Weg zum Einlenken, als
die Mittel zum ferneren Widerſtand zu finden. Ich darf vorausſetzen, daß
Ew. Excellenz Erklärungen, welche meine Annahme beſtätigen, vorliegen, und
daß die große Mehrzahl der Bundesſtaaten ihre Bereitwilligkeit, im Schoße
der Bundesverſammlung dem Bündniß beizutreten, in kurzem ausſprechen
wird; wenn dieſe Erklärungen zum Theil in allgemeinen und nicht durchaus
präciſen Ausdrücken gefaßt ſein ſollten, ſo würde aus dieſem Umſtande für die

1) cf. oben S. 183.
2) cf. oben S. 132, Noten 3 u. 4, auch Band III Urkunden 50 u. 65.
3) cf. oben S. 194, Note 1.
4) cf. Band II, S. 27, Note 1.

beiden Großmächte kein Grund erwachsen, die Anbringung der Sache am
Bunde aufzuhalten, indem ich nicht zweifle, daß die Schwerkraft der Ereignisse und der Machtverhältnisse in dem jetzigen Stadium die Entschließungen
der Bundesversammlung in das von den beiden Großmächten vorgezeichnete
Geleise drängen wird. Ganz unumwundene Erklärungen am Bunde, dem
Vertrage beizutreten, erwarte ich allerdings nicht von allen Seiten, theils
wegen der Schwierigkeit, aus der in Bamberg eingenommenen Stellung mit
Anstand einzulenken, theils auch wegen der Zweifel, die darüber obwalten, ob
eine einfache Beitritts-Erklärung von Seiten der Bundesversammlung dieser
letzteren als dem dritten Contrahenten im Vertrage ganz dieselben Rechte zu-
führen würde, wie den beiden ursprünglichen Paciscenten, d. h. ob das Einverständniß der Bundesversammlung ebenso gut wie das von Preußen oder
Österreich für gewisse Fälle vorbehalten bleibt, oder ob der Consens der Großmächte unter allen Umständen ausreichend ist, um ohne weitere Befragung
der Bundesversammlung den casus foederis festzustellen. Meines Dafürhaltens dürfte es nicht einmal in unserem Interesse liegen, diese Frage schon
jetzt zum Nachtheil der Bundesversammlung zu entscheiden, und uns dadurch
eines Mittels der Hemmung und des Widerstandes gegenüber von Österreich
zu begeben, von dem sich noch nicht voraussehen läßt, ob und inwieweit wir
eines solchen bedürfen würden.

Ich habe schon vor einigen Tagen eine Anfrage an die Central-Preßstelle richten lassen, ob dort von einem durch die in Bamberg vertretenen
Regierungen beabsichtigten Congreß Etwas bekannt sei; ich habe nunmehr mit
Sicherheit Folgendes erfahren, was Ew. Excellenz vielleicht durch anderweite
Mittheilungen bestätigt finden. Die in Bamberg versammelten Minister haben
vor dem Auseinandergehen die Verabredung getroffen, nach Eingang der Rück-
äußerung von Preußen und Österreich und im Falle diese sich nicht durch ein
einfaches Ja oder Nein auf telegraphischem Wege beantworten ließe, sich von
neuem und zwar hierselbst zu versammeln. Dieser Zeitpunkt wäre nun jetzt
allerdings eingetreten, indeß hat man auf die Ausführung des Planes ver-
zichtet, weil man nachgerade die Überzeugung gewonnen hat, in Bamberg sein
Ziel überschossen zu haben. Man ist dort augenscheinlich nicht darauf gefaßt
gewesen, in Berlin sowenig Anklang zu finden und von Wien so entschieden
zurückgewiesen zu werden. Sowohl hierdurch, als durch die laute Manifestation
der öffentlichen Meinung ist man von dem durch die lange Friedenszeit ge-
förderten Souverainetätsschwindel zu größerer Nüchternheit gelangt; mehrere
der betheiligten Staaten, insbesondere Baden und Nassau und — wie ich annehmen darf — auch Hannover und Kurhessen, haben unaufgefordert erklärt,
sich an der verabredeten Frankfurter Conferenz nicht betheiligen zu wollen.
Überhaupt scheint Uneinigkeit im Lager der Mittelstaaten zu herrschen, und von
Seiten aller Übrigen hört man Vorwürfe gegen die Leidenschaftlichkeit und

Überhebung der Herren von Beust[1]) und von der Pforbten,[2]) durch welche 1854
man sich in Bamberg habe verleiten lassen, in die Materie der Europäischen Juni 27.
Politik selbst einzugehen, anstatt die Entscheidung über die Anschlußfrage der
Bundesversammlung zuzuschieben.

Aus guter Quelle höre ich außerdem, daß man in Bamberg allerdings
auch von einem Fürstencongreß gesprochen hat, welcher zur Schlichtung der
ganzen orientalischen Frage in Brüssel im August zusammenkommen solle; die
Anregung hierzu sei von dem König Leopold ausgegangen und erfreue sich dies
Projekt einer lebhaften Sympathie von Seiten der Königin Victoria.

Den öffentlichen Blättern nach sollte der einige Tage hier anwesende
Oberst Kowalewsky[3]) den Auftrag gehabt haben, auf die Regierungen der
Mittelstaaten im Russischen Sinne einzuwirken; ich habe angewandter Bemühungen ungeachtet nicht erfahren können, daß er in dieser Richtung irgend
welche Beziehungen gepflogen hätte. Außer einigen Excursionen in die Um-
gegend, nach Wiesbaden und Baden-Baden ist in Betreff seines hiesigen Verhaltens Nichts zu beobachten gewesen, und hat er seine weitere Reise oder
Rückreise nicht von hier aus angetreten.

Der Wirkliche Geheime Rath Bunsen[4]) befindet sich augenblicklich in
Heidelberg; ebendaselbst hält sich Heinrich von Gagern[5]) auf, der dort seine
Kinder in der katholischen Confession erziehen läßt; seine Frau ist katholisch
und sein Bruder Max[6]) bekanntlich vor einiger Zeit zur katholischen Kirche
übergetreten. Der Prinz Felix Hohenlohe, Präsident der Darmstädter Bank
und des ehemaligen Vereins zum Schutze vaterländischer Arbeit, verkehrt ebenfalls viel in Heidelberg, gewöhnlich in Begleitung des in ultramontanen
Geschäften vielfach benutzten Nassauischen Legationsraths Freiherrn von
Bursian,[7]) desselben, der vor einiger Zeit in Aufträgen der Fürstin von Ysen-
burg-Birstein in Berlin anwesend und von Sr. Majestät zur Tafel gezogen
worden war.[8]) Dieser Herr von Bursian kam ursprünglich als Zeitungscorre-
spondent zur Parlamentszeit hier an, war dann als Privatsecretair in Diensten
des Herrn von Bally und später des Prinzen Hohenlohe. Man erzählt hier,
daß er von der Französischen Spielgesellschaft, welche in Nauheim jetzt etablirt

---

1) cf. oben S. 161, Note 4.

2) cf. oben S. 63, Note 2.

3) Georg Kowalewsky, berühmter Russischer Reisender, 1851 der Vermittler des Vertrages von Kulbscha zwischen Rußland und China, seit 1856 an der Spitze des asiatischen
Departements.

4) cf. oben S. 190, Note 3.

5) Heinrich Freiherr von Gagern, der bekannte deutsche Volksvertreter.

6) Maximilian Freiherr von Gagern, Österreichischer Hof- und Ministerialrath im
Ministerium des Kaiserlichen Hauses und des Äußern.

7) cf. oben S. 196, Note 4.

8) cf. oben S. 196.

ist, Geld empfangen habe, um den Einfluß seines Principals, des Fürsten Hohenlohe — Schwiegersohn des Kurfürsten — für Ertheilung der Spielconcession zu gewinnen. In Berlin scheint Herr von Bursian mit der Spener-schen Zeitung, wahrscheinlich auch mit anderen Blättern, in Verbindung zu stehen.

König Ludwig von Bayern wird von Cöln aus einen Besuch in Coblenz machen. J. K. H. die Frau Prinzessin von Preußen hat Sr. Majestät durch Anschreiben des Hofmarschall-Amts an die hiesige Bayerische Gesandtschaft eine Einladung zugehen lassen, welche der König Ludwig angenommen, die Wohnung im Schloß jedoch abgelehnt hat".

85. Eigenhändiger Bericht, betr. die Stimmung in Rußland gegenüber Österreich und Preußen. Haltung des Dresdener Cabinets in Bezug auf den Beitritt des Bundes zu dem Aprilbündniß. Besetzung der Stelle des Staatssecretairs im Preußischen Ministerium der auswärtigen Angelegenheiten. Reise der Kaiserin Eugenie nach Baden. 28. Juni 1854.

— — „Nach Absendung meines gestrigen Schreibens[1] besuchte mich Herr von Glinka;[2] er so wie alle Russen, die ich in der letzten Zeit gesehen habe, sind mit leidenschaftlicher Erbitterung gegen Österreich erfüllt, und nach seinen Nachrichten aus Petersburg herrscht dort dieselbe Stimmung in einem, wie er sagt, die ruhige Erwägung der Sachlage beeinträchtigenden Grade. In Bezug auf uns ist man billig genug einzugestehen, daß man keinen Dank von uns verdient hat, indem die Russische Politik in allen Preußisch-Österreichischen Streitfragen der letzten Jahre gegen uns und für Österreich Partei genommen habe.

Mit dem Sächsischen Gesandten habe ich gestern eine Unterhaltung gehabt, nach der ich annehmen darf, daß auch das Dresdener Cabinet in Sachen des Beitrittes zum Bündniß[3] sich zum Ziele legen wird. Bayern allein wird ja dann wohl nicht in der Opposition verharren. Diesen günstigen Erfolg gegenüber der Bamberger Politik verdanken wir vorzugsweise der milden und zum Einlenken die Hand bietenden Fassung unserer Antwort, zu welcher Ew. Excellenz die Wiener Gereiztheit vermocht haben.

Ihren Herrn Bruder[4] habe ich vor einigen Tagen in Homburg wohlauf und als pflichttreuen Curgast gesehen. Wir besprachen unter vielen anderen

---

1) cf. Urkunde 84.

2) von Glinka, Vertreter Rußlands am Bundestage und an den Hessischen Höfen.

3) scil. vom 20. April 1854. cf. oben S. 81, Note 2.

4) Freiherr von Manteuffel, Preußischer Unterstaatssecretair im Ministerium des Innern, später auch Chef des Ministeriums für die landwirthschaftlichen Angelegenheiten.

Gegenſtänden die Eventualitäten, welche ſich für Beſeßung des auswärtigen 1854
Staatsſecretariats bieten. Es iſt ein beklagenswerther Mangel an Auswahl. Juni 28.
Der Geeignetſte außer Herrn von Werther[1]) ſchien uns Graf Seckendorff[2]) zu
ſein; auch von unſerer Naſſauer Acquiſition, Herrn von Wintingerode,[3])
war die Rede; in actis gewiß ein tactfeſter und ordnungsliebender Herr;
etwas bange würde mir vor ſeiner großen Ängſtlichkeit ſein.

Die Nachrichten von einer Reiſe der Kaiſerin Eugenie nach Baden gewinnen hier an Conſiſtenz".

86. **Eigenhändiger Bericht, betr. den Beitritt des Bundes zu dem
Aprilbündniß. Äußerungen des Frhr. v. Proleſch in Bezug auf die
nächſten Ziele der Öſterreichiſchen Orientpolitik. Einfluß des Vertrages zwiſchen der Türkei und Öſterreich auf das zwiſchen Preußen
und Öſterreich abgeſchloſſene Bündniß. Anſichten eines Bonapartiſten
über die nächſten politiſchen Conjuncturen. Streit in der Bundesverſammlung. Beſuch des Unterſtaatsſecretairs Frhr. v. Manteuffel.[4])
11. Juli 1854.**

„Am Sonnabend habe ich den Erlaß vom 6. cr.[5]) wegen Beitritt des Juli 11.
Bundes zum Bündniß erhalten. Am Sonntag waren meine Collegen ausge-
flogen, und erſt geſtern habe ich mit Herrn von Proleſch und einigen Anderen
ſprechen können; heute aber werde ich durch eine nicht endenwollende Sißung
des Militairausſchuſſes an Vollendung meines Berichts gehindert. Ich beeile
mich daher, während Proleſch neben mir vorträgt, nur wenige Worte über
Ew. Excellenz Expedition vom 6. cr. und über die heute zu meiner Einſicht
gelangten Öſterreichiſchen Entwürfe[6]) zu ſagen, welche dem Grafen Thun unter

---

1) Carl Freiherr von Werther, Preußiſcher Geſandter in Copenhagen.

2) Graf von Seckendorff, Legationsrath und Kammerherr, Preußiſcher Geſandter in
Stuttgart.

3) cf. oben S. 24, Note 1.

4) Das Band II, Urkunde 24 unſerer Sammlung abgedruckte Privatſchreiben des Herrn
von Bismarck enthält nur einen kurzen Inhalt von dem hier in vollem Text wiedergegebenen
Berichte an den Freiherrn von Manteuffel.

5) Mittelſt dieſes Erlaſſes erſuchte der Miniſter Freiherr von Manteuffel Herrn von
Bismarck, ihm ſeine Anſicht mitzutheilen, in welcher Form ſich die Acceſſion des Bundes
zu dem Bündniß vom 20. April vollziehen ſollte.

6) Graf Buol überſandte dem Miniſter von Manteuffel zwei Entwürfe: 1) den Entwurf des zu faſſenden Bundesbeſchluſſes, 2) den Entwurf des bei Mittheilung des Bündniſſes von Öſterreich und Preußen in der Bundesverſammlung zu erſtattenden Vortrages.
Der letztere Entwurf, zu dem Herr von Bismarck, wie aus der Fortſetzung unſeres Berichts erhellt, mehrfach Abänderungen beantragte, lautet wie folgt:

Öſterreich und Preußen rc.

„Die Geſandten ſind mit der nachfolgenden Mittheilung beauftragt worden. In ihrer
Erklärung vom 24. Mai dieſes Jahres haben die Höfe von Öſterreich und Preußen ihr

1854
Juli 11.

dem 6. von Wien aus übersandt worden sind. Was die Form des Beitrittes anbelangt, so wäre mir ein einfacher Bundesbeschluß auf Antrag der beiden

Verhalten zu der gegenwärtigen Europäischen Verwickelung ihren Bundesgenossen dargelegt, und daran den Ausdruck des Wunsches geknüpft, daß durch eine verfassungsmäßige Willens-Äußerung des Bundes eine feste Bürgschaft für die Bewahrung der Eintracht sämmtlicher Regierungen Deutschlands inmitten der Gefahren der Weltlage gewonnen werde.

Die Hohe Bundesversammlung hat hierauf durch ihren Beschluß vom gedachten Tage ausgesprochen, daß sie in der Übereinstimmung der beiden Mächte die wesentliche Grundlage für die Einigkeit Deutschlands und für die Wahrung der gemeinsam Deutschen Interessen erkenne. Sie hat es als ein Bedürfniß anerkannt, daß der Entschluß der Bundesglieder zu kräftigem und treuem Zusammenstehen durch das gesetzliche Organ des Bundes einen entsprechenden Ausdruck erhalte.

Je aufrichtiger die Regierungen von Österreich und Preußen sich dieses Ausspruches erfreuten, desto größer ist die Genugthuung, womit sie sich nunmehr in dem Falle sehen, eine in der bestimmten Form eines Vertrages verbürgte und das gesammte Gebiet der Interessen Deutschlands umfassende Einigung in der Mitte dieser Hohen Versammlung in Vorschlag zu bringen. Die Gesandten haben die Ehre, den authentischen Text des zwischen Sr. M. dem Kaiser von Österreich und Sr. M. dem König von Preußen zu Berlin am 20. April vorigen Jahres abgeschlossenen und seitdem beiderseits ratificirten Vertrages wegen Errichtung eines Schutz- und Trutz-Bündnisses, sowie eines als integrirender Theil zu demselben gehörigen Zusatz-Artikels hiermit zu überreichen, und im Namen ihrer erhabenen Monarchen den Deutschen Bund zum Beitritte zu diesem Vertrage einzuladen.

Sie sind beauftragt, diese Vorlage mit den folgenden Bemerkungen und weiteren Mittheilungen zu begleiten.

Österreich und Preußen sind bei den Verhandlungen, welche zum Abschluß des Bündnisses geführt haben, dem leitenden Gedanken gefolgt, nicht nur die zwischen ihnen bereits bestehenden Bande der Freundschaft und Bundesgenossenschaft zu befestigen, sondern sich noch ausgedehntere Bürgschaften für die Sicherheit ihrer Staaten, sowie für den gemeinsamen Schutz der Gesammt-Interessen Deutschlands zu gewähren. Die Bestimmungen des Vertrages verwirklichen diese erhöhte Solidarität, indem sie für die contrahirenden Theile für die Dauer des gegenwärtigen Krieges zur gemeinsamen Abwehr jedes auswärtigen Angriffs auf irgend einen Theil ihrer gesammten Besitzungen verpflichten und diese Verbindlichkeit ausdrücklich auch auf den Fall ausdehnen, wenn zur Wahrung Deutscher Interessen ein actives Vorgehen eines der Theilnehmer veranlaßt wäre. Diese Verpflichtungen werden, wenn der Bund in seiner Gesammtheit als dritter Theilnehmer in das Bündniß eintritt, vertragsmäßig auf den ganzen Umfang des Deutschen Bundesgebietes und der außerdeutschen Besitzungen Österreichs und Preußens sich erstrecken. Deutschland wird alsdann, kraft der Bestimmungen des Bündnisses, ohne von dem auf Erhaltung und Vertheidigung gerichteten Grundcharakter seiner Verfassung abzuweichen, — mit verstärktem Nachdruck die Aufgabe zu erfüllen vermögen, als engverbundene Gesammtmacht die gemeinsamen Deutschen Interessen zu schützen, und zugleich zur Aufrechthaltung des Europäischen Gleichgewichts mitzuwirken, auf welchem die Sicherheit aller Staaten beruht.

Die Grundsätze, die das Hauptinstrument des Vertrages vom 20. April d. J. aufstellt, haben ferner in dem den Artikel II desselben ergänzenden Zusatz-Artikel eine besondere Anwendung auf den Stand der Verwickelungen im Orient gefunden, und die Gesandten haben den Auftrag, der Hohen Bundesversammlung hiermit zugleich Abschriften derjenigen Erlasse vorzulegen, welche die Höfe von Wien und Berlin in Ausführung der betreffenden Bestimmung dieses Zusatz-Artikels an ihre Gesandtschaften am K. Russischen Hofe gerichtet haben.

Sicher werden die Regierungen Deutschlands die hohe Sorgfalt zu würdigen wissen,

Bundesglieder Preußen und Österreich die liebste. Ein förmlicher Vertrag
zwischen Letzteren und dem Bunde ignorirt die Bundesangehörigkeit der Groß=
mächte gänzlich und scheint unnatürlich. Auch die von Österreich vorgeschlagene
Acceptationserklärung der beiden Staaten gegenüber dem zu extrahirenden
Bundesbeschluß accentuirt die Scheidung derselben von den übrigen Bundes=
gliedern noch mehr als nöthig, scheint aber, wenn Österreich dabei beharrt,
nicht von praktischem Belang.

Wenn es nach den persönlichen Ansichten meiner Collegen geht, so wird
die Nothwendigkeit der Einstimmigkeit von keiner Seite behauptet werden, man
sich vielmehr mit der Mehrheit von $^2/_3$ pleni begnügen. Indessen höre ich
äußerlich, daß bei einigen Bundesfürsten, insbesondere bei Sr. K. H. dem
Großherzog von Mecklenburg-Strelitz, der Gedanke nicht aufgegeben sein soll,

welche die Souveraine von Österreich und Preußen bewog, eine weitere Ausdehnung der
Kriegsoperationen Rußlands auf dem rechten Donauufer sowie die Fortdauer der Besetzung
der Moldau und Walachei auf unbestimmte Zeit als unvereinbar mit den Ihrer Fürsorge
anvertrauten großen Interessen zu bezeichnen. Aber auch dem Geiste der Mäßigung und
Friedensliebe, welchen die beiden Mächte in keinem ihrer Schritte verleugnet haben, werden
ihre Deutschen Bundesgenossen Anerkennung und Beifall nicht versagen. Die Wiederher=
stellung eines dauerhaften Friedens bleibt das Ziel der Wünsche und Bestrebungen der
beiden Cabinette, und wenn Se. M. der Kaiser von Rußland der aus tiefem Pflichtgefühle
hervorgegangenen Sprache seiner alten Verbündeten Gehör giebt, und dadurch den Wunsch
friedlicher Ausgleichung bethätigt, so werden die Deutschen Mächte sich der Hoffnung hin=
geben dürfen, in Folge dieser veränderten Stellung Rußlands und des nothwendigen prak=
tischen Einflusses derselben auf diejenige der übrigen kriegführenden Mächte die Wege der
Verständigung wieder geöffnet zu sehen, und das im Interesse Deutschlands Erreichte auch
für die Beruhigung Europas nützen zu können. Die Cabinette von Wien und Berlin
unterziehen in diesem Augenblicke die Antwort Rußlands der gewissenhaftesten Prüfung, und
sie werden es sich zur Pflicht machen, der Bundesversammlung, sofern sie dem Bündnisse
beigetreten sein wird, diese Antwort mitzutheilen, und mit ihr im Geiste des Vertrages
darüber in vertrauensvolles Einvernehmen zu treten.

Ebenso werden sie es sich angelegen sein lassen, dem Bunde in allen späteren ihn als
Theilnehmer an dem Bündnisse angehenden Verhandlungen die gebührende Einflußnahme
zu sichern, und insoweit es auf die von Rücksichten der Zweckmäßigkeit nicht zu trennende
Frage der Form seiner Vertretung ankommt, werden sie sich den Grundsatz des Artikels 49
der Wiener Schlußacte gegenwärtig halten, und jedenfalls in der dort bezeichneten Even=
tualität auf die genaue Vollziehung dieser Bestimmung der Bundesgesetze achten.

Die Regierungen von Österreich und Preußen schöpfen aus ihrem Vertrauen in die
Einsicht und den Gemeinsinn der Regierungen Deutschlands die beruhigende Überzeugung,
daß in der Erkenntniß der Zwecke und Aufgaben, die dem Deutschen Bund gegenüber
den Ereignissen der Gegenwart vorgezeichnet sind, die vollkommenste Übereinstimmung unter
den Mitgliedern des Bundes waltet. Der Beschluß, dem die beiden Höfe nunmehr ent=
gegensehen, wird diesen Zwecken und Aufgaben die vereinigte moralische und materielle
Macht des großen Deutschen Staatenbundes dienstbar machen. Die stärkste Schutzwehr des
Vaterlandes, die Bundeseintracht, wird alsdann fester wie je zuvor gegründet sein, und
Deutschland aus der ernstesten der politischen Verwickelungen, von welchen Europa seit der
Gründung des Deutschen Bundes ergriffen wurde, unter dem göttlichen Schutze uner=
schüttert hervorgehen".

gegen einen Mehrheitsbeschluß, als außerhalb der verfassungsmäßigen Befug=
niſſe des Bundes liegend, ſich zu verwahren, und zu beantragen, daß der Bund
ſich ſeiner Beſtimmung entſprechend für neutral erkläre. Ich glaube aber nicht
daran, daß dieſe kühne Politik innerhalb der Verſammlung einen Ausdruck
finden werde. In der Art, daß ſich Schritte bei dem Strelitzer Herrn thun
ließen, iſt die Sache nicht zu meiner Kenntniß gediehen.

Mehrere meiner Collegen ſind zu eifrigerem Betriebe des Beitrittes des
Bundes angeblich durch die Wahrnehmung bewogen worden, daß derſelbe von
Öſterreich nicht mehr mit beſonderem Eifer geſucht werde, weil das Wiener
Cabinet nach den gemachten Erfahrungen lieber mit uns allein bleiben wolle,
und in ſolchem Falle mehr Ausſicht zu haben glaube, ſpecifiſch Öſterreichiſchen
Deutungen des Textes Geltung zu verſchaffen, als bei einer Zuziehung des
Bundes als dritten Contrahenten und Auslegers möglich ſein würde. Obſchon
für einen ſolchen Gedanken die innere Wahrſcheinlichkeit ſpricht, ſo habe ich
doch äußerlich Nichts bemerkt, was auf das Vorwalten deſſelben ſchließen
ließe. Im Gegentheil beweiſt das ſchnelle Eintreffen der Öſterreichiſchen Ent=
würfe, daß man dort nicht mit Verſchleppung der Sache umzugehen ſcheint.

Gegen den Text des Öſterreichiſchen Entwurfs drängen ſich mir, nach
einmaliger flüchtiger Durchſicht deſſelben, nur die in der Anlage aufgeführten
Bemerkungen auf.[1]

---

1) Die mit vorſtehendem Bericht überſandte Anlage lautet wie folgt:
„Öſterreichiſcher Entwurf" ꝛc. „und dieſe Verbindlichkeit ausdrücklich auch auf den Fall
ausdehnen, wenn zur Wahrung Deutſcher Intereſſen ein actives Vorgehen eines der Theilnehmer
veranlaßt wäre." Bei dieſem Paſſus dürfte es ſich empfehlen, eine Wendung einzuſchalten, welche
das Erforderniß des Einverſtändniſſes des oder der anderen Theilnehmer des Vertrages an=
deutet. Wenn der casus foederis allein von dem Kriterium der „Wahrung Deutſcher In=
tereſſen" abhängig gemacht wird, ſo könnte die Unbeſtimmtheit dieſes Begriffes zu mancher
Unzuträglichkeit Anlaß geben, beſonders nachdem Öſterreich in der Vorlage vom 24. Mai
d. J. Alles gethan hat, um eine ihm günſtige Deklaration dieſes Ausdrucks vorzubereiten.
Ähnliches wird in dem Öſterreichiſchen Beſchlußentwurf bei dem zweiten Erwägungsgrunde
angeſtrebt.
Der auf obigen folgende Paſſus, mit den Worten anfangend „Dieſe Verpflichtungen
wären", ſcheint ſchlecht ausgedrückt, indem er in dieſer Geſtalt nur ſagt, was ohnehin durch
die Bundesacte oder ſchon durch das Bündniß zwiſchen Öſterreich und Preußen allein feſtſteht.
— „werden ſich den Grundſatz des Artikels 49 der Wiener Schlußacte gegenwärtig halten".
Es dürfte ſich beſſer die Bundesverſammlung als mit den Commiſſarien derſelben
verkehren laſſen. Commiſſarien werden wahrſcheinlich Geſandte der Bamberger Regierungen
werden, obſchon Herr von Proteſch meint, eine etwaige Wahl auf Herrn von Bülow lenken
zu können. Derſelbe wäre perſönlich geeignet, als Däniſcher Geſandter aber doch ſchwerlich.
Die ganze Idee mit dem Artikel 49 ſtammt aus München und denkt Bayern vorausſicht=
lich an ſeinen Geſandten als Commiſſar des Bundes.
In dem Öſterreichiſchen Entwurf des Bundesbeſchluſſes die Worte „deren Gebiet keines=
weges" bis „beſchränkt erſcheint" dürften zu ſtreichen ſein.
Der Schlußpaſſus „die gegenwärtige Erklärung u. ſ. w." ebenfalls und ſtatt deſſen die
Form eines einfachen Bundesbeſchluſſes ohne Beimiſchung der Ausdrücke, wie ſie in zwei=
ſeitigen Verträgen üblich ſind."

Aus meinen Privatunterhaltungen mit Prokesch entnehme ich, daß seiner jetzigen Ansicht nach Österreich mit der Erfüllung der in der Sommation enthaltenen Forderungen sich nicht zufrieden geben wird. Er sagt, daß die Bestimmungen des Vertrages von Adrianopel [1]) auf die Länge unerträglich gewesen seien; es hätte früher oder später doch zum Kriege zwischen Österreich und Rußland darüber kommen müssen; jetzt sei die Gelegenheit, eine Abstellung der 1829 constituirten Übelstände zu erlangen, so günstig wie niemals, man müsse sie benutzen. Die gesicherte Freiheit der Donaumündungen, die Öffnung des Schwarzen Meeres, die Lösung des Russischen Protectorats über die Fürstenthümer und Serbien müsse erlangt werden. In Betreff der zukünftigen Stellung dieser Länder zur Pforte spricht er geflissentlich keine Meinung aus, und Niemand zweifelt hier an der Absicht, daß man die Besetzung der Fürstenthümer durch Österreichische Truppen als einen Anknüpfungspunkt für ein näheres Verhältniß Österreichs zu den Fürstenthümern in Wien betrachtet. Prokesch's Privatansicht geht außerdem dahin, daß an Stelle der Türkei nur das Byzantinische Reich treten könne; damit würden zwei Griechische Kirchen geschaffen und Rußlands Ascendant über seine Religionsgenossen im Orient beseitigt.

Bei Besprechung des Beitrittes begegne ich im Munde meiner Collegen vielfach der Äußerung, daß der Vertrag vom 20. April durch den neuen, welchen Österreich mit der Türkei geschlossen hat, [2]) obsolet geworden sei, und es während der Verhandlungen über den Beitritt noch mehr zu werden Aussicht habe. Für unsere Freiheit des Entschlusses kann es allerdings nur günstig sein, wenn Österreich sich ohne unser Einverständniß in Complicationen einläßt, deren Consequenzen mit dem Bündniß vom 20. nichts zu thun haben. Ich will damit noch nicht sagen, daß wir diese größere Freiheit nothwendig gegen Österreich benutzen müssen; zu brauchen aber dürfte sie immer sein.

Ein ziemlich eingeweihter Bonapartist, convertirter Republikaner, sagte mir vorgestern, nachdem er beträchtlich tief in's Glas gesehen hatte: „Frankreich werde in dem Europäischen Conflict immer die freieste Stellung unter allen Großmächten behalten, weil es durch kein eignes Interesse gegen Rußland engagirt sei. Der eigentliche Grund sei, daß der Kaiser einen Krieg gebraucht habe; ein solcher gegen Deutschland, hinter dem alsdann Rußland gestanden hätte, sei zu gefährlich gewesen; sei Rußland erst geschlagen, oder doch isolirt und beleidigt, so werde für Frankreich und Preußen die Zeit gekommen sein, gemeinschaftlich ihrer Interessen und ihres Ehrgeizes zu gedenken. Der eigentliche Interessenkampf werde erst beim Friedenscongreß ausbrechen, in ähnlicher

1) Vergl. über diesen Vertrag Band II, S. 43, Note 1.

2 Gemeint ist die Convention vom 14. Juni 1854, betreffend das Einrücken Österreichischer Truppen in die Donaufürstenthümer. cf. Band II, S. 23, Note 1 unserer Sammlung.

Weise, wie er 1814 ausgebrochen sein würde, wenn nicht Napoleon's Rückkehr von Elba die Zänker geeinigt hätte". Die Anschauungsweise ist nicht neu, und ich schreibe sie nur nieder, weil der Ausschuß noch immer nicht aufhören will.

Bayern und Sachsen streiten seit zwei Stunden über einen juristischen Fall in Betreff der Nutzung von Festungsgrundstücken; alle Schlußanträge fruchten nicht.

Ihr Herr Bruder[1] war zu meiner Freude zwei Tage hier; jetzt reist er in Baden umher; übermorgen erwarte ich ihn wieder hier und werde ihm den heute von Ew. Excellenz für ihn eingegangenen Brief einhändigen".

87. Bericht, betr. die Wahrung des Anscheins eines Zusammenhaltens der Cabinette von Wien und Berlin sowie Deutschlands in der orientalischen Frage. Preßthätigkeit des Frhr. v. Prokesch. 19. Juli 1854.

„Ew. Excellenz haben mich wiederholt angewiesen, Alles zu vermeiden, was zu einem Schluß berechtigen könne, als sei zwischen den Cabinetten von Berlin und Wien nicht die vollste Übereinstimmung vorhanden; ich habe daher geglaubt, dem gelegentlich auftauchenden Mißtrauen des Freiherrn von Prokesch gegen die diesseitige Politik nicht wirksamer entgegentreten zu können, als indem ich ihm mittheilte, daß ich angewiesen sei, auch dem geringsten Anschein eines Mangels an Einheit vorzubeugen, da man bei uns ebensosehr wie in Wien von der Nothwendigkeit des Zusammenhaltens der Deutschen Staaten unter sich und namentlich mit Österreich durchdrungen sei.

Bald nach dieser Mittheilung enthielt der Moniteur vom 12. d. M. in dem beigefügten „Leipzig den 7. Juli" fast dieselben Worte, welche ich zu dem Freiherrn von Prokesch gesprochen. Dieser Umstand liefert mir eine neue Bestätigung der Überzeugung, daß Herr von Prokesch für sein Bedürfniß, Zeitungsartikel zu schreiben, auch in den Französischen Blättern Befriedigung sucht; er unterhält einen regelmäßigen und lebhaften Briefwechsel mit Herrn von Hübner,[2] durch welchen auch die Verbindung mit der Französischen Presse vermittelt wird, und Letzterer die in neuerer Zeit so häufigen, offenbar aus den Akten Deutscher Regierungen stammenden Mittheilungen zufließen. In dem vorliegenden Falle wenigstens glaube ich darüber ganz sicher zu sein, da ich nur gegen Herrn von Prokesch mich gerade genau in den Worten jenes Artikels ausgesprochen habe".

---

1) cf. oben S. 200, Note 4.
2) cf. oben S. 189, Note 2.

88. **Eigenhändiger Bericht, betr. den Beitritt des Deutſchen Bundes zu dem Aprilbündniß. Öſterreichs Abſicht in Bezug auf die Behand- lung der Ruſſiſchen Antwort. Fiction einer gegen Rußland gerich- teten Quadrupelallianz. Verwerfung der Ruſſiſchen Conceſſionen durch die Weſtmächte. Werth des Aprilbündniſſes für Deutſchland und Preußen. Zurückweiſung der Engliſchen Überhebungen in der Preußiſchen Correſpondenz. Losmachung Öſterreichs von dem Frieden von Adrianopel. Verſtimmung Württembergs. Beuſt's Erwiderung einer Engliſchen Note. 21. Juli 1854.[1])**

— — „Ich benutze die Reiſe des Herrn von Reitzenſtein[2]), um in Betreff der Beitrittsfrage meinem heutigen Immediatberichte[3]) noch einige Worte hin- zuzufügen. Die Sitzung des Ausſchuſſes iſt ſoeben beendigt. Das Referat war von dem Bayeriſchen Geſandten bearbeitet, kurz und der Sache, wie mir ſchien, angemeſſen. Eine Bezugnahme in der Motivirung auf den Inhalt der Note vom 16. Juni[4]) wurde von Sachſen gewünſcht, unterblieb aber. Sie

---

1) Der nachſtehende eigenhändige Bericht des Herrn von Bismarck bildet einen Be- ſtandtheil des von Manteuffelſchen Nachlaſſes. Zu den Akten des auswärtigen Mini- ſteriums gelangte eine Abſchrift deſſelben ebenſowenig, als zu den Bundestags-Geſandt- ſchaftsakten. Man vergleiche jedoch die im II. Bande unſerer Sammlung abgedruckte Ur- kunde 27, woſelbſt der Inhalt des oben ſtehenden eigenhändigen Berichts des Herrn von Bismarck bruchſtückweiſe mitgetheilt iſt. Es beſteht die Vermuthung, daß Herr von Bis- marck wegen des Poſtſchluſſes eine Abſchrift ſeines eigenhändigen Berichts nicht mehr fer- tigen laſſen konnte, und daß er, um die Akten vollſtändig zu haben, nach Abgang der Expedition ſeinem Nebenbeamten den weſentlichen Inhalt deſſelben aus dem Gedächtniß dictirt hat. Ein analoges Verhältniß haben wir auch bereits früher einmal zu conſtatiren die Gelegenheit gehabt (cf. Band II unſerer Sammlung, S. 165, Note 1 und oben Ur- kunde 86).

2) Freiherr von Reitzenſtein, General-Lieutenant, Preußiſcher erſter Bevollmächtigter bei der Bundes-Militaircommiſſion und Oberbefehlshaber der Bundesgarniſon in Frank- furt a. M.

3) Herr von Bismarck meldete in dieſem Berichte, er habe in der Bundestagsſitzung vom 20. Juli mit Herrn von Proleſch das Preußiſch-Öſterreichiſche Bündniß vom 20. April 1854 nebſt dem Zuſatzartikel (cf. oben S. 186, Note 2) mit der Einladung zum Bei- tritte vorgelegt. Nachdem der Verſuch des Freiherrn von Proleſch, eine ſofortige Beſchluß- faſſung herbeizuführen, mißlungen, ſei die Einladung zur ſchleunigen Vorberatung eines Beſchluſſes dem in der Sache niedergeſetzten Ausſchuſſe überwieſen worden. Derſelbe ſei bereits am 21. Juli zuſammengetreten, und könne ſonach möglicherweiſe nächſte Woche in der beabſichtigten außerordentlichen Sitzung der Beſchluß gefaßt werden.

4) Die in Bamberg vertretenen Regierungen wünſchten, daß durch eine an die Bundes- verſammlung zu richtende Einladung der Beitritt des geſammten Bundes zu dem am 20. April zwiſchen Preußen und Öſterreich abgeſchloſſenen Schutz- und Trutzbündniſſe er- folge, daß der Bund bei den ferneren, ihn als Theilnehmer an dem Bündniſſe angehenden Verhandlungen in gehöriger Form vertreten ſein werde. Erreicht ſollte werden von Deutſch- land die vollſtändige Freiheit des Handels und der Schiffahrt auf der Donau, und ein wirkſamer, allſeitig verbürgter Schutz der unter der Türkiſchen Herrſchaft lebenden chriſt- lichen Bevölkerung. Nebenbei war ein lebhaftes Intereſſe an der Erhaltung des König-

wird voraussichtlich in den Erwägungsgründen der einzelnen Abstimmungen von Bayern, Sachsen, Hannover und Anderen ihre Stelle finden. Die einzige Änderung, welche in dem Beschlußentwurf unter des Herrn von Prokesch und meiner Einwilligung stattgefunden hat, ist folgende Einschaltung am Schlusse der Erwägungsgründe:

„unter der Verabredung beizutreten, daß Se. M. der König von Preußen und Se. M. der Kaiser von Österreich die durch Artikel XI der Bundesacte übernommene Verpflichtung durch Ihre gesammte deutsche und außerdeutsche Macht erfüllen werden". [1]

Es schien uns dies eine im Falle des Krieges sich von selbst ergebende Sache; die Instruktionen unserer Bamberger Freunde, auch noch die neuesten telegraphischen, bestanden aber ausdrücklich auf diesen Zusatz, während sie den wegen der Bezugnahme auf die Note vom 16. v. M. fallen ließen. Ich schreibe ersteres nur der kleinen Eitelkeit zu, wenigstens äußerlich noch einen Bamberger Pinselstrich anzubringen, gegen den ein ernster Widerspruch der Großmächte sich nicht erwarten ließ (angegeben wird mir als Grund des Verlangens der Unterschied, den diese Einschaltung bei der dereinstigen Liquidation der Kosten machen werde). Der Ausschuß war darüber einig, daß weder Einstimmigkeit noch auch ein Plenarbeschluß mit einer $2/_3$ Majorität rechtlich erforderlich sei, um den Beitritt zu vollziehen. Herr von Prokesch unterstützte diese Ansicht seiner Instruktion gemäß, und die Bamberger vertraten sie, weil dadurch sichergestellt wird, daß der Beitritt eine Kriegserklärung, die nur mit $2/_3$ pleni beschlossen werden kann, nicht involvire, und also auch dem Bunde die Sicherheit bleibe, zu einem activen Einschreiten nur nach nochmaliger ausdrücklicher Beschlußnahme gelangen zu können.

Im Verkehr mit Herrn von Prokesch finde ich vielfache Bestätigungen meiner schon früher gegen Ew. Excellenz geäußerten Ansicht, daß Österreich bemüht ist, eine selbständige Preußisch-Österreichische Behandlung der Russischen Antwort zu vermeiden, vielmehr die Wiener Conferenz und die Westmächte vorzuschieben, um einer Zurückweisung der Russischen Eröffnungen, und einer Einwirkung der Westmächte auf uns zu diesem Behufe gewiß zu sein.

Die Absicht zu fingiren, als ob eine geschlossene Quadrupelallianz, die nur gemeinsam Rußland gegenüber agiren könne, vorliege, trat bei der

---

reichs Griechenland bezeugt. In dem oben erwähnten Erlasse des Minister-Präsidenten an die Preußischen Gesandtschaften in Deutschland vom 16. Juni 1854 waren die Bedenken der in Bamberg vertretenen Regierungen widerlegt, und die Hoffnung ausgedrückt, daß die Vertreter derselben recht bald ermächtigt würden, für den Anschluß des Bundes an den Vertrag vom 20. April ohne Vorbehalt zu stimmen. Anderenfalls würden Preußen und Österreich in die Lage kommen, sich nur noch mit den einzelnen Regierungen zu verständigen, welche ihrem Bündnisse als Theilnehmer entweder schon hinzugetreten seien oder noch hinzutreten würden.

1) cf. auch Band II, Urkunde 30.

Discussion im Ausschuffe erkennbar hervor; besonders bei Erörterung der 1854
Frage, ob die ganzen Altenstücke vom 20. April[1]) oder nur der eigentliche Juli 21.
Tenor der Vertragsartikel, wie Bayern wollte, in dem Bundesbeschlusse zu
inseriren seien. Die beigebrachten Antecedentien, bei Gelegenheit der Belgischen und anderer Verträge, entschieden für die erstere Alternative, und werden
die Einleitungen und Erwägungsgründe in den Beschluß mit aufgenommen.
Auch zur Vorlage des Protokolls vom 23. Mai[2]) hatte Herr von Prokesch
eine Einleitung Namens Preußens und Österreichs aufgesetzt, welche die Soli-
barität des „Europäischen Einverständnisses", wie es in den Conferenzen seinen
Ausdruck gefunden habe, hervorzuheben bestimmt war. Auf meinen Wunsch
hat indessen eine einfache Vorlage stattgefunden.

Daß der Westen, wenigstens England, die Russischen Concessionen als
ungenügend zurückweist, darüber kann wohl nirgends, am wenigsten in Wien,
ein Zweifel bestehen, und provocirt Österreich lediglich auf die Seemächte und
deren Votum in der Conferenz, so lehnt es damit einfach ab.

Wenn das Bündniß vom 20. April nicht den Erfolg hat, Deutschland
eine vom Westen unabhängige Politik zu sichern, so hätten wir es angenehmer
gehabt, uns direkt mit Paris und London zu verständigen, anstatt mit dem
übrigen Deutschland die Nullen hinter der Eins Österreichs zu bilden, die
innerhalb der Conferenz doch auch nur wieder eine Ziffer in dritter Stelle be-
deutet. Denn die Westmächte legen der Conferenz offenbar nur für die Deutschen Theilnehmer eine limitirende Kraft bei, während sie selbst sich eine von
derselben gänzlich unabhängige Bewegung vindiciren.

Sehr gefreut habe ich mich über den Artikel der Preußischen Correspondenz, mit dem die Unverschämtheiten der Englischen Presse berücksichtigt wurden. Sonst steht für zehn Thaler monatlich in dem Blatte nicht viel zu lesen.

Auch gegen mehrere meiner Collegen hat Herr von Prokesch sich in dem
Sinne geäußert, daß Österreich die jetzige Gelegenheit zum Kriege benutzen
müsse, um sich von den in Abrianopel[3]) sanctionirten Verhältnissen frei zu
machen. Immerhin, aber was haben wir von unseren Auslagen dabei?

Die Sitzung zur Beschlußnahme über den Beitritt findet Montag statt.
Herr von Prokesch beabsichtigte sie auch morgen schon, aber Württemberg und
Mecklenburg, unterstützt von Bayern und Sachsen, baten um Aufschub.

Württemberg ist sehr böse, daß der neueste Beschlußentwurf nicht vor der
Einbringung in die Versammlung auch in Stuttgart mitgetheilt worden ist.

---

1) cf. oben S. 186, Note 2.
2) scil. das Protokoll der Wiener Conferenz vom 23. Mai 1854, abgedruckt in „von
Jasmund: Altenstücke zur orientalischen Frage" Band I, S. 306.
3) cf. oben S. 205, Note 1.

Herr von Reitzenstein mahnt zum Schluß". [1])

[1]) Der Minister Freiherr von Manteuffel erwiderte Herrn von Bismarck unter dem 24. Juli 1854, ein Theil der in seinem Schreiben enthaltenen Bedenken werde durch die inzwischen ihm zugegangenen Depeschen seine Erledigung gefunden haben; „daß wir übrigens nicht zaghaft Österreich gegenüber uns aussprechen, wird Ew. Hochwohlgeboren die in Abschrift anliegende Depesche, welche ich indessen geheim zu halten bitte, beweisen.

Wir haben heute die Österreichische Antwort auf unsere Depesche vom 15. b. M. erhalten. Man ist zwar dort auf unseren Wunsch, die Russische Antwort nicht der Beschlußfassung der Conferenz zu unterbreiten, eingegangen, allein die Note, mit welcher die Russische Antwort nach Paris und London mitgetheilt wird (cf. von Jasmund a. a. O. S. 330), ist von der Art, daß man die zurückweisende Antwort der Seemächte unschwer vorhersieht, und die Depesche, welche uns und unsere vertragsmäßigen Verpflichtungen betrifft, ist ziemlich scharf geschrieben. Von allen diesen Dingen erhalten Ew. Hochwohlgeboren Abschriften, nur ist heute die Zeit zu deren Anfertigung nicht vorhanden.

In der Anlage sende ich Ew. Hochwohlgeboren Abschrift eines heute hier eingegangenen Immediatberichts des Grafen von Alvensleben, welchen ich Sr. Majestät bereits vorgelesen habe. Allerhöchstdieselben haben mir befohlen, darüber zunächst Ew. Hochwohlgeboren Gutachten zu fordern. Indem ich diesem Befehle hierdurch nachkomme, bemerke ich, daß meine eigene Ansicht über die Alvenslebensche Idee, welche mir überhaupt noch keine recht klare, und mehr durch den Wunsch und Zweck, ein Gegengewicht gegen Österreich zu erlangen, hervorgerufen, als in das System hineingewachsen zu sein scheint, keine definitiv festgestellte ist. Ich bin noch immer davon überzeugt, daß die Rolle eines Hauptes der Bamberger für uns weder eine nützliche noch ungefährliche ist, und daß man gegen Österreich so scharf und bestimmt auftreten mag, als man will, dies aber doch immer am besten auf eigenen Beinen und nicht mit Bamberger Stützen zu geschehen hat. Man darf sich dabei nicht von trügerischen Rücksichten leiten lassen, z. B. daß man dadurch eine günstigere Stellung in der Bundesversammlung gewinnen könnte u. s. w. Ew. Hochwohlgeboren wissen am besten, wie lange dauernd und wie fest dergleichen Dinge sind. Nichtsdestoweniger will ich Ew. Hochwohlgeboren ermächtigen, falls Sie einen geeigneten und ungefährlichen Weg zur Erreichung der Alvenslebenschen Idee zu finden wissen, dazu mit Rücksicht die Einleitungen zu treffen. Daß die Sache sehr discret behandelt werden muß, leidet keinen Zweifel, denn die Erbitterung der Westmächte gegen uns ist auf einen hohen Punkt geblieben, und ein noch so freundlicher Kuß von Sachsen oder Bayern scheint mir immerhin die Gefahren einer Englischen Blokade nicht aufzuwiegen.

Des Königs Majestät haben mir zu erwägen gegeben, ob ich nicht mit nach München gehen oder nachkommen wolle; ich bin indessen nicht dafür, weil ich dies für eine Demonstration halten möchte, welche durch entsprechenden Vortheil nicht aufgewogen würde. Wenn aber Se. Majestät darauf bestehen, so werde ich mich schließlich nicht weigern.

Die Briefe meines Vetters, des Obersten von Manteuffel, aus Wien haben mir keinen guten Eindruck gemacht. Buol ist ganz in den Händen von Bourquenay, und der Kaiser, der viel Sentiment gezeigt, hat doch in der Conversation diejenige Sprödigkeit durchblicken lassen, welche von einem bereits fest und unabänderlich gefaßten Entschlusse Zeugniß giebt. Daß man entschlossen ist, vorzugehen, beweist mir eine mir heute zugehende telegraphische Nachricht, wonach General Heß am 16. b. M. bei Burtschava die Grenze der Walachei überschritten hat. Was daraus entstehen wird, ob ein feindliches Begegnen mit den Russen, eine Kriegserklärung seitens derselben, weiß Gott". —

In dem erwähnten Immediatberichte des Staatsministers a. D. Grafen von Alvensleben b. d. Wien 21. Juli bemerkte derselbe, „es komme, da in diesen Tagen voraussichtlich der Bundesbeschluß in Bezug auf den Preußisch-Österreichischen Vertrag zu Stande komme, nicht bloß darauf an, dasjenige, was die beiden großen Deutschen Mächte den in

Poſtſcriptum. „Haben Ew. Excellenz die Beuſtſche Antwort[1) 1854
Juli 21.

Bamberg zuſammengetretenen Regierungen und beſonders dem Bunde in Ausſicht geſtellt,
zu erfüllen, ſondern auch die Gelegenheit zu benutzen, um Preußens Stellung Öſterreich
gegenüber nach Möglichkeit zu verbeſſern. Es frage ſich, ob es ſich nicht empfehle, daß zu
den aus dem Preußiſch-Öſterreichiſchen Vertrage herrührenden Verhandlungen eigene Bevoll-
mächtigte von der Bundesverſammlung zu beſtellen ſeien. Wie dieſe Bevollmächtigung zu
veranlaſſen iſt, muß ich den Eröffnungen an den Bundesgeſandten überlaſſen; es fragt ſich
aber, wie die Bundesbevollmächtigten, wenn ſie ernannt ſind, am zweckmäßigſten benutzt
werden können. Da, wie Ew. K. Majeſtät ich allerunterthänigſt angezeigt habe, es nicht
unwahrſcheinlich iſt, daß die Franzöſiſch-Engliſche Erwiderung den beiden Deutſchen Mächten
nicht direkt, ſondern durch die Conferenz zugehen wird, ſo könnte es ſich fragen, ob nicht
die Bundesbevollmächtigten oder Einer derſelben an der Conferenz Theil zu nehmen hätte.
Obwohl dies den Vortheil darbieten würde, daß Preußen unter den gegenwärtigen Ver-
hältniſſen dadurch Unterſtützung und mithin einen moraliſchen Beiſtand gewänne, ſo kann
ich es doch nicht für correct, und muß es in anderer Beziehung für bedenklich halten, daß
der Bund nicht etwa mit allen Krieg führenden Mächten, ſondern nur mit einem Theile
derſelben in fortgeſetzte Berathungen tritt, und dadurch in Verwickelungen mancherlei Art
hineingezogen wird. Dagegen dürfte ſich der Ausweg empfehlen, daß bei allen Verhandlungen und Entſchließungen, welche ſich direkt oder indirekt auf die Ausführung des Preußiſch-Öſterreichiſchen Vertrages beziehen, eine Vorberathung der beiden Deutſchen Mächte
mit den Bundesbevollmächtigten ſtattfindet, und daß dies namentlich auch dann und zwar
zuvor eintritt, wenn Conſequenzen des Vertrages irgend einer Art in den Kreis der Con-
ferenzverhandlungen hineingezogen werden' ſollen. Es iſt klar, daß hierdurch eine mora-
liſche Hemmung Öſterreichs gegen ein zu weites Eingehen deſſelben auf die Wünſche und
Intereſſen der Weſtmächte erreicht wird. Außerdem befindet ſich Preußen dabei auf einem
bundesrechtlichen Standpunkte, und ſichert ſich in einer Frage, wo ſeine und des Bundes
Intereſſen zuſammenfallen, die Sympathien des letzteren, ohne auf irgend eine Art Öſterreich offenſibel entgegen zu treten. Ew. K. Majeſtät muß ich die Prüfung dieſer Anſicht
anheimgeben, bemerke indeſſen, daß, wenn darauf einzugehen wäre, ſehr ſchnell gehandelt
werden müßte, indem die Zuziehung der Bundesbevollmächtigten beſonders bei dem Ein-
gange der Anforderungen der Weſtmächte von Nutzen wäre, und letzterer leicht ſehr bald
erfolgen kann".

1) Die an den Sächſiſchen Miniſter-Reſidenten Grafen Vitzthum in London unterm
9. Juli 1854 gerichtete Note des Herrn von Beuſt reſumirt zunächſt die Engliſche Eröffnung
(cf. S. 214, Note 1) und bemerkt alsdann: »Le langage, que Monsieur le Comte de Clarendon a cru devoir nous tenir est tel, qu'il fallait tous les égards que nous devons
au Gouvernement de S. M. Britannique, pour nous décider à ne pas préférer le
silence à une réponse. Cependant, afin de faire de cette dépêche l'objet d'un
examen consciencieux, j'en ai demandé au Ministre d'Angleterre une communica-
tion écrite. Mr Forbes ne s'y est pas cru autorisé. Il me semble, que lorsqu'un
Gouvernement ne craint pas d'entrer dans de pareilles explications avec un Gouvernement étranger, et qu'il va même — ainsi que je l'ai appris depuis, car la
dépêche a été communiquée ailleurs par les Missions Britanniques, — à donner
à ses accusations du retentissement, il serait au moins juste de mettre le Gouvernement à qui s'adressent des reproches aussi graves, en mesure de les peser
mûrement et d'y opposer une défense raisonnée. J'ai dû me contenter d'une
seconde lecture et d'imprimer le mieux possible dans ma mémoire les principaux
passages de la pièce en question.

Mr le Comte de Clarendon se flatte que les Etats représentés à Bamberg re-
cevront une réponse, qui sera proportionnée à leur intervention mal inspirée

14*

auf die grobe Englische Note gelesen? — Sie ist sehr gut ge-

(„ill advised interference", vous voyez que par ma traduction je cherche à adoucir le mot). Cette réponse est aujourd'hui connue de tout le monde. Nous ignorons si le Cabinet Britannique en est satisfait, ainsi que nous l'espérons sincèrement; ce qui est bien certain, c'est qu'elle nous a satisfaits, et qu'il en résulte clairement que les deux Grandes Puissances Allemandes n'ont trouvé dans la Note que nous leur avions adressée aucun sujet d'y avoir une intervention mal inspirée. Et cependant s'il y avait eu lieu à nous faire un pareil reproche, — M^r le Comte de Clarendon sera assez juste pour le reconnaître, — c'eût été bien plutôt aux Cabinets de Vienne et de Berlin à nous l'adresser. Mais indépendamment du blâme que notre conduite paraît avoir encouru à Londres, j'ai quelque peine à m'expliquer ce qui a pu amener Lord Clarendon à y voir une intervention quelconque. La question que l'on appelle la question d'Orient, a été débattue à différentes reprises dans des Conférences, auxquelles la Confédération Germanique est restée étrangère, et je ne sache pas qu' aucun des Gouvernements Allemands de second ordre se soit permis d'intervenir dans ces débats. C'est à la suite d'un traité conclu entre l'Autriche et la Prusse, et d'une invitation que ces deux Puissances ont adressée aux autres Etats de l'Allemagne, que ceux-ci ont été mis en demeure de se prononcer sur une question fédérale. Il s'agissait donc de remplir à la fois un devoir et d'user d'un droit, dans l'exercice duquel nous ne saurions reconnaître à aucune Puissance étrangère le pouvoir de nous imposer des limites, ni admettre une intervention, fût-elle la mieux inspirée.

Je ne puis passer ici sous silence que l'Envoyé de France m'a également communiqué une dépêche de son Gouvernement à la Suite des Conférences de Bamberg, et je me plais à constater que dans cette dépêche portant le cachet d'une politesse exquise, Mr Drouyn de L'huys s'est abstenu de tout commentaire sur les résolutions de Bamberg et s'est borné à relever un seul point, savoir la faculté que nous avions revendiquée pour la Confédération d'être représentée dans les négociations ultérieures. C'est là une question que nous ne croyons pas douteuse, mais dont une discussion même anticipée devait nous paraître parfaitement convenable.

En repassant dans ma mémoire la suite de la dépêche de M^r le Comte Clarendon, j'arrive à des reproches qui s'adressent plutôt à la Russie qu'à nous-mêmes. Cette Puissance est accusée d'avoir de tout temps semé la discorde en Allemagne et d'effrayer les Gouvernements Allemands par le fantôme de la révolution. Sans prétendre faire l'avocat de la Russie, comme nous le reproche un autre passage de la dépêche, il m'est difficile de trouver la première de ces accusations tout-à-fait juste, en songeant à la manière dont la Russie est intervenue dans les affaires de l'Allemagne pendant les années où des complications intérieures menaçaient l'union et la paix de l'Allemagne et où tous les efforts du Cabinet de St. Pétersbourg tendaient à aplanir les différends survenus entre les deux Grandes Puissances allemandes.

Quant à la révolution dont la Russie se servirait avec nous comme d'un épouvantail, personne mieux que moi n'a été à même d'en connaître la portée. Appelé aux affaires au commencement de l'année 1849 je m'assis en face du fantôme dont les formes se dessinaient très-nettement autour de moi, et deux mois plus tard je le vis ensanglanter pendant six journées consécutives les rues de Dresde. J'ai appris alors, comment il faut s'y prendre avec le spectre, et les souvenirs de cette époque m'autorisent à répondre à Lord Clarendon, qu'on peut très-bien croire à l'existence du fantôme, sans être soupçonné de le redouter.

ſchrieben, und wäre jedenfalls noch beſſer, wenn Sachſen

Il est vrai que Lord Clarendon dans la même dépêche nous fait observer, comment il n'y a rien à craindre de la révolution aujourd'hui que l'Autriche est alliée avec l'Angleterre et la France. Je serai le premier à repousser les conclusions malveillantes que l'on pourrait tirer de cette combinaison, mais ce que je ne puis pas admettre non plus qu'avec une certaine réserve, c'est que la révolution soit désarmée, comme nous le dit également Lord Clarendon, par la politique populaire des grands Cabinets; l'expérience des années 1848 à 49 nous a laissé de trop graves leçons, pour ne pas nous méfier de cette déroute apparente des partis révolutionnaires en présence de l'initiative des Gouvernements. Mais, suivant la dépêche de Lord Clarendon, c'est la Russie qui, après avoir prêché la crainte de la révolution, s'est chargée de la patroniser, de la faire elle-même, car déjà ses agents parcourent la Grèce et la Hongrie pour fomenter des troubles. Je n'ai pas de notions particulières sur ce qui se passe dans ces deux pays; mais placé par la confiance du Roi à la tête du Ministère de l'Intérieur et de l'administration de la police, j'ai été à même d'observer les allées et venues des agents révolutionnaires en Allemagne, et je dois dire que le pays d'où ils nous venaient, n'était point la Russie, et que les passeports dont ils se trouvaient munis, n'étaient point des passeports Russes. Il y a ensuite une considération dont je ne puis pas entièrement me défendre. S'il est vrai que c'est la Russie qui patronise la révolution: comment se fait-il que les partis qui ont chance d'y gagner et qui y travaillent sourdement et ouvertement depuis des années, ne cessent de prêcher la guerre contre cette Puissance?

Qu'on me pardonne ces digressions; je conviens qu'elles ont aussi peu de rapport avec la grande question du moment qu'il n'y en avait entre la Note de Bamberg et notre prétendue peur de la révolution.

Malheureusement il me reste à répondre à des attaques infiniment plus directes et plus graves. Lord Clarendon nous accuse littéralement d'être aveuglés au point de ne pas comprendre, que dans une grande crise les petites jalousies doivent se taire, et de sacrifier les intérêts de l'Allemagne à des intrigues Russes.

Je serais curieux de savoir ce qui a pu autoriser Mr le Comte de Clarendon à nous reprocher de petites jalousies et à expliquer notre manière d'envisager les intérêts de l'Allemagne, — matière dans laquelle, par parenthèse, nous croyons le dernier des Gouvernements Allemands meilleur juge que l'étranger, par des intrigues dont nous serions ou dupes ou complices.

Lord Clarendon n'a pas jugé à propos de citer un seul fait ou acte à l'appui de pareilles suppositions, et en effet, il lui aurait été difficile d'en trouver. Une accusation lancée aussi légèrement rend toute défense inutile; nous ne pouvons que la regretter profondément.

Il en est de même du reproche qu'on nous adresse enfin d'avoir donné à l'Europe le spectacle de l'Allemagne désunie. Les faits mêmes y répondent mieux que ne le pourrait une défense éloquente. L'union de l'Allemagne n'a jamais été mieux assurée qu'elle ne l'est dans ce moment, et jamais le principe fédéral n'a fait de meilleures preuves. Les deux Grandes Puissances Allemandes ont témoigné par leur déclaration du 16 Juin, combien elles tiennent à relever la Constitution fédérale et à respecter la position indépendante des autres Etats confédérés, et ceux-ci à leur tour, en se ralliant aux deux Puissances après un examen mûr et consciencieux de leurs propositions et avec l'intention bien marquée de placer le but de l'union allemande au dessus de toute autre considération ont rempli dignement leur tâche comme Etats indépendants et comme Confédérés.

größer wäre". [1]

Nous ne craignons donc point les souvenirs de Bamberg dont la dépêche de Lord Clarendon finit en quelque sorte par nous menacer. Nous n'avons jamais eu d'autre prétention que de faire un acte allemand; ce n'est pas nous qui nous plaçons sur le terrain Européen. Si on nous y appelle, nous avons le ferme espoir, que le même esprit de justice et d'équité, qui a déjà dicté le jugement de l'Allemagne, prévaudra également dans les conseils de l'Europe.

Je terminerai par une dernière réflexion. Vous savez que la Note de Bamberg fut concertée et adoptée par huit Gouvernements Allemands; d'après ce qui me revient, la dépêche que m'a communiquée Mr Forbes, n'a été adressée qu'au Gouvernement du Roi seul. Je ne demande pas d'explications de ce fait. Ce qui précède vous prouvera, que nous ne reculons pas devant la responsabilité d'un acte dont nous sommes solidaires.

Vous savez, Mr le Comte, quel prix le Gouvernement du Roi attache à des sentiments bienveillants du Gouvernement de la Reine, vous concevrez donc aisément, combien ces explications ont dû m'être pénibles; mais je suis certain qu'elles ne déplairont pas au Cabinet de Sa Majesté Britannique. Le Gouvernement anglais, si jaloux de faire respecter partout le droit et d'empêcher qu'il n'y soit porté atteinte, ne voudra pas nous faire un crime de tenir au nôtre, et Lord Clarendon avec son esprit éclairé et impartial, loin de s'offenser de notre franchise, y verra l'empreinte de la vérité et regrettera, j'en suis sûr, de nous avoir supposé des mobiles qui nous sont étrangers.

Vous donnerez lecture de cette dépêche à Mr le Comte de Clarendon et Vous êtes autorisé à en donner copie, si elle Vous était demandée. Recevez etc.

(signé) Beust.

1) Am 21. Juni 1854 richtete Lord Clarendon an den Englischen Gesandten in Dresden eine Note in Betreff der Bamberger Conferenzen. In diesem Schriftstücke sprach der Englische Minister zuvörderst seine Unzufriedenheit über den Zweck jener Conferenzen aus, weil derselbe dahin gerichtet gewesen sei, dem Preußisch-Österreichischen Schutz- und Trutzbündnisse im Interesse Rußlands störend in den Weg zu treten. Lord Clarendon beauftragte Herrn Forbes, dem Minister Beust zu eröffnen, daß die Königin von England bei dem Interesse, welches Ihre Majestät dem K. Sächsischen Hofe unausgesetzt gewidmet, es schmerzlich empfunden habe, daß derselbe sich zu einem Werkzeuge Russischer Intriguen hergebe und damit den revolutionären Umtrieben Rußlands huldige. Habe man in Deutschland gefürchtet, — bemerkte Lord Clarendon weiter — daß der von Seiten Rußlands über Europa entzündete Krieg die Umsturzpartei ihrem Ziele näher führen dürfte, so habe die Erfahrung bereits gelehrt, daß Österreich in richtiger Würdigung der öffentlichen Meinung durch seinen Anschluß an die Westmächte alle derartigen Pläne vereitelt habe. Die Umsturzpartei aller Länder würde nur ihres Sieges gewiß gewesen sein, wenn Preußen und Österreich sich Rußland angeschlossen hätten. Im Interesse ihrer selbst, Deutschlands, des Rechts und der Ordnung hätten indessen beide Mächte einen solchen Weg, der so gefahrvoll sei, nicht eingeschlagen. Auch sei die Umsturzpartei heute vollständig darniedergeschmettert. Unter diesen Umständen könne die Regierung Ihrer Großbritannischen Majestät nur ihr inniges Bedauern darüber aussprechen, daß Österreich bei Vertheidigung Deutscher Interessen an seinen südöstlichen Grenzen nicht den Dank Deutschlands geerntet, vielmehr seinen Widerstand erfahren habe. Wenn die Deutschen Fürsten, bemerkt jene Depesche schließlich, sich öfter darüber beschwert hätten, daß die Großmächte ihrer Stellung nicht die gebührende Rechnung trügen, so habe die Bamberger Conferenz für jetzt und für die Folge den traurigen Beweis geliefert, daß die dort vertreten gewesenen Regierungen sich selbst weder ihrer Stellung noch ihrer Aufgabe bewußt seien.

89. **Eigenhändiger Bericht, betr. den beabsichtigten Gewinn Österreichs in der orientalischen Frage. Vorlegung der Russischen Antwort. Stellung Preußens gegenüber der Bamberger Coalition und
Benutzung derselben zur Verhinderung des Krieges zwischen Rußland und Österreich. Unwahrscheinlichkeit einer Englischen Blokade.
Reise des Königs von Preußen nach München; Zerstörung der Illu-
sionen des Österreichischen Cabinets in Bezug auf eine bedingungs-
lose Unterstützung seiner Politik durch Deutschland. 25. Juli 1854.[1])**

„Ew. Excellenz mir soeben per express zugehendes eigenhändiges Schrei- 1854
ben[2]) traf mich in dem Zwiespalt zwischen der Neigung, Ew. Excellenz etwas Juli 25.
Ähnliches wie den Inhalt des Berichts des Grafen Alvensleben vom 21. cr.[3])
zu schreiben, und zwischen der Erwägung des ne sutor ultra crepidam. Es
bleibt mir heute nur eine Stunde bis zum Postschluß, morgen berichte ich aus-
führlicher. Ich nehme als unzweifelhaft an, daß es Österreich nicht mehr um
Herstellung des Friedens, sondern um einen aus der jetzigen Lage Rußlands
zu ziehenden Gewinn zu thun ist, nämlich Protectorat oder voller Erwerb der
Donaufürstenthümer und der Donaumündungen, zu welchem letzteren Zweck
Rußland, wie Herr von Prokesch gelegentlich zu Herrn von Schrenk[4]) geäußert
hat, nur ein sehr kleines Stück Land abzutreten braucht. Wir haben kein
eigenes Bedürfniß, uns bei den Kosten und Gefahren einer derartigen Österreichischen Eroberung zu betheiligen; eine folgenreiche Vergrößerung Österreichs widerspricht vielmehr unseren Interessen, indem sie die Machtverschieden-
heit mehren und dadurch unsere Stellung in Deutschland herabdrücken wird.
Durch Gründe der Billigkeit und Friedensliebe wird sich das Wiener Cabinet
von Verfolgung seines Zieles nicht mehr abhalten lassen, vielleicht aber noch
durch eine entschiedene Sprache Preußens und der übrigen Deutschen Bundesgenossen, eine Sprache, welche jede Hoffnung abschnitte, daß letztere den Österreichischen Staat gegen die Folgen eines ehrgeizig gesuchten Krieges vertreten
würde, und welche die Möglichkeit eines feindlichen Auftretens gegen Österreich nicht ausschlösse. Ich setze dabei voraus, daß Österreich uns durch will-
kürliche Bewegungen außerhalb des Bündnisses und durch gewaltsame und
einseitige Deutungen desselben eine größere Freiheit des Handelns wiedergiebt.

---

1) Mit dem obenstehenden Berichte des Herrn von Bismarck hat es dieselbe Bewandtniß, wie mit dem eben mitgetheilten vom 21. Juli 1954 (cf. Urkunde 68) beziehungsweise
vom 11. Juli 1854 (Urkunde 86). Im II. Bande unserer Sammlung (Urkunde 28 irr-
thümlich datirt vom 23. Juli) konnten wir nach einem in den Bundestags-Gesandtschafts-
akten befindlichen Kanzleiconcepte nur dürftige Stellen des nunmehr erfreulicher Weise
vollständig bekannt gewordenen Textes mittheilen.
2) cf. oben S. 209, Note 4.
3) cf. oben S. 210 f.
4) cf. oben S. 16, Note 4.

und finde, daß Ew. Excellenz Erlaß vom 15. cr. an Graf Alvensleben [1]) nach dieser Richtung hin soweit geht, als bei jetziger Sachlage thunlich ist, ohne uns einem begründeten Vorwurfe ex fundamento des Bündnisses auszusetzen.

Innerhalb der rechtmäßigen Entwickelung des Letzteren bietet sich als das nächste Hülfsmittel die Vorlage der Russischen Antwort an den Bund als dritten Contrahenten dar. Derselbe hat ein in unserer Vorlage selbst aner-kanntes Recht darauf, und ich wundere mich, daß die Bamberger [2]) es nicht bei Gelegenheit des Beitrittes gestern [3]) schon hervorgehoben haben. Mein Bayerischer College sprach nur privatim gegen mich die Ansicht aus, daß nun auch der Bund darüber zu befinden haben werde, ob die Russische Antwort für befriedigend im Sinne des Bündnisses zu halten sei oder nicht. Er hat heute

---

1) cf. oben S. 210. Der Minister von Manteuffel erwiderte hiermit eine De-pesche des Grafen Buol vom 12. Juli 1854, worin das Österreichische Cabinet an die Betrachtung, wie schwer es sein würde, die weite Kluft auszufüllen, welche die neuesten Anerbietungen Rußlands von den Ansprüchen der Westmächte trenne, die Bemerkung ge-knüpft hatte, daß der Fall eines activen Vorgehens Österreichs binnen kurzem statthaben könne, und daher der Augenblick eingetreten sei, bei der Preußischen Regierung auf die durch Artikel 2 der militairischen Convention vom 20. April vorbedungene Mobilmachung nöthigenfalls förmlich anzutragen. Der Minister von Manteuffel erwiderte hierauf, es liege auf der Hand, daß, je mehr Österreich sich außerhalb der Tendenzen des Bündnisses bewege, und je weniger dasselbe im Einvernehmen mit Preußen zu handeln sich veranlaßt sehen möchte, Preußen um so genauer den Kreis der von ihm übernommenen Verpflich-tungen abzugrenzen und um so sorgfältiger die seiner speciellen Obhut anvertrauten In-teressen zu Rathe zu ziehen Veranlassung finden müsse. „Wir haben uns bisher bemüht und werden uns ferner angelegen sein lassen, ein Hervortreten divergirender Ansichten zu vermeiden, weil wir uns selbst sagen, daß dadurch sowohl Österreichs als unser Gewicht wesentlich geschwächt wird und somit die Aussicht immer mehr schwindet, den Leidenschaften der streitenden Parteien einen starken Damm entgegen zu stellen. Wir würden aber auch bei diesem Bestreben eine gewisse Linie nicht überschreiten, und z. B. unserer in der Wort-fassung des Bündnisses selbst begründeten Überzeugung Geltung verschaffen, daß die be-waffnete Macht Sr. Majestät fremden, der Tendenz des Bündnisses fern liegenden Zwecken durch dasselbe in keiner Weise dienstbar gemacht werden kann. Ich lasse mich hier auf eine nähere Erörterung der uns in dieser Beziehung zur Seite stehenden Vertragsbestim-mungen nicht ein, weil ich der Ansicht bin, daß eine solche Discussion, sofern sie nicht zur unerläßlichen Nothwendigkeit wird, besser unterbleibt. Das aber nehme ich keinen Anstand auszusprechen, daß Se. Majestät eine außerhalb des Bündnisses stehende Autorität, die über dessen Auslegung und Bedeutung einen Urtheilsspruch zu fällen habe, niemals aner-kennen wird. Des Königs Majestät werden daher für die Armee in nächster Zeit diejenige Waffenbereitschaft eintreten lassen, welche Allerhöchstdieselben unter den jetzigen kritischen Zeiten für geboten erachten; es wird bles der nicht wegen der Kluft, die zwischen den An-erbietungen Rußlands und den Anforderungen der Westmächte besteht, und nicht wegen eines etwaigen hierdurch gebotenen activen Vorgehens Österreichs, sondern um deshalb ge-schehen, um in jedem Momente die Stellung Preußens, sowohl wenn es sich um Erfüllung vertragsmäßiger Pflichten, als um die Wahrung eigener Interessen handelt, gebührend wahrzunehmen".

2) cf. oben S. 194, Note 1.
3) cf. Band II, Urkunde 30.

nach München geschrieben, um zu fragen, ob in Wien oder Berlin Schritte ge-
schehen seien, um den Bundesgenossen eine Mitwirkung bei Behandlung der
Russischen Antwort zu sichern, bevor die Entscheidung darüber eine vollendete
Thatsache geworden ist, der sie bongré malgré beitreten müssen.   Mir würde
es nicht zu weit gegangen scheinen, wenn wir, nöthigenfalls ohne Anträge der
Mittelstaaten abzuwarten, ex officio in Wien die Nothwendigkeit anregten,
den Passus der Vorlage, der mit den Worten beginnt „die Cabinette von
Wien und Berlin unterziehen in diesem Augenblick rc." zur Wahrheit werden
zu lassen.

Die Stellung, welche wir durch Gleichheit des augenblicklichen Interesses
zu den Bambergern gewinnen, überschätze ich nicht, und baue für die Zukunft darauf nicht viel, wenn schon etwas.   In der Gegenwart lege ich mir
die Frage vor: Entspricht es unserem Interesse, den Krieg zwischen Österreich
und Rußland zum Ausbruch kommen zu lassen?   Ich kann mir denken, daß
man sie bejaht, aber die Politik, die damit indicirt würde, ist nicht die Sr. M.
des Königs.   Wird sie, wie ich annehme, verneint, so können uns die Bamberger allerdings von großem Nutzen sein, um den Eindruck einer Art von
Territion zu erhöhen, vermöge deren allein wir noch Aussicht haben, den
kriegerischen Ehrgeiz Österreichs zur Besinnung zu bringen.   Wir laufen dabei
nicht Gefahr, von den Bambergern unsererseits influencirt oder gebunden zu
werden; wir fangen bloß ihren Wind in unseren Segeln auf, ohne an seine
Richtung länger, als es uns angemessen scheint, gebunden zu sein, und bei
ihnen erwecken wir zwar nicht Dankbarkeit, aber doch das großentheils verloren
gegangene Bewußtsein, daß die Preußischen Interessen mit denen der übrigen
Deutschen Staaten mehr übereinstimmen als die Österreichischen, ein Bewußtsein, welches uns in den letzten zehn Jahren vor 1848 das Übergewicht am
Bunde verlieh.

An eine Englische Blokade glaube ich nicht, bis ich sie sehe; sie träfe den
Englischen Handel fast härter als den unsrigen, sobald wir ihm auch die deutschen Nordseehäfen schließen.   Wäre sie dennoch wahrscheinlich, so fragt es
sich, in welchem Verhältniß die Verluste unserer Rheder zu denjenigen stehen,
welchen uns ein Deutsch-Russischer Krieg aussetzt. England droht uns, solange
es sich davon Erfolg verspricht; soll es an die Ausführung der Drohung gehen,
so glaube ich, daß der Bramarbas sich in einen kühlen Rechenmeister umge-
staltet, bevor er Hand an's Werk legt.   Geben wir Beweise, daß Furcht vor
der Blokade ein Mittel ist, sich unsere Kräfte dienstbar zu machen, so fürchte
ich, treibt man das Drohen damit bis zu einem Punkte, wo wir doch Front
machen müssen.

Daß Se. Majestät jetzt nach München gehen, wird politischen Motiven
ohne Zweifel zugeschrieben; dem entgehen wir doch nicht; und nach meiner

1854
Juli 25.

Ansicht würde ich Ew. Excellenz nur zureden können, Sr. Majestät dahin zu folgen, und den Zweck ins Auge zu fassen, daß

1) der Bund bei Behandlung der Russischen Antwort als Hülfe für uns herbeigezogen, ehe die Verständigung als abgethan betrachtet wird,

2) wir mit dem Bunde oder wenigstens den Mittelstaaten — gemeinschaftlich [1]) — in Wien die geeigneten Schritte thun, um dem dortigen Cabinet die Illusion zu benehmen, als würden die sämmtlichen Deutschen den Kaiserstaat schließlich doch in ihren Arm auffangen, wenn er sich muthwillig in Gefahr stürzt. Wir können nachher noch thun, was wir wollen, aber den Glauben sollten wir in Wien wenigstens herzustellen suchen, daß wir es in gewissen Fällen auch über's Herz bringen, Österreich sitzen zu lassen. In die Wiener Conferenz will der Bund nicht, und ich glaube auch mit Alvensleben, daß er besser draußen bleibt".

90. Fragment eines Eigenhändigen Berichts, betr. das Einrücken der Österreichischen Truppen in die Donaufürstenthümer. Haltung Österreichs in der orientalischen Frage. Äußerungen des Königs von Württemberg und des Ministers v. d. Pfordten über die Stellung des Bundes zu dieser Frage. Haltung der Mittelstaaten in der politischen Krisis. Unterredung mit Herrn v. Dönniges über die orientalischen Wirren. München, Ende Juli 1854.

Ende Juli.

„Das Einrücken der Österreicher in die Fürstenthümer [2]) kann der Sache Deutschlands und des Friedens nützlich sein, wenn es im Einverständniß mit Rußland und in der ehrlichen Absicht geschieht, eine Barrière zwischen die streitenden Theile, sowie zwischen die Ungarische Grenze und die contagiösen Elemente der Auxiliartruppen zu schieben, nicht aber um Händel mit den Russen zu suchen. Die Bedingungen, unter welchen eingerückt werden darf, müßten sehr präcis formulirt werden, damit ihre Erfüllung nicht fälschlich und mit vagen Redensarten behauptet werden kann. Eine freundliche Erklärung an Rußland in Betreff des Einrückens, welche die Versicherung einschließt, daß die noch in den Fürstenthümern befindlichen Russen nicht angegriffen (oder geneckt) werden, sondern ihnen Zeit zu ungeschädigtem Rückzuge

---

1) d. h. nicht identisch, sondern jeder für sich. [Eigenhändige Anmerkung des Herrn von Bismarck zu seinem Berichte.]

2) Am 14. Juni 1854 war zwischen Österreich und der Pforte eine Convention abgeschlossen worden, betreffend das Einrücken Österreichischer Truppen in die Donaufürstenthümer. Man findet den Wortlaut der Convention in den Bundestagsprotokollen vom Jahre 1854, § 257, Beilage 11.

gelassen, und daß Österreich die Russische Grenze unter keinem Vorwande
überschreiten wird. Wird dies nicht versprochen und gehalten, so liegen in der
Zustimmung zu dem Einmarsche mehr Gefahren als Vortheile, und liegt für
Preußen gar kein Grund vor, durch das Eingehen neuer Verbindlichkeiten
oder durch Ausdehnung derjenigen aus dem Vertrage[1]) sich die Hände zu
binden und Österreich dreister zu machen.

Das Verfahren des Wiener Cabinets in Betreff der Russischen Antwort[2])
beweist, daß man sich dort keine Scrupel macht, die von Preußen eingegangenen Verpflichtungen auszubeuten, und zu dem Zweck einseitig und willkürlich
zu deuten, während man durch faits accomplis die Situation verändert und
verwirrt. Dem Bestreben, die Westmächte zu Schiedsrichtern und authentischen Auslegern bei Meinungsverschiedenheiten zwischen Berlin und Wien zu
machen, müßte ausdrücklich vorgebeugt, dagegen der Bund zum Einvernehmen
über dergleichen und über die Consequenzen des Bündnisses ohne Rückhalt
herbeigezogen werden.

Die Auslassungen Sr. M. des Königs von Württemberg[3]) und des Ministers von der Pfordten[4]) stimmen der Hauptrichtung nach dahin überein, daß
der Bund mit rathen müsse, wenn er mit thaten solle, daß der Bund sich neutral
halten müsse, sobald nicht über Deutsche, sondern über specifisch Österreichische
Interessen Krieg angefangen werde, daß man Österreich, wenn es unterliege, zu
Hülfe kommen, ihm hierüber aber keine Zusicherungen geben müsse, welche die
Kriegslust fördern könnten. Man werde die Bundesverträge und das geschlossene Bündniß strikte observiren, darüber hinaus aber nur die eigenen Interessen zu Rathe ziehen. Der König Wilhelm sowohl als der Bayerische
Minister billigen die Besetzung der Fürstenthümer durch Österreich, wenn sie
mit den gehörigen Garantien gegen Kriegsgefahr und im Einverständniß mit
den Contrahenten des Bündnisses erfolgt. Se. Majestät wiederholten mehrmals mit Accent die Frage, ob die Deutschen Regierungen gewiß und nachhaltig auf das Einverständniß mit Preußen rechnen könnten, wenn sie den
Anmuthungen Österreichs zu folgen sich weigerten, und sprachen Ihr Befremden
aus, daß Österreich, im Widerspruch mit jahrelangen Bemühungen, das Vertrauen der Deutschen Fürsten jetzt verscherze und Preußen zuweise. Se. Majestät sowohl als der Minister von der Pfordten erwarteten, den von Preußen
und Österreich in der Sitzung vom 20. cr.[5]) gegebenen Zusagen gemäß, die
baldige Vorlegung der in Consequenz des Bündnisses mit dem Cabinet von

---

1) scil. aus dem Bündnißvertrage vom 20. April.
2) Gemeint ist hier die im II. Bande, S. 40, Note 2 erläuterte Depesche des Fürsten
Gortschakoff vom 17. Juni 1854.
3) Wilhelm I.
4) cf. oben S. 63, Note 2.
5) scil. Juli 1854. cf. Band II, S. 42, Note 2.

St. Petersburg gepflogenen Correspondenz. Der Bayerische Minister las mir eine Depesche vor, die er an die Gesandten seines Königs in Berlin und Wien gerichtet hat, in welcher diese Erwartung ausgesprochen und bestimmt gesagt wird, daß die Russische Antwort in München befriedigt habe; mit Vergnügen höre man, daß sie denselben Eindruck in Berlin und bei der Person Sr. M. des Kaisers Franz Joseph gemacht habe.

Der Bayerische Gesandte in Paris, von Wendtland, erzählt mir, daß der Minister Drouyn de L'Huys [1]) ihn vor seiner Abreise versichert habe, Österreich weise die Russische Antwort als ungenügend zurück und schließe sich ganz den Westmächten an; diese Nachricht sei authentisch. Hier habe Herr von Wendtland indessen erfahren, daß Graf Buol dies allerdings beabsichtigt, und sich muthmaßlich gegen die Herren von Bourquenay [2]) und Hübner [3]) in diesem Sinne officiös ausgelassen habe; der Kaiser habe aber ungeachtet lebhaften Widerspruchs befohlen, eine befürwortende Note in Betreff der Russischen Antwort nach Paris gehen zu lassen. [4]) Nach der Haltung dieser Note scheint es nicht unglaublich, daß neben derselben eine vertrauliche von anderem Inhalt besteht, welche klarer die Meinung des Grafen Buol ausdrückt.

Von der Pfordten sprach mit großer Bitterkeit über Graf Buol, und wiederholte mehrmals mit Aufregung, daß er den ganzen Bundesbeschluß vom 24. [5]) für nicht verbindlich und den Beitritt als nicht geschehen ansehen und behandeln werde, wenn die Bedingung nicht gehalten würde, unter der er erfolgt sei, nämlich die Vorlage der Russischen Antwort und die „Einflußnahme" des Bundes auf die fernere Entwickelung. Auf der anderen Seite hob er hervor, daß Bayern keineswegs soweit gehen könne, sich auf ein Bündniß mit Rußland zum Kriege gegen Österreich und Frankreich einzulassen. Trotz meiner Protestationen, daß an eine solche Constellation auch bei uns Niemand als an eine mögliche denke, kam er stets wieder auf die Gefahren zurück, denen Bayern und Württemberg zwischen Österreich und Frankreich im Kriege mit beiden ausgesetzt sein werde. Auch ohne Russisches Bündniß schwebte ihm als drohende Eventualität vor, daß Österreich und Frankreich von den süddeutschen Staaten den Durchmarsch für eine Französische Armee fordern würden; auf meine Verweisung an die Garantien, welche in den Bundesverträgen liegen, erwiderte er: „Daran wird sich Österreich dann nicht mehr kehren". Ich führe dies nur als Probe dessen an, worauf man hier unter Umständen gefaßt ist, und als Fingerzeig, daß Preußen die Beobachtung und Aufrechthaltung der

---

1) Französischer Minister des Auswärtigen.
2) Freiherr von Bourquenay, Französischer Gesandter in Wien.
3) cf. oben S. 182, Note 1.
4) cf. von Jasmund a. a. O. Band I, S. 337 ff.
5) scil. Juli 1854. Hiermit trat der Deutsche Bund dem Aprilbündnisse bei; cf. Band II, S. 46 ff.

Bundesverträge als Domaine, und als eine ebenso ehrliche wie vortheilhafte Handtirung zufallen wird. Der erste Schritt dazu dürfte die Herbeiführung der Vorlage der Russischen Antwort durch uns sein.

Die Auslassungen Sr. M. des Königs von Württemberg sowie die des Ministers von der Pfordten waren darüber nicht constant und klar, ob Deutschland den Österreichern schon dann beizuspringen habe, wenn Russische Truppen die Grenzen des Österreichischen Staates überschritten, oder erst dann, wenn Österreich Gefahr liefe, ganz überwältigt zu werden; die erstere Anschauung schien in Betreff der von Preußen zu gewährenden Hülfe vorzuwiegen, während Anmuthungen an die Finanzen und Truppen der übrigen Bundesgenossen wohl erst bei Annäherung der zweiten Alternative gewärtigt werden. Bei Beurtheilung dieser Frage werden unsere Bundesgenossen, neben der Abneigung gegen eigene Anstrengung sich indessen auch die Besorgniß gegenwärtig halten, daß ein Machtverlust Österreichs ein entsprechendes Wachsen des Preußischen Übergewichts in Deutschland nach sich ziehen könne.

Auf eine unbedingte Hingebung der Mittelstaaten an die Leitung Preußens ist für die ganze Dauer der gegenwärtigen Wirren gewiß nicht mit Sicherheit zu rechnen; sie werden nicht so feste Bundesgenossen für uns sein, daß sie nicht der Verlockung oder Einschüchterung durch Andere zugänglich blieben. In der gegenwärtigen Phase aber, und solange der Anschluß an die Preußische Politik ihnen die Möglichkeit bietet, sich selbst von activer Theilnahme am Kriege freizuhalten, fällt ihr Weg von selbst mit dem unsrigen zusammen, und wird nur eine bundesmäßige und in der Form freundliche Behandlung nöthig sein, um sie darin zu erhalten. Soweit ich ein Urtheil über den Minister von der Pfordten habe gewinnen können, handelt er mehr unter persönlichen Eindrücken, als in Folge politischer Systeme, und wäre es vielleicht nicht schwer, die ersteren auf ihn zu machen, und das residuum seiner, in jüngster Zeit offenbar schon sehr geschwundenen antipreußischen Empfindungen ganz zu beseitigen.

Aus einer Unterredung mit dem Legationsrath Dönniges [1] erwähne ich aphoristisch folgende Punkte: 1) Als er von Berlin zurückgekehrt sei, habe ihm von der Pfordten in „officieller" Weise mitgetheilt, daß Bayern sich jetzt unumwunden der Preußischen Politik anschließen werde, weil die Wege Österreichs unberechenbar und gefährlich seien. 2) Der König Max sei in dieser Ansicht noch entschiedener und fester als sein Minister, der zu starker entgegengesetzter Manifestationen aus der Vergangenheit sich bewußt sei. 3) Se. H. der Herzog von Coburg habe bei letzter Anwesenheit in München erst bei Pfordten, dann

1854
Ende Juli.

---

1) Dr. von Dönniges, Ministerialrath im Bayerischen Staatsministerium des Königlichen Hauses und des Äußern, dem König Max von Bayern nahe stehend, und mehrfach zu vertraulichen diplomatischen Sendungen von demselben benutzt.

1854
Ende Juli. bei deſſen Räthen alle Gründe aufgeboten, um ſie zu überzeugen, daß Bayern in dieſem Moment berufen ſei, in Verbindung mit Frankreich und Öſterreich eine große Rolle zu ſpielen, bei der es jede Rückſicht auf die kleineren Staaten fallen laſſen müſſe. 4) Die ariſtokratiſchen Führer der bayeriſch-katholiſchen Partei, die Grafen Arco und Montgelas, und der Souffleur des Letzteren. Freiherr von Aretin, reden jetzt der Preußiſchen Politik das Wort, während die Literaten der Partei, in mehr katholiſcher als bayeriſcher Tendenz, die Agitation gegen Rußland und Preußen gleichmäßig fortſetzen. 5) Mündliche Eröffnung des Kaiſers Franz Joſeph an den König Max in Betreff der Bedürfniſſe und Abſichten Öſterreichs haben Letzteren nachhaltig verſtimmt und zu der Äußerung veranlaßt, Bayern könne eine Vergrößerung Öſterreichs gar nicht zugeben, viel weniger mit eigener Gefahr erkämpfen helfen".

91. Eigenhändiger Bericht, betr. die Vorlage der Militairconvention an den Bund. Beſchwerde des Bayeriſchen Geſandten über die Behandlung der orientaliſchen Frage am Bunde. Haltung Preußens gegenüber ſeinen Deutſchen Bundesgenoſſen. Napoleonsfeier in Frankfurt a. M. Zur Charakteriſtik des Frhrn. v. Prokeſch. 20. Auguſt 1854.[1]

Aug. 20. „Ew. Excellenz konnte ich geſtern leider die Abſchrift der Militairconvention[2] nicht mit dem Schnellzuge ſchicken, weil ich ſelbſt kein Exemplar der-

---

1) Mit dem oben ſtehenden Berichte des Herrn von Bismarck hat es dieſelbe Bewandtniß, wie mit den bereits mitgetheilten vom 21. Juli 1854 (cf. Urkunde 88) und 25. Juli 1854 (cf. Urkunde 89). Im II. Bande unſerer Sammlung Seite 68 (Urkunde 40) konnten wir nach einem in den Bundestags-Geſandtſchaftsakten befindlichen Kanzleiconcepte nur bruchſtückweiſe Stellen des nunmehr vollſtändig bekannt gewordenen Textes mittheilen.

2) In der Bundestagsſitzung vom 18. Auguſt 1854 legten Herr von Bismarck und Freiherr von Prokeſch ſowohl die Ruſſiſche Antwort als die Verhandlungen vor, zu welchen dieſelben Veranlaſſung gegeben hatten (cf. Band II, Urkunde 39). Außerdem bemerkten die Geſandten noch vertraulich, daß ſie in der Lage ſeien, in Ergänzung der in der Sitzung vom 20. Juli gemachten Mittheilungen den in Berlin vereinbarten militairiſchen Conventions-Entwurf den vereinigten Ausſchüſſen vorzulegen. Die Letzteren würden dadurch im Beſitze des vollſtändigen Materials ſein, um bei Eintritt des Bedarfs einen den Beſtimmungen des Bündniſſes entſprechenden Beſchluß vorzubereiten, wenn auch bei der dermaligen Sachlage, namentlich nach der angekündigten Räumung der Donaufürſtenthümer durch die Ruſſen, die Aufſtellung von Bundestruppen nicht unmittelbar als nothwendig erſcheine. — Die hier erwähnte „Militair-Convention zur Aufrechthaltung des Deutſchen Schutz- und Trutzbündniſſes" hat folgenden Wortlaut: „Um dem auf die Dauer der orientaliſchen Kriſis eingegangenen Schutz- und Trutzbündniſſe auch die gehörige Gewähr und Kraft zu geben, verbinden ſich ſämmtliche Deutſche Bundesſtaaten
1) im Falle des Bedarfs nach unter ſich zu beſtimmenden Epochen und auf ebenſo unter ſich zu beſtimmenden Punkten, und zwar:
Öſterreich die Zahl von 150—250 000 Mann, Preußen die Zahl von 100—200 000 Mann, die übrigen Deutſchen Bundesſtaaten die Hälfte ihrer bundesmäßigen Contingente mobil aufzuſtellen.

selben besaß und erst von Herrn von Prokesch, der gerade nicht zu Hause war, das seinige borgen mußte. Das Aktenstück ist übrigens der Bundesversamm- lung auch vertraulich bisher nicht vorgelegt, sondern ihr nur angezeigt worden, daß wir in der Lage seien, es dem Ausschusse vertraulich mitzutheilen. Der Inhalt derselben scheint darauf berechnet zu sein, eine Aufstellung Deutscher Bundestruppen unter Preußischem Befehl nicht zuzulassen.

Mit meinem Bayerischen Collegen hatte ich vorgestern eine ausführliche Unterredung. Er hat gleich nach der Sitzung nach München berichtet, die Tendenz Österreichs gehe offenbar dahin, dem Bunde die Möglichkeit einer Äußerung über die gemachten Vorlagen abzuschneiden, indem Herr von Pro- kesch die Vertagung von nächstem Donnerstag ab mit Eifer betreibe. Der Mohr habe seine Arbeit gethan, der Mohr könne nun gehen. Nach der Ver- tagung werde man dann wieder mit dem fait accompli eines neuen Schrittes des Wiener Cabinets kommen und sofortige Zustimmung in 24 Stunden ver- langen. Er erwarte auf seinen Bericht die Instruktion von München, ob er sich am Donnerstag der Vertagung widersetzen solle, oder nicht. Die Anbe- raumung einer Sitzung kann er nach der Geschäftsordnung verlangen. Ich widersprach seinen Beschwerden nicht direkt, machte aber auf die Schwierig- keiten aufmerksam, die sich einer Manifestation der Bundesversammlung im Sinne der Bayerischen Auffassung entgegenstellen würden. Im Ausschuß hat Herr von Prokesch als Mitglied schon die Möglichkeit, durch wiederholte Dis- cussion und Separatvota das Zustandekommen eines Berichts zu hemmen, als Vorsitzender aber stehen ihm Mittel zu Gebote, die Abgabe des Berichts wochenlang zu verschleppen. Ich würde mich nicht berufen fühlen, als Aus-

---

2) Die Zeit der Aufstellung wird für die Streitkräfte von Österreich und Preußen nach dem mehr oder weniger drängenden Bedürfnisse zuerst, für jene der übrigen Deutschen Bun- desstaaten aber im Falle des Bedarfs nachträglich bestimmt werden.

3) Als Grundsatz wird festgehalten, daß jedes Contingent unter der speciellen Führung eines demselben angehörenden Befehlshabers, jedoch stets der bestehenden Eintheilung des Bundesheeres gemäß, verbleibe. — Dies schließt übrigens nicht aus, daß bei den Contin- genten von Österreich und Preußen die Zutheilung von Armeecorps von dem einen zum anderen, sowie bei den übrigen Bundescontingenten ähnliche Zutheilungen nach Maß- gabe des §. 54 der näheren Bestimmungen der Bundeskriegsverfassung stattfinden.

4) Bei der Mobilmachung der Hälfte der Contingente der Deutschen Bundesstaaten verbleibt es in Allem und Jedem bei den durch die Bundes-Kriegsverfassung vorgeschrie- benen Normen, welchen gemäß auch die Commandanten zu ernennen sind. Im Falle hierin entstehender Anstände hat die Bundesversammlung mit Berathung der Bundes- Militaircommission zu entscheiden.

5) Die Bundesversammlung im Verein mit der Bundes-Militaircommission ist für die genaueste Vollziehung aller Maßregeln zur Aufstellung der Contingente verantwortlich, sowie auch die Bundes-Militaircommission im Falle eines Ausmarsches der Contingente nach den ihr vom Bunde hierüber bekannt gegebenen Bestimmungen alle Verfügungen zu treffen hat".

schußmitglied offen gegen Österreich aufzutreten; Herr von Nostiz[1]) werde etwas der Art wohl in der Sitzung der Bundesversammlung thun, wo er lediglich
seine Instruktion vorliest, aber niemals wagen, im Ausschuß, wo er seine persönliche Überzeugung zu geben habe, gegen Österreich zu sprechen. Herr
von Münch[2]) sei ganz Österreicher, Graf Kielmansegge[3]) und Herr von Marschall[4]) überhaupt der Abgabe bestimmter Meinungen abhold, so daß Bayern
nur von Herrn von Reinhard und dem jetzt abwesenden Mecklenburgischen Gesandten eine breite Vertretung seines Standpunktes erwarten könne. Herr
von Schrenk gab mir darin Recht und klagte, daß die Vertreter der Deutschen
Cabinette, wenn sie unter sich seien, das große Wort führten und die Faust
ballten, „wann sie aber dem Katz a Schellen ahnhangen sollen, gleich falle ihnen
das Herz in die —". Sobald seine Instruktion hier ist, will er mir dieselbe
mittheilen.

Nach meiner Ansicht werde ich zwar zu vermeiden haben, gegen Herrn
von Prokesch den Vorkämpfer der Bamberger[5]) zu machen, aber ich werde auch
nicht entschieden auf der Vertagung bestehen, wenn die Mittelstaaten derselben
widersprechen, damit wir nicht in dem Lichte erscheinen, als wollten auch wir,
in Hingebung an den Willen Österreichs, eine Aussprache des Bundes ab-
schneiden.

Ew. Excellenz Ermessen kann ich nur anheimstellen, ob es angemessen ist,
den Deutschen Cabinetten, wenigstens den größeren, direkte Eröffnungen über
unseren jetzigen Standpunkt zu machen, damit sie sich denselben entschiedener
aneignen und überhaupt die Fühlung an uns behalten. Ich erwarte keinen
festen Bescheid von ihnen, namentlich keine Opfer für ein gemeinsames Interesse, aber ich fürchte ernstlich, daß ein ausgeprägterer Anschluß Österreichs
an die Westmächte bei manchen unserer Bundesgenossen die Neigung zu Versuchen weckt, sich ebenfalls in direktere Beziehungen zu Frankreich zu setzen,
wenn es uns nicht gelingt, sie in einer Anlehnung an Preußen zu erhalten.
Letzteres dürfte ausführbar sein, solange unsere Politik ihren bisherigen friedlichen Charakter bewahrt. Werden wir zur activen Theilnahme am Kriege genöthigt, so wird nicht die Seite, für die wir uns entscheiden, sondern die größere
Furcht vor uns oder vor Anderen für den Beistand maßgebend sein, den wir in
Deutschland zu erwarten haben; unser Gewicht in vermittelnder oder neutraler
Stellung aber gewinnt immerhin erheblich, wenn für die Dauer derselben die
Deutschen Staaten neben uns stehen. Wegen meines Verhaltens in Betreff

---

1) cf. oben S. 15, Note 3.
2) cf. oben S. 48, Note 4.
3) Graf von Kielmansegge, Geheimer Rath, Hannoverscher Bundestagsgesandter.
4) cf. oben S. 166, Note 2.
5) cf. oben S. 194, Note 1.

der Vertagung würde ich Ew. Excellenz Instruktion entgegensehen, wenn es ein Anderes sein soll, als ich eben in Aussicht gestellt habe.

Die Napoleonsfeier ist glücklich von statten gegangen und Herr von Tallenay hat diesmal seinen Beutel geöffnet und uns ein großes Uniform-Diner gegeben. Herr von Prokesch brachte die Gesundheit des Kaisers Napoleon aus; dem Gebrauch bei hiesigen officiellen Festen zuwider, antwortete unser Wirth mit dem Toast auf alle vertretenen Souveraine, und der Präsidialgesandte schritt noch zu dem auf die Kaiserin Eugenie und war nur schwer von Manifestationen ähnlicher Art für noch andere Personen zurückzuhalten. Als ominös wurde es betrachtet, daß durch Vermittelung des ultramontanen Darmstädtischen Gesandten[1]) dem Österreichischen General von Schmerling[2]) ein Brett mit zwölf Gläsern Lafitte über die weiße Uniform geschüttet wurde, so daß er übel zugerichtet sich entfernen mußte.

Ein Theil meiner Collegen und die Österreichischen Offiziere sind verstimmt, daß Herr von Prokesch wegen des Sächsischen Trauerfalles[3]) das übliche Diner am 18.[4]) auszusetzen für gut befunden hat. Auch an dem Feste der Militairs, dessen Kosten nach den Gehältern vertheilt werden, nahm er keinen Antheil, obschon die Beamten seiner Gesandtschaft diesem Beispiel nicht folgten. Dagegen beging er die Unhöflichkeit, vor den Augen des Generals von Reitzenstein,[5]) und ohne diesen deshalb zu begrüßen, die Parade der unter Reitzenstein's Commando stehenden Österreichischen Truppen abzunehmen. Gegen mich persönlich ist er in jüngster Zeit durchaus liebenswürdig".

92. **Privatbericht, betr. den Badischen Kirchenconflict. Haltung Bayerns in der orientalischen Frage. Vertagung der Bundesversammlung. 23. August 1854.[6])**

— — "Mein Badischer College hat mir die Nachricht von dem provisorischen Abschluß mit der Römischen Curie[7]) mitgetheilt; obschon er keines-

---

1) Freiherr von Münch-Bellinghausen.
2) Österreichischer Erster Bevollmächtigter in der Bundes-Militaircommission.
3) Am 9. August 1854 verschied König Friedrich August von Sachsen, geboren 18. Mai 1797, Mitregent seit 13. September 1830; succed. seinem Oheim dem König Anton 6. Juni 1836.
4) scil. zur Feier des Geburtstages des Kaisers Franz Joseph.
5) cf. oben S. 207, Note 2.
6) In dem Manteuffel'schen Nachlasse findet sich ein Bericht des Herrn von Bismarck an den Minister von Manteuffel vom 23. August 1854, welcher nur mit wenigen Worten von demjenigen abweicht, welcher im II. Bande unserer Sammlung S. 69 (Urkunde 44) abgedruckt ist. Abweichend ist nur der letzte Absatz S. 72 a. a. O. nach den Worten: „den Schein der Anhänglichkeit an Rußland zu wahren sucht" (Zeile 6 von unten). In dem Manteuffel'schen Aktenstücke lautet der Schluß wie oben mitgetheilt.
7) cf. oben S. 181. Nach dem von der Badischen Regierung unterm 14. November

wegs zu den entschiedenen Gegnern der Bischöflichen Partei gehört, und ungeachtet der sonst in seinem Charakter liegenden Zurückhaltung konnte er doch
nicht umhin, das erzielte Resultat als eine für die Regierung verlorene Schlacht
zu bezeichnen.

Soeben verläßt mich Herr von Schrenk[1] und hat mir mitgetheilt, daß
seinerseits der Vertagung auf einige Wochen nicht widersprochen werde, indem
der Minister von der Pfordten ihn zu einer Erklärung im Ausschusse über die
Vorlagen der beiden Großmächte erst autorisiren könne, nachdem Sr. M. dem
König über die mitgetheilten Aktenstücke[2] Vortrag gehalten und darauf eine
Entscheidung erfolgt sein wird; mit anderen Worten: Bayern will sich erst erklären, nachdem die Aufnahme der Noten vom 13.[3] und 10. cr.[4] in Petersburg bekannt sein wird. In einem vertraulichen Schreiben bemerkt Herr von
der Pfordten, daß in München bisher Nichts bekannt geworden sei, woraus
man den Schluß ziehen könnte, daß Österreich zur Durchführung seiner Politik auf eine militairische Beihülfe der Deutschen Staaten rechne.

Auffällig ist mir, daß Herr von Prokesch, der noch vorgestern der Vertagung lebhaft das Wort redete, heute von derselben als von einer unwahr-
scheinlichen Sache spricht; er hält es für nothwendig, die vereinigten Aus-
schüsse vorher zusammenzuberufen, obschon wenigstens die Gesandten von
Sachsen und Bayern ihn versichert haben, daß sie bisher nicht in der Lage
wären, eine Ansicht zu äußern. Mir hat Herr von Prokesch heute mitgetheilt,
daß er nur von Bayern und Sachsen, sonst von keinem der Gesandten die Absicht, sich in der orientalischen Frage zu äußern, erwarten könne, daß er aber
glaube, sich Vorwürfen von Seiten dieser beiden Herren auszusetzen, wenn er
den Ausschuß nicht vor der Vertagung versammele. Da außerdem, wenn dies
wirklich seine Meinung wäre, in den letzten geschäftsfreien Tagen der Ausschuß
leicht hätte versammelt werden können, ohne die nunmehr allseitig gewünschte
Vertagung zu hindern, so muß ich annehmen, daß Prokesch Gründe hat,
welche er mir nicht mittheilen will, um die Vertagung einstweilen zu hindern".[5]

bekannt gemachten „Interim" sollten vorerst keine Pfarreien besetzt, die Verwaltung des
Kirchenvermögens im bisherigen Stande belassen und alle Prozesse gegen Geistliche niedergeschlagen werden. Von Aufhebung der kirchlicherseits ausgesprochenen Strafen, namentlich der Excommunicationen, schwieg das Interim. Überdies knüpfte die Römische Curie
an die Annahme des Interims die Bedingung weiterer Verhandlungen, von denen sie
hoffen durfte, daß dieselben zu einem für immer bindenden Concordate führen müßten.

1) Der Bayerische Bundestagsgesandte.
2) cf. Band II unserer Sammlungen Urkunde 39.
3) cf. von Jasmund a. a. O. Band I, S. 345 ff.
4) desgl. S. 343 ff.
5) Die Bundesversammlung beschließt am 25. August 1854, die nächsten zwei bis
drei Sitzungen ausfallen zu lassen. Von einer Vertagung glaubte sie mit Rücksicht auf die
augenblickliche Lage der politischen Verhältnisse Umgang nehmen zu müssen, damit der Zu-
sammentritt der Bundesversammlung, insofern die Umstände einen solchen wünschenswerth
erscheinen lassen sollten, jeder Zeit erfolgen könne.

93. Eigenhändiger Bericht, betr. die Dispositionen Sachsens, Hannovers, Württembergs und Bayerns in der orientalischen Frage, sowie Abstehen Österreichs von weiteren Anträgen bei dem Bunde. Pariser Circulardepesche an die Mittelstaaten. Absichten des Kaisers Napoleon in Betreff seiner Beziehungen zu Preußen; maritime Wünsche Frankreichs. Wiederherstellung Polens. Preußische Circulardepesche in der orientalischen Frage. Äußerungen des Herrn v. Bismarck über die vermuthliche Entwickelung der Preußischen Politik. Austrophile Haltung in Darmstadt.*)   20. Oktober 1854.

— — „Der Inhalt der leider schlecht chiffrirten Depesche vom 18.[1]) war, daß die Gesandten von Sachsen und Hannover bei Weitem nicht in dem Maße österreichisch instruirt sind, als die letzten Berichte unserer dortigen Agenten befürchten ließen. Beide Instruktionen gehen ungefähr dahin, daß man Österreichs G e b i e t schützen will, Österreich aber keinen Anspruch auf Schutz seiner Stellung in den Fürstenthümern hat; die Sächsische Anschauung will überhaupt, daß Österreich von neuem die Verständigung mit Preußen suche, und Hannover wünscht, daß in den Ausschüssen die ein oder zwei Punkte detaillirter ausgearbeitet werden, um sie in mehr erkennbarer Weise für die Deutschen Interessen nutzbar zu machen. Darin ist die Hannoversche Auffassung der Badischen verwandt, welche ihrerseits bei meinen Collegen lebhaften Anklang findet. Von Stuttgart aus hat man bisher die Sächsischen Ansichten dem Herrn von Reinhard[2]) als Richtschnur abschriftlich mitgetheilt, aber noch nicht das neueste Mémoire, welches Herr von Beust[3]) an Graf Kuefstein[4]) gegeben hat und von dem mir Herr von Nostitz[5]) sagt, daß es Österreich zur Stellung einseitiger Anträge n i c h t einladen werde. Herr von Schrenk[6]) ist auch auf seiner letzten Reise nicht bis München gegangen; er hat noch keine neuere Mittheilung von dort und sagt mir, daß er nach seinen bisherigen Instruktionen g e g e n die Österreichischen Anträge aus dem Circular vom 1. Oktober[7]) stimmen müsse, wenn sie jetzt eingebracht würden.

---

*) Hat dem König vorgelegen.

1) Am 18. Oktober telegraphirte Herr v. Bismarck (chiffrirt) dem Minister Freiherrn von Manteuffel: „Herr von Nostitz kommt eben von Dresden; nach dem, was er mitbringt, steht es dort besser, als der Bericht des Grafen Rechern vom 15. glauben läßt. Herr von Prokesch äußert gegen seine Vertrauten Zweifel daran, daß Österreich die fraglichen Anträge einbringen werde. Auch Graf Kielmansegge kommt eben zurück, seine Instruktion stimmt mit dem Berichte aus Hannover vom 8. Oktober, keineswegs mit dem vom 11. Oktober".

2) cf. oben S. 16, Note 5.

3) cf. oben S. 161, Note 4.

4) Graf von Kuefstein, Wirklicher Geheimer Rath und Kämmerer, Österreichischer Gesandter in Dresden.

5) cf. oben S. 15, Note 3.

6) cf. oben S. 16, Note 4.

7) Wegen des Inhaltes dieses Circulars vergl. Band II, S. 89, Note 1 unserer Sammlung.

Es scheint aber, daß Österreich sie nicht einbringen werde, und daß es mit
einem gewissen Empressement Act davon genommen hat, daß die Stimmung
der Deutschen Höfe keine rückhaltlose Annahme per majora erwarten lasse.
Die officiöse Presse schreibt in diesem Sinne, und von einem Artikel im Nürn-
berger Correspondenten, der bestimmt sagt, Österreich werde keine Anträge
stellen, weiß ich, daß er durch Vermittelung eines Herrn Ursprung direkt aus
dem Bundespalais gekommen ist. Auch gegen Herrn von Nostitz,[1] seinen besonderen Vertrauten, hat sich Herr von Prokesch in dem Sinne ausgelassen. Er
würde aber durch solche Äußerungen das Schicksal der Anträge compromittiren,
wenn ihre Stellung noch in der Absicht läge; denn nur die Ansicht, daß Österreich entschlossen durchgreift, ohne uns nachzugeben, kann die Bamberger[2] bewegen, den Anträgen ihre Zustimmung zu versprechen. Bei meinen Collegen
befestigt sich die Meinung, die Herr von Tallenay[3] mir gestern mit den Worten ausdrückte: La note du 30[4] a été rédigée sous le régime du Canard,
und in der That hatte der Tartarenschwindel zur Zeit des Abganges der Note
seine Culmination.

Von Paris aus ist unter dem 13. er. eine Circulardepesche an die Höfe
zweiten Ranges in Deutschland ergangen, welche ihnen empfiehlt, den beiden
Österreichischen Anträgen der Note vom 1. Oktober[5] rückhaltlos zuzustimmen.
Die Depesche enthält zwar bedenkliche Andeutungen über die Gefahren, denen sich
die Staaten bei einer Spaltung in Deutschland aussetzten, und die nur durch
Anschluß an Österreich verhütet werden können; der Krieg werde sonst verlän-
gert und Deutschland sein Schauplatz. Aber der Ton des Aktenstückes ist ge-
mäßigt und höflich, und es giebt namentlich zu, daß es für Preußen nach
geographischer Lage und Familienverbindungen allerdings schwerer sei, sich zu
activer Bethätigung der auch in Berlin vorhandenen Rechtsansicht zu ent-
schließen.

Frankreich hat hier außer Herrn von Tallenay noch einen vertrauten Agenten, Herrn Tillos, der eigentlich zur Gesandtschaft in der Schweiz gehört,[6]
Deutschland aber durch langen Aufenthalt kennt. Beide Herren sprachen mir
über die Absichten ihres Souverains in Betreff seiner Beziehungen zu Preußen
stets in einem Sinne, der dem Kriegsgeschrei der Pariser Blätter ganz entgegen-
steht; sie sagen: Der Kaiser hätte trop d'affaires sur le dos, pour s'en créer
une nouvelle avec la Prusse; ein Krieg mit Preußen wäre ernsthafter als

---

1) scil. der K. Sächsische Gesandte am Bundestage.
2) cf. oben S. 194, Note 1.
3) cf. oben S. 5, Note 3.
4) Auch der Inhalt dieser Österreichischen Note findet sich erläutert in Band II,
S. 88, Note 1 unserer Sammlung.
5) cf. oben S. 227, Note 7.
6) Tillos, Erster Legationssecretair bei der Französischen Gesandtschaft in Bern.

jeder andere außer mit England; er werde in seinem Verlauf, troß aller Englischen Bosheit gegen Preußen, zur Störung des Englisch-Französischen Bündnisses führen und schließlich, wenn Frankreich siegte, und die Rheinprovinz
gewänne, bald eine Europäische Coalition nach sich ziehen, um sie ihm wieder
abzunehmen.   Es scheint, als ob der Französische Ehrgeiz sich mehr auf die maritime Entwickelung im Mittelmeer richte; Erwerb Italienischer Häfen, die für
Französische Landtruppen erreichbar sind.   Civita-vecchia befestigen sie sehr
stark und jedem Franzosen leuchten die Augen, wenn er davon spricht, wie sie
ihre Marine unter dem régime des Englischen Bündnisses gehoben hätten.

Der auffällige Besuch des Herrn von Prokesch beim Erzherzog Stephan[1])
wird hier mit dem Gespenst der Herstellung Polens in Verbindung gebracht,
welches in den Französischen und Deutschen Blättern spukt. Ich habe schon
früher[2]) erwähnt, daß Österreich wohl der Mann ist, zu dem man sich der
That versehen kann, und daß es vielleicht gern Dacien für Galizien nimmt.

Unser Circular vom 13. cr.[3]) hat hier allgemeinen Beifall wegen seiner
geschickten Fassung; es vermeidet eine, dem Tone Österreichs vom 30. cr.[4]
gegenüber unthunliche Nachgiebigkeit und läßt doch Österreich die Thür offen, so
daß Österreich die Hoffnungen der Bundesgenossen täuscht, wenn es diese Thür
nicht benutzt.

Meinen Collegen gegenüber habe ich in der letzten Zeit privatim etwa folgende Sprache geführt: Preußen hat die Friedenspolitik, welche alle Deutschen
Cabinette als richtig erkannten, ohne Ehrgeiz und mit Hingabe für Deutschland
geführt, indem es sich der Feindschaft des halben Europa exponirte; es kann dies
ferner nur, wenn Deutschland fest bleibt; sieht Österreich, daß ihm Niemand oder
nur Wenige folgen würden, so trennt es sich nicht von Deutschland, und letzteres
bliebe, wenn fest und einig, auch ohne Österreich stark genug zu einer unabhängigen Politik; lassen aber die übrigen Bundesstaaten Preußen im Stich,
lassen sie es zweifelhaft, ob sie uns die Bundesverträge bei einem Französischen
Angriff ehrlich halten würden, dann ist Preußen allein nicht stark genug,
Europa zu trozen, und muß auf seine Sicherheit denken, indem es Partei
nimmt.   Sich mit einem plötzlichen Überfall Österreichs an Rußland anzuschließen, lassen weder die Gesinnungen Sr. Majestät noch die Bundesverträge
zu; es bleibt uns also dann nur übrig, uns entweder in Folge eines oder schon
vor einem westmächtlichen Bundesbeschluß den Gegnern Rußlands anzuschließen.   Eine solche Schwenkung würde wiederum nur dann das Vertrauen

---

1) Erzherzog Stephan Franz Victor, geboren 14. Sept. 1817, K. K. Feldmarschall-
Lieutenant.
2) cf. Band II, S. 51.
3) Der wesentliche Inhalt desselben findet sich abgedruckt in Band II, S. 93, Note 2
unserer Sammlung; siehe auch von Jasmund a. a. O. Band I, S. 371.
4) cf. oben S. 228, Note 4.

der Westmächte haben können, wenn sie mit einem Cabinetswechsel im liberalen Sinne verbunden wäre. Dann aber würden wir mit dem Westwinde der öffentlichen Meinung sehr rasch und weit von Österreich vorbeisegeln und dieses sich vergebens bemühen, uns zu halten. Jeder meiner Collegen, dem ich dies als die muthmaßliche Entwickelung Preußischer Politik mit dem Tone eines Unbetheiligten und Unerfreuten vortrug, wurde aufgeregt und beunruhigt davon. Sie fürchteten eine solche Eventualität mehr als die Cholera und geben zu, daß durch eine solche Wendung Österreich distancirt und in der Deutschen Hegemoniefrage zur Defensive gezwungen sein würde. Auch die Franzosen fürchten eine solche Wendung der Dinge, und Herr Tillos[1] versichert mich wiederholt, daß auch das jetzige Ministerium, wenn es sich Frankreich näherte, auf das Vertrauen des Pariser Cabinets rechnen könne. Nur England würde die Wiederbelebung des Liberalismus in Preußen nicht ungern sehen. Als Schreckmittel habe ich die Perspective auf ein liberales Cabinet in Berlin hier sehr probat gefunden, und möchte sie sich auch in der Presse, wenn im Tone der Befürchtung und Hoffnung der Parteien, nicht in dem der Drohung vorgebracht, bewähren.

In Darmstadt ist man Österreicher à toute épreuve, wenigstens die Herren von Dalwigk[2] und von Münch".[3]

94. Eigenhändiger Bericht, betr. die Gouvernements-Wohnung in Mainz. Erfindungen in Betreff revolutionärer Vorgänge in Frankfurt a. M.   22. Oktober 1854.

„Ew. Excellenz erlaube ich mir auf das vertrauliche Schreiben vom 27. v. M., die Gouvernements-Wohnung in Mainz betreffend, nach eingezogenen Erkundigungen Folgendes zu erwidern: Es ist meiner Überzeugung nach nicht zu erwarten, daß von Darmstadt, auch wenn diesseits eine indirekte Anregung erfolgte, Sr. K. H. dem Prinzen von Preußen eine Wohnung würde angeboten werden.[4] Selbst wenn wir direkt darum nachsuchten, würde man plausible Vorwände finden, es abzulehnen. Diese Ansicht wird auch von J. K. H. der Frau Prinzessin Carl[5] getheilt, sowie von anderen mit den Ansichten Sr. K. H. des Großherzogs[6] vertrauten Personen. Als der Hochselige Prinz

---

1) cf. oben S. 228, Note 6.

2) cf. oben S. 103, Note 3

3) cf. oben S. 46, Note 4.

4) Der Prinz von Preußen wurde im Oktober 1854 an Stelle des Erzherzogs Albrecht von Österreich zum Gouverneur der Bundesfestung Mainz ernannt; als Vice-Gouverneur wurde ihm der General-Lieutenant von Thümen beigegeben.

5) Gemahlin des Prinzen Carl von Hessen und bei Rhein, geb. Prinzessin Elisabeth von Preußen, Tochter des Prinzen Wilhelm von Preußen.

6) Ludwig III., Großherzog von Hessen und bei Rhein.

Wilhelm[1] Gouverneur von Mainz war, ist schon nicht ohne Schwierigkeit 1854 erlangt worden, daß der Großherzog[2] „Ihrem Durchlauchtigsten Herrn Oct. 22. Neffen" aus besonderer verwandtschaftlicher Rücksicht zeitweise einen Theil des Großherzoglichen Palais zur Disposition stellte. Im Sommer 1826 schienen zwischen beiden Theilen Mißverständnisse darüber obgewaltet zu haben, daß der Prinz eine Einladung des Großherzogs aus dem Vorjahre als für die Dauer der Gouvernements-Periode gemeint angesehen hat. Ein bei den Akten befindliches Schreiben des damaligen Hessischen Oberhofmarschalls von Berglas spricht sich darüber aus, wie unerwartet die Anmeldung des Prinzen gewesen sei, und wie er dringend bitten müsse, zuvor zu vermitteln, daß ihm von seinem Herrn der Befehl zur Übergabe des Palais zukomme. Eine persönliche Correspondenz zwischen beiden hohen Herren scheint demnächst die Sache nach den Wünschen des Prinzen geordnet zu haben.

Gegenwärtig dient ein Theil des Palais und seiner Dependentien als Aufstellungslokal für verschiedene naturhistorische und Kunst-Sammlungen; der Rest wurde im vorigen Jahre für die Darmstädter Herrschaften selbst neu eingerichtet und gleich darauf durch ein Feuer wieder beschädigt.

Se. K. H. der Erzherzog Albrecht[3] hat eine Wohnung in Großherzoglichen Gebäuden niemals gehabt und die Auffassungen Sr. K. H. des jetzt regierenden Großherzogs,[4] welche besonders in Betreff der Bundesfestung mit Besorgnissen vor jedem Schein einer Schmälerung der Souverainetät gepaart sind, stehen gerade einem Etablissement Sr. K. H. des Prinzen von Preußen in Mainz abwehrend entgegen. Mir ist gesagt worden, daß schon die Residenz Sr. K. Hoheit in Coblenz vom Großherzog als eine Wolke am Horizonte der Unabhängigkeit der benachbarten Fürsten angesehen werde, und daß die gelegentlichen Anwesenheiten des Prinzen in Frankfurt von den Agenten unserer Gegner zu Interpretationen benutzt werden, welche bei sorgenvollen „Souverainen" ein leichtgläubiges Ohr finden.

Meine Sondirungen in dieser Beziehung sind nur durch Kanäle erfolgt, wo ich vor Indiscretion sicher zu sein glaube; denn der Sache auf direktere Weise näher zu treten, schien mir nicht thunlich, da wir bei der jetzigen Lage der gegenseitigen Beziehungen nicht wohl eine ähnliche Gefälligkeit von dem Großherzoglichen Hofe erlangen können, wie zur Zeit des Hochseligen Prinzen Wilhelm. Nach den öffentlichen Blättern scheint es fast, als ob die Übernahme des Gouvernements durch Se. K. H. den Prinzen in Person erfolgen werde, während man hier bisher annahm, daß dies nur in dem Falle

---

1) Wilhelm, Prinz von Preußen, gestorben 28. September 1851.
2) Ludwig II.
3) cf. oben S. 230, Note 4.
4) Ludwig III.

geschehen würde, wenn die Übergabe durch den Erzherzog Albrecht vollzogen würde. Da hierbei aber von Österreichischer Seite nur der Vice-Gouverneur figuriren wird, so hatte ich geglaubt, der Prinz werde erst nach Mainz kommen, nachdem Herr von Thümen [1]) die Festung vom Feldmarschall-Lieutenant Mertens [2]) übernommen hätte.

In der heutigen Kreuzzeitung steht ein aus dem Hamburger Correspon-benten übernommener Artikel, in welchem in Gefolge der hiesigen Feier des 15. Oktober [3]) Henkerlieder, Barrikadenhelden und Verhaftungen figuriren; der Correspondent ist muthmaßlich der hiesige, im Dienst des Herrn von Pro-tesch stehende Literat Hehner; die Angabe ist ganz aus der Luft gegriffen; ich habe auf der Polizei nachfragen lassen; es ist Nichts dem Ähnliches vorge-kommen, auch nicht einmal der Stoff zu einem Gerücht. Eine mäßige Prügelei unserer Schlesier mit betrunkenen Bayern war das einzige hors d'oeuvre der Feier".

95. Eigenhändiger Bericht, betr. die beabsichtigten Reisen der Kaiser Napoleon und Nicolaus nach der Krim. Gerücht von dem Abschluß eines Vertrages zwischen Preußen und Frankreich. Herr v. Larisch und die Altenburger Angelegenheit. 17. Februar 1855.

„Die Zeitungsnachrichten über die Absicht des Kaisers der Franzosen, nach der Krim abzugehen, bilden hier seit gestern den Gegenstand der Unter-haltung, und finden bei den meisten Leuten Glauben, so fabelhaft sie klingen. Selbst Herr von Tallenay [4]) hält einen derartigen coup de tête dem Charakter des Kaisers nach nicht für unwahrscheinlich, und hat aus verschiedenen, seiner Meinung nach beachtenswerthen Quellen dieselbe Nachricht, welche hier zuerst durch den Geschäftsträger der Freien Städte in Paris, Herrn Rumpff, her ge-langte. Der General Niel [5]) soll nach Paris den Tag eines Schlages gegen Sebastopol gemeldet, und den günstigen Erfolg als wahrscheinlich bezeichnet haben; den Ruhm desselben soll der Kaiser mit veni vidi vici pflücken, und

---

1) cf. oben S. 230, Note 4.

2) Freiherr von Mertens, Österreichischer Feldmarschall-Lieutenant, Vice-Gouverneur der Bundesfestung Mainz während der Zeit, in welcher der Erzherzog Albrecht von Öster-reich das Commando als Gouverneur der fraglichen Festung führte.

3) Geburtsfest des Königs von Preußen.

4) cf. oben S. 5, Note 3.

5) Niel, Französischer Marschall und Kriegsminister, leitete 1853 im Kriege gegen Rußland als Commandant des Geniecorps der Ostsee-Expedition den Angriff auf die Festung Bomarsund, und ging, demnächst zum Adjutanten des Kaisers ernannt, im Januar 1855 in die Krim, um die Geniearbeiten von Sebastopol zu prüfen. Im April zum Oberbefehlshaber des gesammten Geniewesens der Französischen Belagerungsarmee ernannt, hatte er wesentlichen Antheil am endlichen Falle Sebastopols.

vierzehn Tage nach seiner Abreise wieder in Paris sein, da Hamelin [1]) ihn in fünf Tagen von Marseille nach der Krim fahren will. Regieren sollen inzwischen Graf Morny [2]) im Civil-, General Vaillant [3]) im Kriegswesen, beide unter dem alten Jérôme. [4]) So erzählt man hier. Prokesch und die Börse sind gleichmäßig beunruhigt und sagen, Louis Napoleon solle zu Hause bleiben und sein Land regieren, nicht aber seine zwei Augen muthwillig in Gefahr bringen.

(Marginal note: 1855 Febr. 17.)

Wenn etwas an der Sache ist, so fürchte ich weniger Französische Unruhen während der Abwesenheit des Kaisers, oder Russische Kugeln für seine Person, als daß er sich bei einem mißlingenden Unternehmen betheilige und dadurch für Fortsetzung des Krieges engagirt werden könne. Man sagt hier auch, der Kaiser Nicolaus sei ebenfalls unterwegs nach der Krim, und beide Monarchen würden sich dort sehen und umarmen.

Eine andere Nachricht, die Rumpff hierher gemeldet hat, ist die, daß in Paris ein von Olberg, [5]) unter Usedom's [6]) Leitung, redigirter Vertrag zwischen uns und Frankreich von dem Pariser Cabinet gebilligt worden sei und die Ratifikation aus Berlin verordnet werde. Rumpff behauptet, dies ganz sicher zu wissen, und meine Collegen waren gestern nicht wenig über die Nachricht beunruhigt. Ich habe ihr, im Sinne der letzten mir zugegangenen vertraulichen Erlasse (vom 10. cr.[7])), decidirt widersprochen.

1) Hamelin, Französischer Vice-Admiral, demnächst Marine- und Colonialminister.

2) Charles August Louis Joseph Graf von Morny, Französischer Staatsmann, leitete als Minister des Innern den Staatsstreich vom 2. Dezember 1851, vom November 1854 bis 1856 und demnächst wiederum von 1857—1865 Präsident des Gesetzgebenden Körpers.

3) Graf Vaillant, Marschall von Frankreich, Kriegsminister.

4) Prinz Jérôme Bonaparte, Marschall von Frankreich.

5) von Olberg, Oberst bei dem Militair-Gouvernement in Luxemburg, 1853 zur K. Gesandtschaft in Brüssel commandirt, seit 1855 Commandant der Bundesfestung Luxemburg.

6) von Usedom, Kammerherr und Wirklicher Legationsrath, Preußischer Gesandter in Rom, nachmaliger Preußischer Bundestagsgesandter.

7) Mittelst Erlasses vom 10. Februar 1855 theilte der Minister von Manteuffel Herrn von Bismarck Abschrift zweier Erlasse, die derselbe unter dem 29. Januar und 8. Februar an den K. Geschäftsträger in München gerichtet hatte, zur Kenntnißnahme mit, und eventuell um davon den geeigneten ganz vertraulichen Gebrauch zu machen. In dem zweiten Erlasse heißt es, General von Wedell werde als Basis seiner vertraulichen Besprechungen die Depesche vom 21. Januar zu nehmen haben. „Se. Majestät halten vor Allem an dem Standpunkte fest, daß ein Arrangement mit den Westlichen Mächten nur möglich, nachdem Preußen an den allgemeinen Friedensverhandlungen in völlig gleichberechtigter Weise theilzunehmen berufen sein wird. Denn nur wenn Preußen durch Theilnahme an den Friedensverhandlungen die Tragweite der dort in Aussicht genommenen Verständigung genau und vollständig übersehen kann, wird es im Stande sein, dem Bunde die ihm dabei zukommende Einflußnahme zu sichern und, wie dies auch in der bießeits in Frankfurt abgegebenen Erklärung angedeutet ist, durch vertrauliche Verhandlungen mit Nachdruck dahin zu wirken, daß sowohl Preußen selbst, als auch den übrigen Deutschen Regierungen Nichts angesonnen, geschweige denn auf dem Wege der Stipulation zugemuthet werde, was nicht zur Sicherstellung wirklicher, klar erkennbar Deutscher Interessen geeignet und nothwendig erscheine".

1855
Febr. 17.

Herr von Larisch[1]) kam gestern hier an, um die Altenburger Sache zu be-
treiben. Ich kann nicht leugnen, daß es mich einigermaßen verletzt hat, zu
sehen, daß ein Landsmann und ein so alter Bekannter von mir, wie er ist,
sich mit seinem Anliegen zuerst an das Präsidium und nicht an den Preußischen Gesandten gewendet hat. Ehe er auch nur versucht hatte, sich mit mir in
Verbindung zu setzen, konnte mir Prokesch schon mittheilen, was er mit ihm
verabredet habe und wie die Sache beim Bunde zu behandeln sein werde. Auch
in der orientalischen Politik weiß mein College von der Potsdamer Regierung
für Preußen keinen anderen Rath, als vollständigen Anschluß an Österreich,
und spricht sich in dem Sinne hier aus, mit der Besorgniß, Österreich werde
Altenburg an Sachsen schenken, wenn Altenburg nicht mit Österreich stimme.
Warum fürchtet man nicht Ähnliches von Seiten Preußens, wenn man doch
auf allgemeine Auflösung des Rechtsbestandes calculirt? Ich möchte Ew.
Excellenz anheimstellen, die Autorität des Oheims zu benutzen, um dem Herrn
Neffen das Preußische Bewußtsein neu zu beleben. Ich will ihm eben meinen
Gegenbesuch machen, und das Meinige auch zu jenem Zweck thun".

96. Eigenhändiger Bericht, betr. die erste Begegnung mit Frhr. v. Prokesch nach Wiederaufnahme der Präsidialgeschäfte. Abreise des Grafen v. Rechberg und Gerüchte von einer Versetzung des Herrn v. Bismarck nach Wien. Haltung der Berliner Polizei. Reisen höchster
Herrschaften. Bundestagsferien und Reisedispositionen des Herrn
v. Bismarck. 4. Juli 1855.

Juli 4.

— — "Mein erstes Wiedersehen mit Prokesch[2]) war beiderseits frei von
Verlegenheit. Die sanfte Heiterkeit, deren Maske er trug, fand ihren Ausdruck
auch in der Farbe seiner Handschuhe, die von zartestem himmelblau und aus-
nahmsweise ganz neu waren. Es schlug gerade zwölf am 2. Juli, und ich bemerkte beiläufig, daß dieser Moment genau die Mitte des Jahres sei, worauf
er mit durchbrechender Herzlichkeit meine Hand ergriff, und sagte: "Wohlan,
so vergessen wir die Leiden und Sorgen des alten Jahres, und beginnen wir
ein ganz neues". Frau von Brints[3]) sagte er bei der Ankunft: "Sie haben
mich ja gar nicht wieder hier erwarten wollen"! worauf sie erwiderte: "Wir
wollen auch erst abwarten, ob Sie definitiv wieder hier sind". Er scheint also
mit dem Hause Buol auch nicht ganz gut zu stehen.

Rechberg[4]) ist heute früh abgereist, einstweilen nach Württemberg, zu

---

1) von Larisch, Herzoglich Sächsischer Minister.
2) Wegen der zeitweiligen Abberufung des Herrn von Prokesch und dessen Vertretung
durch Graf Rechberg vergl. Band II, Urkunden 98, 99, 136 und 138.
3) cf. oben S. 4, Note 5.
4) cf. oben S. 71, Note 2.

seinem Bruder; sein Abgang wird allgemein bedauert; einige meiner Collegen
meinen, daß er in wenig Monaten wiederkommen werde, andere glauben, daß
er nach Wien berufen sei, um Buol zu ersetzen. Von ihm selbst habe ich Ein-
zelnes gehört, was mich annehmen läßt, daß er auf ein längeres Verweilen in
Wien rechnet. Er hat die fixe Idee, daß ich Arnim's[1] Nachfolger dort werden
soll, und sagte beim Abschied, er werde unerachtet meiner decidirten Abneigung
gegen diese Stelle Alles daran setzen, um mich dahin zu ziehen. Mich würde
eine solche Versetzung etwas unglücklich machen; ich bin sehr gern hier, trotz
Prokesch, und in Wien, fürchte ich, würde man die Mittel und die Neigung
haben, mich für meine hiesigen Sünden gegen Österreich zu strafen. Dieser
Gesichtspunkt wird mir besonders nahe gelegt durch das Wohlwollen, mit
welchem auch Prokesch sich für meine demnächstige Ernennung nach Wien
interessirt.

Gestern passirte hier ein Englischer Capitain Yates, der bei Malet[2] und
anderen Gesandten eine hoffentlich übertriebene Geschichte von einem Conflict
der Berliner Polizei mit dem Jockeyclub im Hôtel du Nord[3] erzählte, bei dem
er anwesend gewesen war. Wenn die Sache sich so verhält, wie er erzählt
haben soll, so muß der betreffende Beamte sich gegen die betheiligten Herren
allerdings mit einer beklagenswerthen Rohheit benommen haben. Auch einige
vornehme Österreicher sollen dabei gewesen sein, durch welche Nachrichten und
Klagen hierher gelangt und die Sache zum Gegenstand des Salon-Klatsches
geworden ist. Ich kenne den Vorgang nicht genug, um das Wahre vom Falschen zu unterscheiden; darüber aber stimmen die Klagen aller Reisenden überein, daß die Berliner Polizei dermalen die gröbste in Europa ist, und in über-
müthiger Behandlung Einzelner und Nichtachtung der Höflichkeitsform im
Allgemeinen selbst den Französischen Mouchard wesentlich übertrifft. Ich
kann solchen Beschwerden nach meiner eigenen Erfahrung nicht widersprechen;
der Ton der Leute gegen Unbekannte ist unnöthig barsch, und die Controle der
sich auf den Straßen von Berlin langweilenden Constabler erstreckt sich auf
die Höhe, bis zu der achtbare Damen bei Regenwetter ihre Röcke aufheben,
und auf die Stellung, in der Jemand in einer Droschke sitzt. Dergleichen
Plackereien sind oft viel bedenklichere Quellen der Verstimmung gegen eine
Regierung, als Meinungsverschiedenheiten über Regierungsform und Budget.
Der Hang zu dienstlicher Arroganz und Grobheit steckt allerdings in dem
subalternen Theil unserer Büreaukratie mit einer unverwüstlichen Zähigkeit.

Heute früh war der Prinz Friedrich von Hessen hier, und ist nach Rumpenheim gefahren; Prinzeß Carl K. H.[4] kommt am Montag früh.

1) cf. oben S. 70, Note 1.
2) cf. oben S. 107, Note 2.
3) Gemeint ist der Vorgang zu dem Duell des Polizei-Präsidenten von Hinkeldey in
Berlin. cf. Band II, S. 352.
4) cf. oben S. 230, Note 5.

    Der College [1]) schmeichelt sich mit der Aussicht auf baldige Bundesferien; in vorigem Jahre fielen sie aus, [2]) und man hält daran, als an einem der schätzenswerthesten Bundes-Grundrechte. Sollte die Aussicht sich verwirklichen, so würde ich versuchen, einige Wochen Urlaub zu erhalten, um die Wirkung des Seewassers gegen Rheumatismen und Hexenschüsse zu erproben. Hoffentlich wird Ihrer Frau Gemahlin Misdroy mit seinen einsamen Wäldern und täglichen Flundern gut bekommen; ich finde den Ort nicht ohne Reize, aber das Unterkommen war früher dürftig".

97. Eigenhändiger Bericht, betr. die Rückkehr des Herrn v. Bismarck nach Frankfurt a. M. Geschäftslage am Bunde. Gerüchte über einen Wechsel in der Person des Präsidialgesandten. Politische Wahrnehmungen in Paris. Augenblickliche Entblößung Frankreichs von Truppen. Graf v. Hatzfeldt. 14. September 1855.

    „Ew. Excellenz erlaube ich mir anzuzeigen, daß ich wieder hier eingetroffen bin. [3]) Ich hatte ursprünglich beabsichtigt, meinen Urlaub mit einer villeggiatura am Rhein zu beschließen, und mir zu dem Behuf ein Quartier in Rolandseck ausgesucht; in Folge der Nachricht aber, daß Se. M. der König herkommt, habe ich mich begnügt, meiner Frau die Örtlichkeit zu zeigen, die ich ihr zugedacht hatte, und sie auf's nächste Jahr zu vertrösten.

Hier fand ich einstweilen nur die Vertreter von Holstein, Luxemburg, Hessen-Homburg und Frankfurt unter dem Vorsitze Württembergs; gestern sind Sachsen und Baden dazugekommen; Geschäfte aber finden keine statt.

Die Österreicher bestreiten es noch, daß Rechberg herkommen werde, und hört man auch die Conjectur wieder auftauchen, daß Rechberg Buol's Stelle einnehmen, und Letzterer hier das Bundespalais beziehen werde. Ich glaube eher, daß Buol, wenn er überhaupt zurücktritt, sich den Pariser Posten ausersehen hat, vorausgesetzt, daß die Freundschaft mit Frankreich bei der Gelegenheit nicht zu stark erschüttert würde. In dem Falle bekämen wir hier wahrscheinlich Koller; [4]) daß Prokesch hier bleibt, nimmt Niemand mehr an. Ich bedauere dies; denn solange Österreich seine bisherige Stellung gegen uns beibehält, wünsche ich mir keinen anderen Collegen als den bisherigen; es ist jedenfalls besser, eine Preußenfeindliche Politik durch einen ungeschickten, als durch einen gewandten Vertreter geführt zu sehen.

Was ich in Paris an politischen Symptomen wahrgenommen habe, sprach übrigens nicht für die Fortdauer eines geheimen Verständnisses zwischen Wien

---

1) scil. Prokesch.
2) cf. oben S. 226, Note 5.
3) cf. Band II, Urkunde 143.
4) cf. oben S. 111, Note 1.

und Paris. Man renommirte in den ministeriellen Kreisen allenfalls damit, die Deutschen Mittelstaaten in der Tasche zu haben; die Erwähnung Österreichs aber war stets mit unwillkürlicher Bitterkeit gefärbt, während ich glaubte, man werde uns gegenüber gern sich den Schein geben, mit Österreich sehr gut zu stehen. Eine kriegerische Äußerung habe ich während meines ganzen Aufenthaltes von Niemand gehört; im Publikum sprach man von dem Kriege fast immer mit Achselzucken, am unbefangensten von Seiten der Militairs, Canrobert[1]) eingerechnet. In Gesprächen mit den officiellen und anderen Politikern herrschte das Bestreben vor, zu erklären, warum man die Österreichischen Vorschläge nicht angenommen habe; neu war mir dabei, daß man vor der Ablehnung Österreich befragt habe, ob es im Falle der Annahme versprechen wolle, für die Durchführung seines eigenen Programmes zum Kriege zu schreiten, wenn Rußland Schwierigkeiten erhebe; diese Zusage zu geben, habe Österreich mit ausweichender Antwort verweigert; darauf erst sei die Ablehnung der Westmächte erfolgt. Mr. X. erzählte mir das ausführlich, und Graf Walewski[2]) sprach sich in demselben Sinne aus. Der Kaiser sprach vorzugsweise von dem Befinden Sr. M. des Königs und seiner Theilnahme für dasselbe, sagte mir auch persönlich schmeichelhafte Dinge. Unverkennbar wurden wir Preußen im Vergleich zu anderen Fremden mit großer Aufmerksamkeit behandelt. Besonders Österreicher bemerkte man fast nirgends, und Hübner[3]) erschien bei keinem der Feste, angeblich wegen Krankheit, obschon ich ihn inzwischen ganz wohlauf sah.

Bezeichnend für die Opfer des Krieges ist in Frankreich die vollständige Leere in allen Infanterie-Garnisonen. Die Armeen von Paris, Lyon und Boulogne sind in respektablem Zustande, zusammen vielleicht 100 bis 120 000 Mann; in den sonstigen Garnisonen aber befinden sich nur Depots, im engsten Wortverstande. In Straßburg, Metz, Rouen hatten die Infanterie-Regimenter nur die zur Dressur der fortwährend zugehenden Rekruten nöthige Mannschaft bei der Fahne, und jede ausexercirte Rekruten-Abtheilung wird sofort auf die Eisenbahn gesetzt, um nach dem Orient abzugehen. Der Wachtdienst in Straßburg und Metz wurde von Nichtcombattanten, den Handwerkern und Arbeitern der Truppentheile, und in Metz von den Artillerieschülern gethan. In Straßburg befinden sich nach den mir von Einwohnern gemachten und in Paris von Militairs bestätigten Angaben nur wenig über 500, jedenfalls unter 1000 Mann Infanterie verschiedener Regimenter; auf den Wällen schilderten Cavalleristen. Ein Ordonnanz-Offizier des Kaisers gab mir den Unterschied zwischen der

---

1) Französischer Divisions-General, demnächst Oberbefehlshaber der französischen Truppen vor Sebastopol, wurde 1855 in seinem Commando durch den General Pélissier ersetzt und nach Frankreich zurückberufen.

2) Graf Walewski, französischer Minister des Auswärtigen.

3) cf. oben S. 169, Note 2.

Truppenzahl, die successive eingeschifft worden, und der, die jetzt im Orient vorhanden sei, auf einige 80000 Mann an. Die Verkleinerung der Verluste in den amtlichen Berichten wird von der Armee sehr übel genommen, und jeder Offizier ist leicht bereit, den Moniteur in dieser Beziehung Lügen zu strafen.

Ich schrieb Ew. Excellenz schon, daß Hatzfeldt noch immer sehr mißtrauisch gegen X. und gereizt über dessen Ernennung ist. Ich habe mich vergebens bemüht, diese Empfindungen bei ihm zu bekämpfen. Die Erlebnisse mit Wedell[1]) und Olberg[2]) haben auf Hatzfeldt's an und für sich reizbaren Gesundheitszustand nachtheilig gewirkt; der Verdruß zehrt an ihm, und das ist ein unzweifelhafter Schaden für den Königlichen Dienst, denn Hatzfeldt ist eine schwer zu ersetzende Specialität für Paris. Die verwandtschaftlichen Beziehungen der Gräfin und sein eigener langer Aufenthalt unter verschiedenen Regierungen haben ihm Verbindungen verschafft, die ihn zu einer Autorität für das diplomatische Corps machen. In Bezug auf die Thätigkeit Olberg's in Paris hat er, wie ich annehmen darf, interessante Materialien; nach seinem Charakter und noch mehr nach seiner jetzigen Stimmung mischt er sich nicht aus eigener Initiative in irgend etwas; wenn er aber eine Veranlassung erhielte, sich über seine Erlebnisse dieses Jahres auszulassen, so würde er sie, wie ich glaube, mit großer Genugthuung ergreifen".

98. Eigenhändiger Bericht, betr. den Besuch des Herrn v. Bismarck am Hoflager in Coblenz. Graf v. Bernstorff und Graf v. Hatzfeldt. Entgegenkommende Haltung der Süddeutschen Fürsten und Abnahme der Furcht vor Frankreich. Österreichische Preßmanöver. 5. Oktober 1855.

„Ew. Excellenz beehre ich mich anzuzeigen, daß ich, nachdem ich die Majestäten bis zum Appollinarisberge begleitet hatte, mit einem Umwege über das Ahrthal und den Laacher See hier wieder eingetroffen bin. Mit mir hat Se. Majestät über Politik während des Aufenthaltes in Coblenz nicht weiter gesprochen, dagegen fand Bernstorff[3]) auf dem Dampfschiffe noch Gelegenheit, dem König sein Herz auszuschütten, wobei Se. Majestät geäußert hat, daß die ganze durch die WedellUsedomsche Eingabe angeregte Episode als erledigt

---

1) von Wedell, General-Lieutenant, General-Adjutant des Königs von Preußen und Gouverneur der Bundesfestung Luxemburg, war nach Paris gesandt worden, um zu eruiren, ob, und auf welcher Basis etwa Preußen der Einladung zum Beitritte zu dem Wiener Vertrage vom 2. Dezember 1854 entsprechen sollte. Vergl. über diese Mission von Wedell's Band II, S. 151, 159, 167, 174 und 187 f.

2) cf. oben S. 233, Note 5.

3) cf. oben S. 8, Note 6.

anzusehen sei, nachdem Hatzfeldt sich glänzend gerechtfertigt habe. Auch für
seine Person war Bernstorff von den Auslassungen des Königs sehr befriedigt,
und die erregte Stimmung, in der er sich vorher befand, schien nach der Audienz
gehoben zu sein. Ich glaube sonach, daß sich Hatzfeldt und Bernstorff als die
besten Bundesgenossen Ew. Excellenz gegen jenen Angriff bewährt haben;
mögen sie es gern oder ungern gethan haben, sie waren von dem gegnerischen
Angriff solidarisch mitbetroffen.

Das Empressement, mit welchem die Süddeutschen Fürsten dem König
entgegengekommen sind, namentlich der Besuch des Königs von Württemberg,[1])
hat hier ein günstiges Aufsehen gemacht, und in Paris nach den hier einge=
gangenen Nachrichten unangenehm überrascht; wenn, ungeachtet der Kenntniß
von diesem Pariser Befremden, der Großherzog von Hessen zum 15. nach Ber=
lin geht, so liegt darin ein Beweis, daß in Darmstadt die Furcht vor Frank=
reich abgenommen hat, trotz Sebastopol. Man kennt jetzt überall die Ent=
blößung der Französischen Garnisonen[2]) außerhalb der Bezirke der Armeen
von Paris, Lyon und Boulogne, und sieht etwas weniger Gespenster in der
Richtung. Darmstadt sehe ich als eine Art von Wetterglas für die Stimmung
der Deutschen Regierungen an; das Quecksilber Dalwigk's giebt am leichtesten
dem Druck der politischen Atmosphäre nach.

Österreich tummelt im Journal de Francfort und Constitutionel in wahr=
haft lächerlicher Weise sein lahmes Schlachtroß von Versicherungen dessen,
was es für Frankreich thun werde und längst gethan hätte, wenn es nicht von
Preußen am Rockschoß gehalten würde. Ich möchte doch wissen, wen sie mit
diesen würdelosen Augendienereien gegen Westen und Renommagen gegen
Osten noch zu betrügen glauben; solange die Armee nicht wieder in Galizien
steht, ist doch diese Drapirung mit dem Kriegsmantel zu fadenscheinig".

99. **Eigenhändiger Bericht, betr. die Umtriebe des Frhr. v. Prokesch
und Bekämpfung derselben durch Herrn v. Bismarck; Schwenkung
Bayerns gegen Österreich. König Otto von Griechenland. Mission
des Marschalls Canrobert nach dem Norden. Pariser Friedensnach=
richten. Ankunft des Grafen v. Rechberg.*) 6. November 1855.**

— — "Prokesch spielt die Rolle des Bösewichts in dem langweiligen
Bundesroman bis an's Ende; es scheint, daß er seinem Nachfolger absichtlich
einen schwierigen Anfang bereiten will, indem er streitige Sachen, wie die An=
stellung des Archivars,[3]) die Rastatter Kriegsbesatzung[4]) u. dergl., in den Vor=

---

*) Hat dem König vorgelegen.
1) Dieser Besuch erfolgte in Stolzenfels. cf. Band II, S. 279.
2) cf. oben S. 237 f.
3) cf. Band II unserer Sammlung, Urkunde 147.
4) cf. Band II, Urkunde 94.

bergrund zieht, Akten verleugnet, die ich fordere, die Ausschußsitzungen will=
kürlich ausfallen läßt, und sich unsichtbar macht. Er hat ursprünglich geglaubt, zwei Tage nach der Sitzung vom 25. v. M. durch Rechberg abgelöst
zu werden,[1]) und um nicht selbst noch unter dem Streit, den er hinterlassen
wollte, zu leiden, hat er seit dem 25. Oktober alle Sitzungen abgesagt. Über
den wiederholten Ausfall des Militair=Ausschusses habe ich ihn heute schriftlich zur Rede gestellt; er führt seine bevorstehende Abreise als Grund an,
worauf ich ihm erwiderte, daß darunter die laufenden Geschäfte ebensowenig
leiden sollten, wie sie unter der Behinderung des Gesandten einer anderen
Regierung zu leiden pflegen. Leider bin ich bei meinen Collegen in dergleichen
Kampf gegen Präsidialwillkür noch immer ohne Beistand, besonders seit
Bayern wieder in einer Schwenkung nach Österreich hinüber gravitirt. Wir
haben noch keine Gelegenheit gehabt, bei welcher diese Wahrnehmung officielle
Belege hätte finden können; aber ich sehe es meinem Collegen Schrenk[2]) an.

In Paris wird Pforbten,[3]) dessen schwache Seiten man dort wohl nicht
ungenutzt lassen wird, vielleicht französischer, aber schwerlich österreichischer
gemacht worden sein. Dagegen scheint das Wiener Cabinet in der traurigen
Lage des Königs Otto[4]) eine neue Handhabe gewonnen zu haben, um auf
Bayerns Haltung zu wirken.

Prokesch hat der Großherzogin von Hessen versprochen, Wunder für ihren
Bruder[5]) zu thun, und einstweilen einen Bayerischen Orden für seinen guten
Willen erhalten. Er wird auf der Reise nach Constantinopel in Athen anlegen
und einen Aufenthalt dort machen.

Die Sendung Canrobert's[6]) nach dem Norden macht hier viel zu denken:
Überwinterung von Kriegsschiffen, Bündniß mit Schweden, Ausbeutung der
Sundzoll=Verlegenheit Dänemarks, der Wunsch, Canrobert zu thun zu geben
und ihn aus Paris zu entfernen, und vieles Andere wird conjecturirt; auch
Friedensverhandlungen durch Dänische Vermittelung.

Gewiß ist, daß alle hierher gelangenden Pariser Nachrichten von Friedens-
wünschen überfließen; sogar der kleine Damrémont,[7]) Dalwigl's[8]) Tyrann
in Darmstadt, bläst mit vollen Backen die Friedensschalmey.

Eben erfahre ich, daß Rechberg[9]) angekommen ist".

---

1) cf. Band II, Urkunde 146.
2) cf. oben S. 16, Note 4.
3) Über den Aufenthalt und die Eindrücke des Bayerischen Ministers des Äußern in
Paris vergl. Band II, S. 267.
4) Der Bruder des Königs Max von Bayern, geboren 1. Juni 1815, am 5. Oktober
1832 auf den Griechischen Thron erhoben.
5) Die Großherzogin Mathilde war eine Tochter des Königs Ludwig von Bayern,
eine Schwester des Königs Otto von Griechenland.
6) cf. oben S. 237, Note 1.
7) Graf von Damrémont, Französischer Gesandter am Darmstädter Hof, seit 1853.
8) cf. oben S. 103, Note 3.
9) Österreichischer Bundes=Präsidialgesandter, Nachfolger des Freiherrn von Prokesch.

100. Eigenhändiger Bericht, betr. den Grafen v. Montessuy. Zuvor-
kommenheit des Grafen v. Montessuy für den Gesandten der Sächsischen Herzogthümer. Hoffnung des Grafen v. Rechberg auf eine
Verständigung zwischen Preußen und Österreich, sowie Rückwirkung
auf die Haltung der kleinen Deutschen Fürsten. Russische Orientpolitik; größere Aussicht auf Verständigung im Falle direkter Verhandlungen Rußlands mit Frankreich; abwartende Haltung Österreichs. Tod der Frau v. Brints. 11. Januar 1856.

"Ew. Excellenz habe ich von hier, wie seit längerer Zeit, so auch jetzt 1856
Nichts von erheblichem Interesse zu berichten, und ich bin darüber nicht un- Jan. 11.
glücklich, denn die Zeiten, wo die Geschäfte hier lebhaft werden, pflegen nicht
zu den erfreulichen zu gehören.

Den neuen Vertreter Frankreichs[1] finde ich bisher friedlicher und ruhiger
in seinen politischen Auffassungen, als ich nach den Schilderungen vor seiner
Ankunft glauben mußte. Nur scheint er sich von dem Vorurtheil noch nicht
los zu machen, daß sich hier für einen fremden Gesandten sichtbare Erfolge
schnell erringen ließen. Er hat sechs Attachés und Secretaire bei sich, besucht
täglich die meisten Gesandten und berichtet täglich, ohne einen denkbaren Stoff
dazu. Gesellschaftlich findet man ihn anspruchsvoll und seiner Frau ist Frankfurt jetzt schon langweilig. Ich kann nicht über ihn klagen, und werde ihm
Donnerstag ein Diner geben. Graf Montessuy ist gegen den Gesandten der
Sächsischen Herzogthümer, und sonst gegen Niemand, von einer großen Zuvor-
kommenheit; er legt damit die Freundschaft seines Kaisers für den Herzog von
Coburg an den Tag, von der er mit Ostentation spricht.

Rechberg war bisher in einiger Besorgniß, daß er von Wien Aufträge erhalten werde, welche er selbst für beklagenswerth halten würde,[2] wie er denn
überhaupt mit seinem Urtheil über die gefährlichen Mängel der dermaligen
Wiener Politik nicht zurückhält. Heute dagegen theilte er mir in großer Freude
mit, daß, nach Gerüchten aus Wien, es gelungen wäre, durch Edwin Manteuffel[3] zu einer Verständigung mit uns zu gelangen. Die Österreichische
Presse hat diese Mission Edwin's schon vielfach dazu benutzt, um den Deutschen
Regierungen zu insinuiren, daß Preußen seine Politik ändere, und sie wohl
thäten, bei Zeiten daran zu denken, was sie selbst thun wollten. Allerdings ist
Nichts geeigneter, die Kleinen in's Österreichische Lager zu ziehen, als die Er-
weckung der Besorgniß, daß wir nicht fest bleiben, sondern sie im Stiche lassen
würden. Bei Zweifeln über die Entschlossenheit unserer Politik in der bis-

---

1) Graf von Montessuy, französischer Bundestagsgesandter, der Nachfolger des Herrn
von Tallenay, accreditirt am 22. Dezember 1855. cf. auch Band II, S. 281 f. und 297.
2) cf. Band II, Urkunde 163.
3) Freiherr von Manteuffel, Oberst und Flügel-Adjutant des Königs von Preußen.

herigen Richtung treibt sie die Sorge um ihre Selbsterhaltung in das Öster=
reichische und demnächst in das Französische Lager.

Die Russische Circulardepesche vom 22. v. M.[1]) hätte ungleich mehr Ein=
druck gemacht, wenn sie vor Absendung Esterházy's[2]) von Wien bekannt ge=
worden wäre; etwa gleich als man sich entschloß, in die Neutralisation des
Schwarzen Meeres zu willigen, was wie ich glaube zu Anfang des Dezember
war. Wenn Rußland selbst, wie allgemein erwartet wird, Gegenpropositionen
macht, und dieselben einigermaßen nachgiebig ausfallen, so wird deren Ein=
druck um so günstiger für Rußland sein, je schneller sie allgemein bekannt
werden. Ich glaube instinctmäßig nicht an ein günstiges Resultat, solange die
Verhandlungen ausschließlich über Wien und nicht direkt mit Paris geführt
werden. Letzterer ist der friedliebendste und empfänglichste Punkt im Westlichen
Lager, während Österreich allgemein dafür gilt, daß es in seiner durch den
Aprilvertrag gesicherten Lage den Krieg der Anderen noch recht gern eine Zeit
lang mit ansehen würde. Die Französischen Regimenter sind in der Krim
besser aufgehoben, als an der Grenze von Italien, und wie es mit den Fürsten=
thümern wird, kann man nicht wissen, solange das Wasser trübe ist.

Durch den Tod der Frau von Brints[3]) ist eine große Lücke in der hiesigen
Gesellschaft entstanden; es ist hier kaum eine Familie, die nicht einen Trauer=
fall für diesen Winter hätte".

101. Eigenhändiger Bericht, betr. die Aufnahme des Sohnes des Staatsraths v. Eisendecher in die Preußische Marine. 10. November 1856.

„Ew. Excellenz erlaube ich mir durch dieses Schreiben in Ihrer Eigen=
schaft als Chef der Admiralität mit einer Bitte zu behelligen.

Mein Oldenburgischer College, Staatsrath von Eisendecher, gehört, wie
Ew. Excellenz bekannt ist, nicht zu unseren politischen Freunden. Als ehe=
maliger Staatsmann der Gothaer Partei sieht er in uns die Verkümmerer
seiner früheren Hoffnungen. Er hat sich bemüht, seinen einzigen Sohn,[4])
nachdem er dessen Leidenschaft für den Seedienst nicht hat bemeistern können,
in die Österreichische Marine zu bringen, wo man ihn bereitwillig aufgenom=
men hätte, wenn nicht in dem entschlossenen Widerstande des Sohnes gegen
die Absicht des Vaters ein Hinderniß erwachsen wäre. Der junge Mann, ob=

---

1) cf. von Jasmund: Aktenstücke zur orientalischen Frage, Band II, S. 314. (Hier=
nach wäre dieselbe vom 23. Dezember 1854 datirt.)

2) Graf von Esterházy, Österreichs Vertreter in St. Petersburg, demnächst Gesandter
in Berlin; cf. auch Band II, S. 291 f.

3) cf. oben S. 4, Note 5.

4) Zur Zeit Preußischer Gesandter am Hofe zu Karlsruhe.

schon erst 15 Jahre alt, ist so decidirt in seiner Vorliebe für Preußen, daß er auf keinen Fall nach Österreich, sondern lieber in die Hanseatische Handels=marine gehen will, wenn er in unserer Kriegsmarine nicht ankommen kann. Er hat diesen, mit seinem Vater so wenig harmonirenden Borussianismus theils von seiner Mutter, theils in meinem Hause eingesogen; seine Mutter ist mit meiner Frau befreundet, und hat von den Beziehungen ihres Mannes auf dem politischen Gebiete keine Vorstellung. Der junge Eisenbecher ist 15 Jahre alt, reif für Secunda, und auch außerhalb der Gymnasial=Kenntnisse vielfach unterrichtet, dabei körperlich und geistig geeignet, um einen guten Seeoffizier aus ihm zu machen. Er wird von mütterlicher Seite wohlhabend werden und sein Eintritt bei uns wäre ein Vorgang, der hoffentlich unter den analogen Elementen der Bevölkerung an der Nordsee Nachahmung finden würde. In=dem ich meinen Schützling der Gewogenheit Ew. Excellenz angelegentlichst empfehle, erlaube ich mir die Anfrage, ob derselbe Aussicht hat, Aufnahme in unseren Marinedienst zu finden, welches die amtlichen Schritte sind, die er thun muß, und ob dieselben bei Ew. Excellenz oder bei des Prinzen Adalbert[1] K. H. anzubringen sind". [2]

1856
Nov. 10.

102. Eigenhändiger Bericht, betr. den Grafen v. Montessuy. Wechsel in der Person des Russischen Gesandten am Bunde. Desgl. des Spanischen Gesandten und Vorschlag desselben zur Lösung der Neuen=burger Frage. Graf de Barral und dessen Verhältniß zu dem Grafen v. Rechberg. Graf v. Mulinen. Neuenburger Frage. 18. November 1856.

"Ew. Excellenz beehre ich mich heute mit mehr Muße eine Fortsetzung meines gestern durch den Postschluß unterbrochenen Schreibens[3] zu liefern.

Nov. 18.

Der Artikel der Kölner Zeitung, welcher Graf Montessuy[4] gestern beun=ruhigte, steht in Nr. 15 cr., datirt von Wien unter dem Zeichen der Waage.[5]

----

1) Admiral Prinz Heinrich Wilhelm Adalbert, Oberbefehlshaber der Preußischen Marine.
2) cf. Band III unserer Sammlung, Urkunde 68 (Schluß).
3) cf. Band III, Urkunde 33.
4) cf. oben S. 241, Note 1.
5) Der betreffende Artikel lautet: Wien, 12. Januar. "Der Russische Courier, welcher die Antwort des Petersburger Cabinets überbringt, wird heute hier eintreffen. In den hiesigen diplomatischen Kreisen erhält sich die Meinung, daß die Russischen Gegenvorschläge den Anforderungen der Antragsteller nicht entsprechen werden, und fehlt es nicht an An=zeichen, welche darauf hindeuten, daß die Westmächte an eine Wiederaufnahme der diplo=matischen Verhandlungen nicht denken. So wird z. B. aus London von officieller Seite gemeldet, daß neuerdings wieder Verhandlungen zwischen England und Frankreich im Gange sind, welche sich auf die Modificirung, beziehungsweise Aufhebung der auf die Ord=nung der Dänischen Thronfolge bezüglichen Protokolle und Verträge, und namentlich des

Mein Französischer College legt im Ganzen zu viel Gewicht auf die Presse,
und nimmt aus derselben viel unzuverlässigen Stoff zu seinen Berichten, weil er
keine richtige Vorstellung von dem Treiben und der Beschaffenheit der deutschen
Zeitungs-Correspondenten hat. Er hat überhaupt einen noch ungebrochenen
Eifer im Berichterstatten, und ist von meinen Deutschen Collegen einigermaßen
gefürchtet wegen der inquisitorischen Bemühungen und direkten Fragen nach
den Vorgängen der Sitzungen, mit denen er der geheimnißvollen Wichtigkeit
der Gesandten zu Leibe geht. Gesellschaftlich hat er sich keine gute Stellung
hier zu machen gewußt, was namentlich an der Frau liegt. Sie wird von den
Bundesdamen nicht höflich genug gefunden, um ihr ihre Ansprüche und ihre
Diamanten zu verzeihen; ihre Einladungen sind der Keim neuer Feindschaften,
weil die Auswahl und die Placirung den vielfachen Klippen der hiesigen
Rang- und anderen Ansprüche nicht Rechnung trägt; ein Theil der Bundestagsgesandten geht gar nicht mehr hin zu Montessuy's. Ich gehöre zu den
Wenigen, die gut mit Mann und Frau stehen, und habe an dem Hause
nur auszusetzen, daß schlecht gegessen und noch schlechter getrunken wird in
demselben, was ich aber mit gewohnter Hingebung für den Königlichen Dienst
ohne Murren ertrage, da Montessuy im Übrigen ein angenehmer College für
mich ist.

Den bisherigen Spanier, Estraba, [1] verlieren wir, wie es scheint, in kurzem; er schlägt vor, die Neuenburger Frage [2] dadurch zu erledigen, daß Se.
Majestät, nach Abtretung des Fürstenthums, „Erster Ehrenbürger der Schweiz"
und diese Thatsache auf einer Denksäule in Bern proklamirt und verewigt
würde; er hat mich wiederholt mit dem dringlichsten Ernst gebeten, diesen mo-
dus der Beilegung bei Ew. Excellenz in Antrag zu bringen. Sein Nachfolger hier soll der Marquis Quiñones, [3] jetzt erster Secretair in Paris,
werden.

Während der Ferien haben wir auch einen neuen Sardinier herbekommen,
Graf Barral, [4] den Mann einer sehr hübschen Pariserin. Ich habe Ew.

Tractates vom 8. Mai 1851 beziehen. Man dürfte übrigens wohl um so weniger irren,
wenn man die Wiederaufnahme dieser Verhandlungen zugleich auch als Antwort auf die
Circularnote Dänemarks betrachtet, in welcher es jede Solidarität mit dem Westmächtlich-
Schwedischen Vertrage vom 21. Dezember ablehnt, als, sicherem Vernehmen zufolge, die Westmächte nicht abgeneigt sein sollen, bei den die Erbfolge-Ordnung in Dänemark betreffenden
Verhandlungen die Rechte der Augustenburgischen Linie vorzüglich zu berücksichtigen, welche
bekanntlich durch den Tractat vom 8. Mai 1851 von der Thronfolge, und zwar zu Gunsten
der Glücksburger Linie, ausgeschlossen wurde".

   1) Francisco de Estraba, accreditirt in Frankfurt am 3. Januar 1856.
   2) Über diese Angelegenheit siehe auch die im III. Bande unserer Sammlung handeln-
den Urkunden 21—24, 27, 28, 30, 33, 36, 39—47 und 54. Vergl. auch oben S. 149.
   3) Quiñones de Léon, Marquis de San Carlos, Minister-Resident, accreditirt am 23.
April 1857.
   4) Graf de Barral, Minister-Resident, seit Juni 1856, vordem Legationsrath in Paris.

Excellenz seiner Zeit wohl geschrieben, daß Graf Rechberg Anfangs im Ausschuß versuchte, darauf hinzuwirken, daß der Vertreter Sardiniens wegen gewisser Aeußerungen Cavour's [1]) aus Rücksicht auf Oesterreich vom Bunde gar
nicht angenommen werde. Nun ist es im Vergleich damit einigermaßen überraschend, daß sich statt der erwarteten Kälte ein wie es scheint sehr freundschaft-
liches Verhältniß zwischen Graf Barral und Graf Rechberg entwickelt hat. Ich
weiß nicht, ob ich in Folgendem einen Schlüssel dazu suchen soll, und ob Barral das seltene Beispiel eines auf Oesterreich hoffenden Sardiniers liefert. Auch
er hat die Gewohnheit indiscreter directer Fragen; bei Gelegenheit einer solchen in Betreff unserer Beziehungen zu Rußland und Frankreich habe ich ihm,
ohne gerade etwas zu sagen, dessen Unwahrheit er constatiren könnte, Verschie-
denes aufgebunden, an dessen weiterem Verlaufe ich wohl merken werde, ob er
mit Rechberg im Einverständniß ist oder nicht. Das Merkwürdige dabei war
mir nun, daß Barral offenbar etwa nachstehende Ansicht hatte: Piemont hat
eine ernsthafte Förderung seiner Macht und Unabhängigkeit von Frankreich,
und namentlich von einer Französisch-Russischen Allianz nicht zu erwarten;
wenn dagegen Oesterreich Gefahr läuft, von einem übermächtigen Continental-
Bündniß zwischen Frankreich, Rußland und Preußen erdrückt zu werden, so
bleibt ihm nichts Anderes übrig, als sich selbst an die Spitze der nationalen
Bewegung der unterdrückten katholischen Völker, nämlich der Polen, Italiener,
Deutschen und Franzosen zu stellen, so mit Englands Hülfe seine drei Gegner
durch die Revolution in die Luft zu sprengen, und in dem einigen Deutschland
seine Entschädigung für die an Polen und Italien abzutretenden Provinzen zu
suchen, und mit den neuzubildenden katholisch-liberalen Nationalstaaten ein
Europa dominirendes Bündniß zu bilden. Er formulirte dieses System nicht
so, wie ich es hier thue, er sprach im Gegentheil in provocatorischer Weise
gegen Oesterreich, aber ich glaube mich nicht zu täuschen, wenn ich das obige
abenteuerliche Raisonnement als sein eigentliches Glaubensbekenntniß mir aus
seinen Reden abstrahirte. Dasselbe muß auch schon in anderen Köpfen gespukt
haben, denn Barral ist ein zwar junger, aber doch verlebter Bonvivant, der
solche phantastischen Pläne nicht selbst erfindet. Man kann dagegen einwen-
den, daß die Revolutionirung Polens durch Oesterreich und die Frankreichs
durch England nicht außer dem Bereiche des Möglichen liegt, das Wiener
Cabinet aber niemals bei der italienischen und deutschen Revolution Glauben
finden werde; das hindert aber wohl nicht, daß dergleichen von Italienern im
Einzelnen combinirt und geglaubt werden mag. Ich berichte Ew. Excellenz
meine Beobachtung lediglich wie ein Naturforscher, der eine curiose Species
aufgefunden hat. Es würde aber doch interessant für mich sein, wenn vielleicht

---

1) Graf von Cavour, Präsident des Ministerrathes.

von Turin aus oder von Paris, wo Barral[1] früher fungirte, ohne specielle Bezugnahme auf mich, ermittelt werden könnte, ob er dort zu ultramontanen Umtrieben in Beziehung gestanden hat.

Ein anderes eigenthümliches Element in der hiesigen Diplomatie ist der Graf von Mulinen, zweiter Secretair der Französischen Gesandtschaft, und weitläufiger Verwandter des Grafen Montessuy.[2] Sein Vater, geborener Schweizer, war in Württembergischen Diensten, seine Mutter eine Französin, sein Bruder dient in der Österreichischen Diplomatie, seine Frau ist eine Tochter des Russischen Gesandten in der Schweiz — Krüdener[3] — und er selbst war bis vor nicht langer Zeit in Österreichischem Dienste, schied aus demselben ohne eine bekannte Ursache, ließ sich dann plötzlich vermöge der Connexionen seiner Verwandten als Franzose naturalisiren, wurde zuerst Consul in Danzig oder Königsberg, und kam mit Montessuy als dessen vertrautester Secretair hierher. Man fragt sich hier vielfach, welche Garantie die Französische Regierung hat, daß er nicht noch heute, so gut wie sein Bruder, in Österreichischem Dienste steht, da er in seiner dermaligen Stellung als Französischer Legationssecretair dem Wiener Cabinet die werthvollsten Dienste leisten könnte.

In der Neuenburger Anlegenheit[4] habe ich viele ungeduldige Fragen meiner Collegen zu hören: ob Herr von Sydow[5] noch nicht in Bern sei, ob wir keine militairischen Anstalten für den Fall einer ablehnenden Antwort der Schweiz träfen und dergleichen. Graf Rechberg[6] ist avertirt, daß ihn Herr von Menßhengen[7] sogleich von allen Vorgängen in Bern telegraphisch benachrichtigen werde; er hat aber bisher noch nichts.

Vor etwa 14 Tagen habe ich ein Schreiben an Ew. Excellenz, unsere Erfolge am Bunde in der Neuenburger Sache, und die Motive, denen ich dieselben zuschreibe, betreffend,[8] nach Letzlingen dirigirt, in der Meinung, daß Ew. Excellenz dort seien, ich hoffe, daß es schließlich durch das Magdeburger Postamt richtig angelangt ist".

103. Eigenhändiger Bericht, betr. Nachrichten aus Paris. 18. November 1856.

„Ew. Excellenz zeige ich an, daß H. gestern hier eingetroffen ist, nachdem er seiner Angabe nach neun Monate in Paris im Gefängniß gesessen hat, und

---

1) cf. oben S. 244, Note 4.
2) cf. oben S. 241, Note 1.
3) Freiherr von Krüdener, Geheimer Rath.
4) cf. oben S. 244, Note 2.
5) cf. oben S. 8, Note 2.
6) cf. oben S. 240, Note 9.
7) Freiherr von Menßhengen, Kämmerer, Österreichischer Gesandter in Bern.
8) Gemeint ist vermuthlich die in Band III abgedruckte Urkunde 25.

aus letzterem vor acht Tagen entlassen worden ist. Er hat einen ganzen Sack voll allarmistischer Nachrichten: der Kaiser sei töbtlich krank an der Zuckerruhr und zeitweise gestört, der junge Prinz blind geboren, der Ausbruch der Revolution werde täglich erwartet und dergleichen. Seine Rede wimmelt von Kossuth [1] und Mazzini [2] (den er Maccini ausspricht, also von dessen Freunden wahrscheinlich nie hat nennen hören). Er hat mir seine Mittheilungen schriftlich versprochen, und obschon ich im Voraus kein Wort davon glaube, werde ich mir doch erlauben, sie einzureichen. Ich kenne seine Vergangenheit nicht, und weiß deshalb nicht, ob es rathsam ist, ihn frei und brodlos umherlaufen zu lassen. Ich habe ihn deshalb angenommen und angehört, ihm auch einstweilen Geld in Aussicht gestellt, da er ganz mittellos zu sein vorgiebt. Seiner Angabe nach will er noch ein bis zwei Tage hier bleiben, und dann nach Berlin reisen. Wenn Ew. Excellenz mir Befehle in Bezug auf seine Person zu geben haben, so bitte ich morgen um telegraphische Weisung, die ich selbst dechiffriren werde. Ich melde seine Anwesenheit vorläufig telegraphisch".

104. **Eigenhändiger Bericht, betr. den Aufenthalt des Herrn v. Bismard in Hannover, sowie Besprechung der Hannoverschen Verfassungs- und der Neuenburger Frage mit dem König Georg. Herr v. Fonton's und Lord Palmerston's Äußerungen in Betreff der Neuenburger Frage. Warnung Österreichs vor der Verbindung Preußens mit Frankreich. Haltung Österreichs in der Neuenburger Frage. Kurfürst von Hessen. Politik Sardiniens in dem Conflicte Preußens mit der Schweiz und Graf v. Barral. Neubesetzung des Russischen Gesandtenpostens in London. Russische Circularnote in Betreff der Holsteinschen Frage. 22. Dezember 1856.**

„Ew. Excellenz habe ich in meinem jüngsten Immediatbericht schon im Allgemeinen von den Eindrücken Rechenschaft gegeben, welche ich bei meinem Aufenthalt in Hannover und bei meiner Ankunft hier empfangen habe. Ich erlaube mir dem noch einiges Nähere hinzuzufügen. [3]

Der König Georg war, wie immer, sehr gnädig für mich, und besonders dankbar für die von uns in der Hannoverschen Verfassungsfrage gewährte Unterstützung; Se. Majestät fand besonderes Interesse an Besprechung der Neuenburger Expedition, [4] deren baldigen Aufbruch er voraussetzte, und von der er alle, mir selbst unbekannten, Details in Betreff der Truppentheile und ihrer Anführer, welche zur Theilnahme bestimmt wären, zu wissen verlangte.

1) cf. oben S. 154, Note 1.
2) Mazzini, der italienische Republikaner und radikale Agitator.
3) cf. Band III, Urkunde 39.
4) cf. oben S. 246, Note 4.

Seine Kenntniß der Personalverhältnisse unseres Offiziercorps hat mich in
Erstaunen gesetzt. Über die Frage, ob wir überhaupt marschiren würden oder
nicht, wollte er in Erörterungen nicht weiter eingehen, weil er es nach dem
Verhalten der Schweiz für unvermeidlich ansehe, und Niemand uns mehr mit
Ehren zumuthen könne, still zu sitzen; sobald wir Frankreichs sicher seien, falle
jeder haltbare Grund, sich die Ungerechtigkeit der Schweizer länger gefallen zu
lassen, fort; der Kostenpunkt sei unangenehm, die Ehrenfrage aber von zwin-
gender Gewalt. Ich habe überhaupt seither Niemand gefunden, der es noch
für möglich hält, daß wir nicht zu den Waffen greifen, wenn die Freilassung
nicht noch vor dem Urtheil stattfindet. Selbst Engländer und Österreicher,
wie Malet [1]) und Ingelheim, [2]) geben im außerdienstlichen Gespräch zu, daß
wir nicht anders handeln können, ohne die Achtung im Auslande einigermaßen
zu verlieren.

Eine interessante Person in Hannover ist Fonton, [3]) auf dessen Rath und
Eingebung Fürst Gortschakoff [4]) mehr und mehr Gewicht legen soll. Er glaubte,
daß Frankreich, wenn es einmal unser Vorgehen gegen die Schweiz zulasse,
dabei nicht stehen bleiben, sondern wahrscheinlich cooperiren werde, indem es,
en qualité de puissance amie, Genf oder auch mehr besetze; er hatte Andeutungen darüber aus Paris. Durch den Hannoverschen Gesandten in London [5])
hatte Graf Platen [6]) Bericht über Äußerungen Lord Palmerston's [7]) in Betreff
der Schweizer Differenz, von denen mir besonders in Erinnerung geblieben
ist, daß derselbe lachend gesagt habe: „Die Preußen werden sich viel Unkosten
machen, und im Januar wird die Schweiz die Gefangenen verurtheilen und
dann amnestiren; donc la farce sera finie et la Prusse y sera pour ses
frais". Dasselbe Raisonnement wird in der Österreichischen Regierungspresse
vertreten, wie namentlich in der aus der officiösen „Österreichischen Zeitung"
geschnittenen Correspondenz „Vom Bodensee", die ich beifüge. Damit könnten
aber die Schweizer, wie mich bünkt, im günstigsten Falle nichts weiter erreichen, als eine Rückkehr zum status quo ante September cr., wenn es nämlich
sehr bald und ganz vollständig, für Person und Vermögen der Gefangenen,

---

1) cf. oben S. 107, Note 2.
2) Graf von Ingelheim, Kämmerer, Österreichischer Gesandter in Hannover, seit März
1855.
3) von Fonton, Wirklicher Staatsrath, Russischer Gesandter in Hannover, seit Juni
1855, demnächst am Bundestage.
4) Russischer Minister des Auswärtigen, seit April 1856.
5) Graf von Kielmansegge, Kammerherr und Geheimer Legationsrath, ernannt 13.
Oktober 1840.
6) Adolph Friedrich Graf von Platen-Hallermund, Hannoverscher Minister der auswärtigen Angelegenheiten, seit Juli 1855.
7) Viscount Palmerston, Erster Lord des Schatzes.

geschähe. Stehen wir einmal mit 100 000 Mann bei Schaffhausen, so würden ⌐1856
wir doch damit nicht zu erreichen suchen.   Dez. 22.

    Fürst Ysenburg[1]) wird schon berichtet haben, daß die Warnung Öster-
reichs vor unseren Französischen Verbindungen nicht schriftlich, sondern nur
mündlich, aber, wie Graf Platen annimmt, auf Grund besonderen Auftrages
angebracht worden ist. Platen sagte mir, er habe zunächst mit der Frage geantwortet, ob Österreich denn für derartige Eventualitäten der drei Südbeutschen Staaten sicher sei, worauf Graf Ingelheim erwidert: „Durchaus nicht,
aber eben darum ist die Gefahr nur größer", und Platen seinerseits fortgefahren
sein will: „Für uns ist sie zu groß, wenn wir uns von Preußen trennen
wollten, da wir von allen Seiten her durch Preußische Streitkräfte schnell über-
schwemmt sein können, und wir haben von Österreich selbst gelernt, uns jedes-
mal auf die Seite des Stärkeren zu rangiren". Ew. Excellenz sehen daraus,
welches eigenthümliche Vertrauen man von allen Seiten in die Haltbarkeit des
Bundes für Zeiten der Gefahr setzt.

    Ich habe schon früher erwähnt, daß Österreich in Karlsruhe, Darmstadt
und Wiesbaden dafür plädirt hat, uns, wenn wir den Durchmarsch bean-
spruchten, an den Bund zu verweisen, nachdem Rechberg[2]) zur Zeit der Verhandlung über den Beschluß vom 6. November[3]) die strengsten Instruktionen
hatte, sich auf Nichts in dem Ausschußvortrage einzulassen, was einer Billigung
eines Preußischen Durchmarsches ähnlich sähe. Natürlich würde man uns mit
Ausschußverhandlungen, Instruktionseinholungen und Beustschen Gegenvor-
schlägen gründlich an der Nase umherziehen, wenn man uns dahin bringen
könnte, unser Vorgehen von einem ferneren Bundesbeschlusse abhängig zu
machen.

    Der heutigen Österreichischen Politik, welche sich bei jedem Vorkommniß
zuerst fragt, wie es zum Nachtheil Preußens ausgebeutet werden kann, ist es
ebenso willkommen wie dem Lord Palmerston,[4]) wenn wir uns n i c h t mit Ehren
aus der Sache ziehen; außerdem ist es dem Wiener Cabinet nicht lieb, wenn

---

    1) Prinz von Ysenburg und Büdingen, Legationssecretair an der Preußischen Ge-
sandtschaft in Hannover.

    2) cf. oben S. 240, Note 9.

    3) Hiernach beschloß die Bundesversammlung, 1) den in das Londoner Protokoll vom
24. Mai 1852 in Bezug auf die Verhältnisse des Fürstenthums Neuenburg niedergelegten
Grundsätzen beizutreten, und 2) an die deutschen Bundesregierungen, welche diplomatische
Vertreter bei der Schweizerischen Eidgenossenschaft beglaubigt hatten, das Ansuchen zu stellen,
die von der K. Preußischen Regierung verlangte Freilassung der in den Septembertagen
verhafteten Neuenburger, unter Geltendmachung der im Vortrage erwähnten politischen Erwägungen, durch ihre diplomatischen Agenten, Namens des Deutschen Bundes, bevorworten,
und die bezüglichen Schritte der K. Preußischen Regierung bei den Eidgenössischen Behörden mit allem Nachdruck unterstützen zu lassen. (Prot. 1856. § 291.)

    4) cf. oben S. 248, Note 7.

eine große Preußische Macht in Süddeutschland entfaltet wird, und wenn wir unseren Zwist mit der Schweiz energischer durchführen, als Österreich seinen Streit wegen der Klöster und mit Tessin, [1] wo es schließlich sich viel gefallen ließ. Endlich ist man in Wien wohl gut genug davon unterrichtet, daß Frankreich sich, mit Bezug auf seine erfolglose Verwendung, als von uns im Stiche gelassen betrachten würde, wenn wir Nichts thun, und daß Louis Napoleon's Freundschaft und seine Achtung vor unserer Thatkraft, als Freund oder Feind, erheblich nachlassen würde, wenn es bei den bisher gewechselten Worten verbliebe. Das Alles macht es ganz erklärlich, wenn Österreich sich trotz aller Reden über unser Recht doch bemüht, uns die Bundesschlinge nochmals um die Füße zu ziehen, um uns in Unthätigkeit zu erhalten. Man würde in diesem Sinne noch entschiedener bei den Süddeutschen Höfen wirken, wenn man nicht befürchtete, daß schließlich Frankreichs Einfluß in Karlsruhe das verschaffen würde, was Österreich uns vorzuenthalten sucht, oder daß gar Frankreich selbst uns durchließe, was ich allerdings noch nicht glaube.

Der Kurfürst von Hessen, bei dem ich hier eine Audienz hatte, sprach die Hoffnung aus, wir würden bald aufbrechen, bevor die Schweiz sich vollständig rüste, und daß er mit Vergnügen uns seine Truppen mitgeben würde.

Die Befürchtung, daß Sardinien gegen uns und für die Schweiz Partei nehmen werde, habe ich hier von Niemand getheilt gefunden. Über Graf Barral [2] habe ich von seinen Pariser Freunden gehört, daß er allerdings mehr zu den Conservativen als zu den Cavourianern gerechnet werde, und daß diese Partei unter seinen Landsleuten sich neuerdings für eine Verständigung mit Österreich lebhafter interessire.

Von Russischer Seite höre ich wiederholt, daß der Posten in London [3] anderweit besetzt werden solle. Man wisse keinen anderen Ersatzmann als Herrn von Brunnow, [4] der es selbst allerdings auf das Dringendste wünscht. Ich hörte, er habe neulich gesagt, die Entfernung der Engländer aus dem Schwarzen Meer sei gar nicht so bringend, wenn nur die Österreicher aus den Fürstenthümern geschafft würden.

In Betreff Holsteins [5] soll eine Russische Circular-Instruktion existiren, nach der man sich um den Streit zwischen Deutschland und den Dänen gar nicht bekümmern will, wenn nur der Umfang der Dänischen Monarchie und das Londoner Protokoll von 1851 bestehen bliebe".

---

1) cf. oben S. 147, Note 2.
2) cf. oben S. 244, Note 4.
3) Graf Chreptowitsch, Geheimer Rath und Kammerherr, Russischer Gesandter in London, accreditirt den 27. August 1856.
4) cf. oben S. 153, Note 1.
5) Gemeint ist der Holstein-Lauenburgische Verfassungsstreit, über den die im III. Bande unserer Sammlung enthaltenen Urkunden das Nähere ergeben.

105. Bericht, betr. die Besorgniß des Grafen v. Rechberg wegen der Haltung Frankreichs in der Neuenburger Frage; Zerstreuung dieser Besorgnisse und Besprechung der Frage mit dem Grafen v. Montessuy. Haltung Sardiniens in dem Conflicte. 28. Dezember 1856.

„Ew. Excellenz wollen mir gestatten, meinem vorgestrigen Berichte [1] noch eine Ergänzung hinzuzufügen.

1856
Dez. 28.

Graf Rechberg [2] fragte mich in der gemeldeten Unterredung, ob ich Graf Montessuy lange nicht gesprochen habe; ich sagte „vorgestern"; dann müsse er mich um das Versprechen strengster Discretion bitten, wenn er mir mittheile, daß derselbe zu ihm gestern in einer Weise geredet habe, welche mit unserem anscheinenden Vertrauen auf die Intentionen Frankreichs nicht übereinstimmen; er scheine neue Weisungen aus Paris zu haben. Graf Rechberg wollte und durfte mir nicht mittheilen, was ihm unser Französischer College gesagt habe, aber wir möchten uns doch hüten, auf den bekannten Moniteur-Artikel [3] nicht zu viel Werth zu legen, kurz er war voller Sorgen für uns. Ich habe darauf das

---

1) cf. Band II, Urkunde 40.

2) cf. oben S. 240, Note 9.

3) Herr von Bismarck nimmt hier auf folgenden, im Moniteur vom 17. Dezember 1856 publicirten Artikel Bezug: »Les grandes Puissances ont signé, en 1852, à Londres, un protocole qui constate les droits du roi de Prusse sur Neuchâtel. Le Gouvernement de l'Empereur, engagé comme les autres cabinets, ne pouvait, quel que fût son intérêt pour la Suisse, méconnaître ce que les traités ont consacré.

En 1848, une révolution a eu lieu à Neuchâtel et a rompu les liens qui attachaient le canton au roi de Prusse. Ce souverain a constamment protesté contre le nouvel ordre de choses en réservant expressément ses droits, et n'a cessé de réclamer en faveur d'une partie de la population qui se plaignait d'être opprimée par les vainqueurs.

Au mois de septembre dernier, le parti vaincu essaya de prendre sa revanche en invoquant le nom du roi. Cette tentative échoua, le canton fut occupé par les troupes fédérales, et les Neuchâtelois pris les armes à la main furent traduits devant les tribunaux suisses.

Cet événement devait naturellement amener un conflit entre la Confédération helvétique et la Prusse; car la première, en faisant marcher des troupes pour rétablir l'ordre dans le canton de Neuchâtel, prétendait remplir une obligation fédérale; la Prusse, de son côté, trouvait son honneur engagé à ne pas laisser juger les hommes qui avaient relevé l'étendard du roi, et qui, d'après leur conviction, se battaient pour le droit et la légalité.

Par le fait de la position géographique de la France, l'attitude de son Gouvernement devait nécessairement avoir une influence marquée sur la solution du différend. Aussi était-il de l'intérêt des deux parties de ne rien négliger pour s'assurer son concours.

Le roi de Prusse s'adressa à l'Empereur en lui exprimant, en termes vivement sentis, tout l'intérêt qu'il portait à des hommes compromis pour sa cause. Il pria Sa Majesté de réclamer leur mise en liberté, en lui faisant part, en même temps, de ses dispositions conciliantes.

Thema, ohne Rechberg zu nennen, mit Graf Montessuy besprochen und bin dabei zu dem Glauben gekommen, daß mein Österreichischer Freund sein Material zur Erzeugung von Mißtrauen gegen Frankreich aus der Luft gegriffen hat. Ich melde den Vorgang nur zur Beleuchtung ähnlicher Versuche, die vielleicht anderswo gemacht werden. Montessuy sagte mir, daß seine letzten Depeschen einige Tage alt seien, ihrem Sinn nach mit jenem Artikel des Moniteur und mit einer Beleuchtung desselben im »Constitutionel«, gezeichnet von Cesena, übereinstimmten, und daß er sich gegen Niemand in einer irgend davon abweichenden Richtung ausgesprochen habe. Die Möglichkeit, daß Frankreich ebenfalls in die Schweiz einrücke, wies er nicht zurück; die Gefahr eines Conflictes mit Österreich könne daraus nicht entstehen, weil die Cooperation dieser beiden Mächte, wenn sie überhaupt stattfände, sich auf Bezirke beschränken würde, deren Grenze auf ihren nächsten Punkten doch 50 lieues von einander entfernt wären. Im Laufe des vertraulichen Gespräches sagte er, daß aus dem Conflict die Schweiz jedenfalls als eine andere hervorgehen werde, sei es in politischer, sei es in geographischer Beziehung, d. h. er erwartet mindestens die Wiedereinführung einer conservativen Verfassung, wenn nicht eine Verkleinerung des Gebietes der Schweiz. Nach seinen Reden faßt man in Paris die Frage jetzt vorzugsweise im Lichte einer Europäischen Exekution gegen die

---

Le Gouvernement français, heureux de pouvoir prévenir un conflit entre deux puissances auxquelles le lient des relations amicales, s'empressa de satisfaire au vœu du roi Frédéric-Guillaume, et, fort de ses intentions bienveillantes envers la Suisse, comme des sentiments conciliants de la Prusse, il demanda l'élargissement des prisonniers neuchâtelois. Il représenta au conseil fédéral que l'honneur de la Confédération ne serait nullement compromis, car ce n'était pas aux réclamations de la Prusse, mais aux sollicitations de la France qu'elle accorderait la mise en liberté des prisonniers.

D'autre part, le Gouvernement de l'Empereur ne laissa pas ignorer les heureux résultats que pourrait avoir cette concession, puisqu'elle devenait, pour la France, une sorte d'obligation d'empêcher tout conflit armé et de faire ses efforts pour obtenir du roi de Prusse un règlement définitif de la question, conforme aux vœux de la Suisse.

Malheureusement, ces considérations si sages n'ont point été appréciées; les conseils de la France ont été repoussés, et le gouvernement fédéral a mieux aimé céder aux influences démagogiques qui s'agitent autour de lui, que de se rendre à des avis bienveillants et inspirés uniquement par le désir de résoudre à l'amiable une question qui, depuis trop longtemps en suspens, pourrait, en se compliquant, troubler le repos de l'Europe.

Ainsi la France a rencontré, d'un côté, la modération, le désir sincère de terminer une question délicate, une déférence courtoise pour sa situation politique; de l'autre, au contraire, une obstination regrettable, une susceptibilité exagérée et une indifférence complète pour ses conseils.

La Suisse ne devra donc pas s'étonner si, dans la marche des événements, elle ne trouve plus le bon vouloir qu'il lui était facile de s'assurer au prix d'un bien léger sacrifice«.

Demokratie auf. Der Gedanke einer Zerstückelung der Schweiz fängt an, ein
geläufiger im Publikum zu werden; ich hörte sagen, für Baden liege die Königs-
krone auf dem Grunde dieser Wirren. Mein Badischer College sprach zu mir
halb ernsthaft, halb im Scherz von der Unbequemlichkeit, die das Einschneiden
des Canton Schaffhausen in das Badische Gebiet mit sich bringe, von der
Geneigtheit seiner Regierung, gegen den Gewinn von Schaffhausen Abtre-
tungen an Hohenzollern zu machen, oder an Bayern, welches uns Stücke der
Pfalz dafür geben könne.

Dem Grafen Barral[1]) sprach ich gelegentlich davon, daß nicht wenige
Schweizer sich mit der Hoffnung auf Sardinische Unterstützung schmeichelten.
Er sagte, daß seine Regierung unsinnig (tombé en démence) sein müßte,
wenn sie sich auf die Unterstützung der Schweizer gegen uns einlassen wollte.
Der Schweizer Radikalismus sei den Sardinischen Bestrebungen in keiner Art
sympathisch; soweit er sich um Italien bekümmere, namentlich in den Italieni-
schen Elementen der Schweiz selbst, sei er durchaus republikanisch. Das Haus
Savoyen könne von der Schweiz niemals erheblichen Beistand erwarten, die
Hoffnung seiner Zukunft falle dagegen wesentlich mit der Preußens zusammen,
wenn wir uns ihm auch bisher wenig günstig gezeigt hätten".

106. Eigenhändiger Bericht, betr. Graf v. Rechberg's Idee über die Behandlung der Holsteinschen Angelegenheit am Bunde; Auswahl und Absendung eines Commissars desselben nach Copenhagen; Haltung Frankreichs und Rußlands in der Dänischen Frage und Reise des Herrn v. Bismarck nach Paris zur Erläuterung derselben. Plan der Gründung eines Norddeutschen Zollvereins.*) 11. März 1857.

„Graf Rechberg hat die Idee, welche er auch schon bei Deutschen Regierungen zur Sprache gebracht hat, die Behandlung der Dänischen Frage am
Bunde[2]) zunächst auf die Absendung eines Commissars des Bundes nach
Copenhagen hinzuleiten, der alsdann, in ähnlicher Art, wie es bisher durch
unsere und Österreichs Noten geschehen ist, die Abstellung derjenigen Beschwerdepunkte, welche der Bund begründet fände, im Namen des Letzteren von
Dänemark zu erreichen suchen sollte. Wenn sich die Schwierigkeit der Instruirung eines solchen Commissars von Seiten des Bundes, als Vollmachtgebers,
überwinden läßt, so würde ich in der Maßregel allerdings eine Erleichterung
der Sache sehen; ein solcher Commissar hat in unmittelbarer Beziehung zu
den Personen der Dänischen Regierung mehr Spielraum, sein Verhalten den

---

*) Hat dem König vorgelegen.
1) cf. oben S. 244, Note 4.
2) cf. oben S. 250 und speciell zu diesem Berichte die Urkunde 51 in Band III unserer
Sammlung.

Umſtänden anzupaſſen und dasjenige, was der Bund etwa thun könnte, in
Verhandlungen zu utiliſiren, während die Bundesverſammlung durch einſeitige
und mehr oder weniger unausführbare Beſchlüſſe ſich und uns leicht in Verlegenheiten und ſchwierige Ehrenpflichten bringen kann.   Wenn wir auf den
Gedanken einer ſolchen Abordnung eingingen, ſo würde es darauf ankommen,
ſich vorher durch nähere Ermittelung der Diſpoſitionen der auswärtigen
Mächte einige Aufklärung über die Wahrſcheinlichkeit des Erfolges der Schritte
des Bundes zu verſchaffen.   Laſſen ſich Reſultate erwarten, ſo wäre zu wün-
ſchen, daß Preußen zur Geſtellung eines Commiſſars auserſehen würde, iſt
aber eine, auf auswärtigen Beiſtand vertrauende Unnachgiebigkeit der Dänen
vorherzuſehen, ſo müßte man die Ehre, die Kaſtanien aus dem Feuer zu holen,
den Mittelſtaaten überlaſſen.   Das Erſtere würde ich glauben hoffen zu dürfen, wenn es gelingt, Frankreich zu überzeugen, daß die Erhaltung Dänemarks
in ſeinem Intereſſe liegt, mit der Fortdauer des Däniſchen Demokraten-Regi-
ments aber unverträglich iſt.   Wenn Frankreich der Anſicht wäre, daß in
dieſer Richtung etwas geſchehen müſſe, ſo würde Rußland, nach Allem was ich
höre, ſich anſchließen, denn in Petersburg ſcheint man zu beſorgen, daß durch
die dermalige Geſammtverfaſſung in Dänemark unſichere Zuſtände genährt
werden, deren Endreſultat nur für England günſtig ſein könnte, weil man an
die Lebensfähigkeit des Skandinavismus in Rußland nicht glauben will.
Sollten Ew. Excellenz es für angemeſſen halten, ſo würde ich gern bereit ſein,
unter der Form eines Urlaubs von wenig Tagen, nach Paris zu gehen, um
im Einverſtändniß mit Hatzfeldt[1]) die Sache zu beſprechen.   Nach meinen
Wahrnehmungen an Montessuy hat man dort ſehr unvollſtändige Anſchauun-
gen von der Lage der Däniſchen Frage, und Letzterer ſelbſt ſprach gegen mich
den Wunſch aus, daß Jemand, der vertraut mit der Sache wäre, mündliche
Vorſtellungen in unſerem Sinne in Paris machen möchte, weil die ſchriftliche
Verhandlung durch manche Rückſichten genirt ſei.   Auch für Hatzfeldt würde
es, wie ich glaube, nur erwünſcht ſein, ſich mit mir über den hieſigen Standpunkt auszuſprechen.   Bis jetzt gehen die hier einlaufenden Franzöſiſchen und
Ruſſiſchen Depeſchen noch von der Vorausſetzung aus, daß die Sache nicht
an den Bund kommen werde.

Aus meinen Hannoverſchen Wahrnehmungen bemerke ich noch, daß Graf
Platen[2]) ſich ſehr eingehend über die Idee eines Norddeutſchen Zollvereins
ausſprach, und meinte, daß Hannover demſelben nicht fehlen würde, ſobald
Sachſen auch darin ſei.   Der König Georg plädirt freilich bisher noch für den
Öſterreichiſchen Geſammteintritt".

---

1) cf. oben S. 18, Note 7.
2) cf. oben S. 248, Note 6.

107. **Eigenhändiger Bericht**, betr. die Holsteinsche Frage und das Interesse Preußens an der baldigen Beschäftigung des Bundes mit derselben. Modalitäten des Vorgehens des Bundes. Reise des Herrn v. Bismarck nach Paris. Stellung Frankreichs zur Holsteinschen Frage. Domicilirung der Preußischen Zinszahlungen bei dem Bankhause Rothschild in Frankfurt a. M. 26. März 1857.

1857 März 26.

„Ew. Excellenz beehre ich mich die Anlage mit Dank zurückzureichen. Sie beweist von neuem, daß der Verfasser[1] ein ungewöhnlich fähiger Kopf ist, und ein ebenso nutzbarer sein wird, wenn er sich den Grad von besonnener Ruhe beilegt, der als Ballast neben seinem lebhaften Geiste erforderlich ist, um mit festem Steuer segeln zu können. Seine tadelnden Urtheile über manche Personen halte ich leider für vollständig begründet.

Hier werde ich mit Fragen bestürmt, ob und wann und wie die Holsteinsche Frage[2] an den Bund gelangen werde. Ich habe in Betreff der ersten Partikel stets geantwortet, daß es mir unvermeidlich scheine, da die beiden Großmächte nichts weiter thun könnten, als wiederholen, was sie schon gesagt haben, wenn sie den Schriftwechsel mit Dänemark noch weiter ausspinnen wollten. Meines Dafürhaltens wäre es für uns und für die Sache gut, sie bald an den Bund zu bringen. In dem bisherigen gemeinsamen Auftreten mit Österreich hat Letzteres uns die Rolle des verantwortlichen Geschäftsführers so viel es konnte zugeschoben, weil die Arbeit eben keinen leichten und klaren Erfolg verhieß. Diese Last theilt ganz Deutschland mit uns, sobald wir sie hier anhängig machen; unsere Thätigkeit wird bald ein Gegenstand der Verdächtigung und der Angriffe werden, wenn wir nicht die anderen Deutschen Regierungen in die Mitleidenschaft der Verantwortlichkeit für die vielleicht mäßigen Erfolge hineinziehen. Der Bund braucht nicht gleich folgenreiche Beschlüsse von Haus aus zu fassen; seine Organisation erlaubt ihm mit mehr Anstand die Sache in die Länge zu ziehen, als den beiden Großmächten, und er hat das vielversprechende Auskunftsmittel der Entsendung eines Commissars nach Copenhagen. Auf die vermittelnde Thätigkeit der Westmächte wird es, ohne daß wir sie ostensibel hineinziehen, einen belebenden Einfluß üben, wenn sie befürchten müssen, daß der Bund, in ungewohnter Einigkeit mit der öffentlichen Meinung von ganz Deutschland, die Frage zu einem Hebel nationalen Aufschwunges machen könnte, der schließlich eine für sie Alle unbehagliche Lebhaftigkeit annehmen würde. Ich rechne dann, daß zur Verhütung von Bundesbeschlüssen m e h r geschehen würde, als sich durch die letzteren selbst vielleicht erreichen läßt.

Der Bund könnte seine Thätigkeit damit beginnen, daß er durch einen

---

1) Verfasser und Inhalt der hier erwähnten Anlage sind unbekannt.
2) cf. vorhergehende Urkunde.

Ausschuß eruirt, welche Beschwerdepunkte gegen Dänemark im Bundesrechte
ihre Begründung finden, oder durch die Versprechungen von 1852 eine vertragsmäßige Grundlage haben. Es kommt dabei Artikel 56 der Schlußacte,
wegen Abänderung der zu Recht bestehenden Verfassungen, vorzugsweise in
Betracht; dann aber auch der Bundesbeschluß vom 23. August 1851, indem
die, auch für Holstein gültige, Gesammtverfassung dem Herzog von Holstein
nicht die nothwendige monarchische Selbständigkeit zur Erfüllung der Bundespflichten läßt, auch sonst mehrfach mit dem Bundesrecht in Widerspruch
steht.

Die Sitzung am grünen Donnerstag und diejenige der Osterwoche fallen
herkömmlicher Weise aus; ich würde daher die Osterferien, ohne daß es besonders auffiele, zu meiner Excursion nach Paris [1] benutzen können und dieselbe,
wenn Ew. Excellenz es erlauben, etwa morgen über acht Tage antreten.

Ich sprach in diesen Tagen über die Stellung Frankreichs zur Dänischen
Frage mit Jemand, der mit dem Mechanismus des Kaiserlichen Hofes sehr
vertraut ist. Derselbe sagte mir, der sicherste Weg, auf Louis Napoleon zu
wirken, sei durch Persigny, [2] und der Kaiser fasse nicht leicht einen Beschluß,
dem Jener widerspräche. Nur müsse, wenn man etwas durch Persigny betriebe,
Walewski [3] nichts davon hören, weil er sonst dagegen wirke; Persigny sei indessen vollständig discret, und der zuverlässigste von den Französischen Staatsmännern der Gegenwart, auch sehr offen, sobald er Vertrauen gefaßt habe.

Über die gegenwärtige Lage der Neuenburger Verhandlung bin ich ganz
desorientirt, und würde Ew. Excellenz für eine Mittheilung, wie sie mir das
Schreiben vom 16. cr. in Aussicht stellt, sehr dankbar sein".

Postscriptum.

„Rothschild fragt mich wiederholt nach dem Schicksal seiner Anerbietungen wegen Domicilirung unserer Zinszahlungen bei ihm. [4] Er ist bereit, die
Auszahlungen ganz ohne Provision und gratis zu übernehmen. Er sagt mir,
daß er fortwährend Preußische Fonds in Süddeutschland unterbringe, und
dies bei Annahme jener Einrichtung in viel ausgedehnterem Maße können
würde".

---

1) cf. oben S. 254.
2) Herzog von Persigny, seit 1836 der Hauptagitator der imperialistischen Partei, vom
Januar 1852 bis April 1854 Minister des Innern, demnächst Gesandter in London, vom
24. November 1860 bis 23. Juni 1563 neuerdings Minister des Innern, schließlich als
Mitglied des Geheimen Rathes und Senator politisch thätig.
3) Alexander Colonna Graf von Walewski, Französischer Minister des Auswärtigen,
seit 7. Mai 1855.
4) cf. über diese Frage Band III, Urkunden 50 und 65.

108. **Eigenhändiger Bericht**, betr. die Pariser Eindrücke des Herrn
v. Bismarck, Dispositionen der Großmächte in der Neuenburger Frage
und Nothwendigkeit der Annahme der Conferenzbedingungen durch
Preußen. Dänische Frage. Reisedispositionen des Herrn v. Bismarck.
Paris, 11. April 1857.

„Ew. Excellenz erlaube ich mir vorläufig einige meiner hiesigen Eindrücke
mitzutheilen, [1]) da sich mir gerade eine Gelegenheit zu sicherer Beförderung
bietet.

1857
April 11.

Ich habe von politischen Persönlichkeiten bisher Graf Walewski, [2]) Lord
Cowley, [3]) Hübner, [4]) die Großherzogin Stephanie von Baden und Andere gesehen; ohne daß ich meine Herkunft für etwas Anderes als eine Ferien- und
Vergnügungsreise gab, konnte es doch nicht ausbleiben, daß man von politischen Fragen redete; zunächst von der Neuenburger, [5]) in Betreff deren ich
mich auf die Rolle des Zuhörers beschränkte, um Hatzfeldt nicht in's Gehege
zu kommen. Die Auffassung war an den genannten Orten überall dieselbe
wie bei Hübner, den ich zuerst sprach: die Sache werde sich auf eine befrie-
digende Weise in kurzer Zeit lösen, da sämmtliche vier Mächte die meisten unserer Bedingungen annehmbar gefunden hätten, und in Betreff der übrigen an
einer billigen Rücksichtnahme unsererseits nicht zweifelten, da sie nicht annehmen
könnten, daß Preußen die Verhandlungen mit einem Ultimatum begonnen
habe. Graf Hatzfeldt wird schon gemeldet haben, daß die Punkte, in welchen
man unsere Bedingungen [6]) für zu weitgehend hält, namentlich der Artikel 9
und die Geldforderung sind; der erstere, weil man es nicht zulässig hält, die
Schweiz zu einer Verletzung ihrer Verfassung zu nöthigen, die andere, weil die
von uns beanspruchte Summe zu hoch sei. Graf Walewski sagte: un million
est le maximum qu'on pouvra obtenir de la Suisse. In beiden Punkten
ist es natürlich England, welches der Schweiz am entschiedensten zur Seite
steht, und alle oben genannten Personen sagten mir, daß dies in noch höherem
Maße der Fall sein würde, wenn nicht die günstigen Personalbeziehungen
Hatzfeldt's Lord Cowley zu einer größeren Mäßigung, als ihm sonst eigen-

---

1) Herr von Bismarck hatte sich während der Osterferien nach Paris begeben. cf. Bd. III,
S. 91, auch Urkunde 54 (Vertrauliches Schreiben des Herrn von Bismarck an den Minister
Freiherrn von Manteuffel über seinen Pariser Aufenthalt).

2) cf. oben S. 256, Note 3.

3) Lord Cowley, Großbritannischer Gesandter in Paris.

4) cf. oben S. 182, Note 1.

5) cf. oben S. 244, Note 2.

6) In der dritten Sitzung der Neuenburger Conferenz in Paris übergab Graf von
Hatzfeldt die Bedingungen, unter denen Preußen auf Neuenburg verzichten wollte. Man
findet diese Bedingungen mitgetheilt in der Neuen Preußischen Zeitung 1857 Nr. 80 u. 81.
Die von der Schweiz geforderte Entschädigungssumme an Preußen war auf 2 000 000 Fr.
fixirt.

thümlich, und zu einer Abstumpfung seiner Instruktionen vermöchten. Hübner
bezeichnete als den Hauptfehler der Situation, daß Hatzfeldt im vorigen Herbst
zu v i e l bei dem Kaiser Napoleon erreicht habe; Niemand habe damals glauben
wollen, daß es möglich sei. Er selbst, Hübner, bezeichnete als seine jetzige Instruktion, daß er im Allgemeinen angewiesen sei, den Kaiser (Napoleon) zu
unterstützen, und er sagte dies, um mir den Begriff zu geben, daß seine Instruktionen für uns günstig seien. Auch nach Graf Walewski's Äußerungen
darf ich glauben, daß das hiesige Cabinet ernstlich bestrebt ist, uns soviel von
unseren Bedingungen durchzusetzen, als sich ohne Verdrießlichkeiten mit England erreichen läßt, daß man aber hier sehr unangenehm berührt sein würde,
wenn wir das, worüber Einigung der Mächte erzielt wird, nicht acceptiren wollten. Wenn die Verhandlungen diesen Erfolg nicht hätten, so würde
dadurch der Beweis geliefert, daß der Kaiser durch seine Parteinahme für uns
in der Frage wegen der Gefangenen einen politischen Fehler gemacht, und Diejenigen, die ihm abriethen, Recht gehabt hätten. Ich habe meinerseits kein
anderes Urtheil über diese Fragen äußern können, als daß ich für unsere Bedingungen pläbirte, aber ich halte allerdings politisch nicht für thunlich, daß
wir das Resultat der Conferenzen [1] ablehnen, wenn es auch unseren Wünschen
nicht vollständig entspricht, denn die Angelegenheit würde sich alsdann faktisch
so gestalten, daß die Schweiz, nach dem Bekanntwerden der Meinung der
übrigen vier Mächte, besonders soweit sie im Protokoll der ersten, ohne uns
gehaltenen Conferenz niedergelegt ist, unserer Zustimmung nicht mehr bedürftig
sein wird, denn sie hat alsdann thatsächlich, wenn nicht rechtlich, einen ausdrücklichen Widerruf des Londoner Protokolls [2] für sich, wir dagegen erreichen nichts von dem, was wir uns ausbedingen wollen, und überlassen
unsere Freunde in Neuenburg auf unbestimmte Zeit der Willkür ihrer Gegner,
eine Lage, aus der sie sich früher oder später durch offene Lossagung von uns
frei machen würden.

Eingehendere Unterhaltungen habe ich über die Dänische Frage gehabt,
über welche ich Ew. Excellenz demnächst berichten werde, [3] weil heute die Zeit
kurz bemessen ist, und mir auch noch eine Audienz bei dem Kaiser bevorsteht,
deren Inhalt mir vielleicht weiteren Stoff gewährt.

Ich weiß nicht, ob ich Zeit behalte, um meinen Ausflug bis London aus-
zudehnen; wenn ich nicht schon um die Mitte der nächsten Woche von hier fort-
gehe, so lohnt es kaum der Mühe, da ich spätestens zum 23. wieder in Frankfurt zur nächsten Sitzung sein muß".

---

1) Am 5. März 1857 hatten in Paris unter dem Vorsitze des Grafen Walewski Verhandlungen, betreffend die Regulirung der Neuenburger Angelegenheit begonnen, an denen
die Vertreter von Österreich, Frankreich, Großbritannien, Preußen und Rußland Theil nahmen.

2) cf. oben Seite 149, Note 2.

3) Der betreffende Bericht des Herrn von Bismarck vom 1. Mai 1857 findet sich abgedruckt Band III, Urkunde 55.

109. Eigenhändiger Bericht, betr. die Reise des Herrn v. Bismarck nach Berlin zu den Kammerverhandlungen über die Salzsteuer. Paris, 22. April 1857.

„Ew. Excellenz telegraphische Weisung wegen meiner Hinkunft nach Berlin ist mir gestern durch Graf Hatzfeldt mitgetheilt worden, sowie kurz vorher eine Aufforderung von einer Anzahl Mitglieder des Herrenhauses, welche meinen Beistand gegen die Salzsteuer[1] requiriren wollen. Meines Dafürhaltens sind die Ansichten im Hause jetzt schon zu sehr consolidirt, als daß ich in der wenigen Zeit vor der Abstimmung auf die mir politisch nahe Stehenden noch mit Erfolg wirken könnte. Mit meiner alleinigen Stimme aber dürfte dem Gouvernement nichts gewonnen sein, wenigstens nichts, was in Verhältniß mit dem Nachtheil stände, daß ich meinen etwaigen Einfluß auf die Rechte des Hauses für lange, wenn nicht für immer, dadurch zerstörte, daß ich mich mit der ganzen Fraction oder Partei in isolirten Widerspruch setzte, und mich als ein Mitglied charakterisirte, welches der selbständigen Überzeugung zu Gunsten rein gouvernementalen Einflusses entsagt".

110. Eigenhändiger Bericht, betr. die Rastatter Besatzungsfrage. Preußenfeindliche Einflüsse in Karlsruhe. Die Kreuzzeitung über die Beziehungen Preußens zu Frankreich; Tactlosigkeiten in Bezug auf die Person des Kaisers und des Prinzen Napoleon. Wunsch einer mündlichen Besprechung der Pariser Wahrnehmungen des Herrn v. Bismarck. 12. und 13. Mai 1857.

„Ew. Excellenz wollen mir gestatten, meiner Berichterstattung über Rastatt[2] noch einige Worte privatim hinzuzufügen.

Ich möchte wohl hören, was Österreich sagte und thäte, wenn wir ein ähnliches Abkommen über die Besatzung von Rastatt mit Baden geschlossen, oder wenn wir uns etwa mit Darmstadt verständigt hätten, das Bataillon Hessen zu vertreten, welches der Großherzog dort zu halten hat. Wenn wir mit dem Antrage, ähnliche Wünsche sanctionirt zu sehen, oder mit dem einer

---

1) Im Januar 1857 legte die Staatsregierung dem Abgeordnetenhause einen Gesetz-Entwurf vor, betreffend die Erhöhung des Salzverkaufspreises von 12 auf 15 Thaler für die Tonne von 406 Pfund.

2) Gemeint ist hier der im III. Bande unserer Publicationen zum Abdruck gelangte Bericht des Herrn von Bismarck vom 12. Mai 1857 (Urkunde 59). Das fragliche Abkommen bestand darin, daß Österreich und Baden in der Bundesversammlung gemeinschaftlich proponiren wollten, die kleine Kriegsbesatzung in Rastatt eingehen zu lassen, die Friedensbesatzung auf 5000 Mann festzustellen, und den Regierungen von Österreich und Baden zu überlassen, sich für den Antheil eines jeden von ihnen an letzterer zu verständigen. cf. a. a. O. auch Urkunde 56 und 57.

17*

Erhöhung unſeres Antheils an der Friedensbeſatzung von Mainz[1]) im Bundesintereſſe an den Bund kämen, ſo würden wir eine ſehr offene und entſchiedene Sprache von Wien aus zu hören bekommen.

In Baden ſchadet uns außer Meyſenbug[2]) beſonders der General Seutter, Badiſcher Militair-Bevollmächtigter und General-Adjutant des Großherzogs, ein verhältnißmäßig noch junger Mann, der ebenſo wie ſeine von hier gebürtige Frau für Öſterreich gewonnen iſt. Der bekanntlich gleichgeſinnte alte Blittersdorf[3]) verkehrt in jüngſter Zeit viel am Hofe in Karlsruhe, wo er bisher nicht in Gnaden ſtand. Ich finde, daß das Miniſterium Rüdt[4]) für uns viel beſſer war als Meyſenbug; Erſterer war wenigſtens einfach, der Andere iſt ein ruheloſer Intrigant.

13. Mai. Der Artikel in der heutigen Preußiſchen Correſpondenz[5]) gegen die Kreuzzeitung[6]) regte mich an, Ew. Excellenz eine längere Herzensergießung

---

1) Wegen Herſtellung der Parität zwiſchen Öſterreich und Preußen in Mainz vergleiche Band III, S. 292 ff.

2) Freiherr von Meyſenbug, Badiſcher Miniſter des Großherzoglichen Hauſes und der auswärtigen Angelegenheiten.

3) cf. oben S. 6, Note 1.

4) cf. oben S. 10, Note 3.

5) Die Preußiſche Correſpondenz ſchrieb unterm 13. Mai 1857 in Nr. 110 mit Bezug auf den in Note 6 mitgetheilten Artikel: „Wenn ein dem Throne und den conſervativen Intereſſen dienendes Blatt den gegenwärtigen Augenblick, wo ein hoher Gaſt aus dem befreundeten Nachbarlande von dem Königlichen Hofe mit ehrender Auszeichnung empfangen wird, für geeignet achtet, um eine Wahres und Falſches bunt durcheinander miſchende Tirade über die innere und auswärtige Politik Sr. M. des Kaiſers Napoleon zu veröffentlichen, und daran noch eine tendenziöſe Anwendung auf die Preußiſche Regierung zu knüpfen, ſo wird dies ſicher in allen politiſchen Kreiſen als ein abſoluter Mangel ſchicklicher Haltung nach innen und außen empfunden werden. Ganz beſonders gehäſſig erſcheint jedoch der Grundton, welcher durch die Bemerkungen über den Beſuch des Kaiſerlichen Prinzen durchklingt. Der herzliche Empfang, welchen Se. K. Hoheit am Königlichen Hoflager gefunden hat, und die theilnehmende Aufmerkſamkeit, welche ſich in allen Kreiſen der Bevölkerung für den hohen Gaſt kundgiebt, genügen als Beweis dafür, daß die „Neue Preußiſche Zeitung" in ihren Bemerkungen weder die Stimmung der hohen Regionen, noch den Ausdruck der öffentlichen Meinung wiedergiebt".

6) Die Neue Preußiſche Zeitung ſchrieb in ihrer Nummer vom 12. Mai 1857, Nr. 109: „Die Ankunft des Prinzen Napoleon in Berlin wird wohl von Niemand, der die Verhältniſſe zu beurtheilen vermag, als ein Act von politiſcher Tragweite aufgefaßt. Nachdem in Folge der Neuenburger Ereigniſſe die Beziehungen zwiſchen den Höfen von Berlin und Paris lebhafter geworden, ſtattete der Prinz Friedrich Wilhelm auf der Rückreiſe von London dem Kaiſer der Franzoſen einen Beſuch ab. Es iſt den Regeln der Etikette gemäß, daß Louis Napoleon jetzt ſeinen Vetter, der zur Zeit allein ſolche Miſſionen übernehmen kann, veranlaßt hat, nach Berlin zu reiſen, und Sr. K. Majeſtät aufzuwarten". Die Reiſe des Prinzen Napoleon habe keinen politiſchen Zweck... „Die auswärtige Politik des Kaiſers der Franzoſen hat bisher einen ganz anderen Charakter, als die ſeines Oheims, der an der Spitze ſeiner Heere die Völker zertrat, um mit dem Fluch Europas beladen, im Exil zu enden. Zwar was die Zukunft bringen wird, vermag Niemand zu ſagen; aber uns Preußen iſt nur ein furchtloſes Herz von Nöthen, und klare friſche Augen, um getroſt

über unsere Beziehungen zu Frankreich schreiben zu wollen; ein Thema, über welches ich mit General Gerlach seit meinem Pariser Aufenthalt in freundschaftlichem Streite bin; die Besuche von Bülow, Rechberg, Montessuy, Reitzenstein haben mich aber nicht zum Schreiben kommen lassen. Der fragliche Artikel der Kreuzzeitung scheint, seinem Schlußpassus nach, von der Besorgniß vor einheimischen Staatsstreichen eingegeben; seiner ganzen Haltung nach verdient er jedenfalls eine Zurechtweisung; er wäre schon stark gewesen, wenn der Prinz Napoleon nicht gerade als Gast bei uns wäre.[1] Besonders unschicklich finde ich die Affectation, mit welcher ein Monarch, den Se. M. der König officiell anerkannt hat, stets „Louis Napoleon" genannt wird, ebenso wie im „Zuschauer"[2] über die Potsdamer Parade zwischen den Namen unserer Prinzen mit dem Prädikat der Königlichen Hoheit, der Prinz Napoleon ostensibel ohne das ähnliche aufgeführt wird.[3] Das fällt auf, und man erzählt

den künftigen Ereignissen entgegen zu sehen. Wir haben nicht nöthig, Allianzen zu suchen, aber wir brauchen auch keinen Gegner zu fürchten, solange wir ein gutes Gewissen haben, und Herz und Hand auf dem rechten Fleck. Die innere Politik des jetzigen Frankreich hat Liebhaber genug gefunden unter den Staatsmännern Europas. Ihre Losung heißt éclairer et diriger.... Es mag ja wohl sein, daß solch eine straffe Centralisation dort absolut nöthig war, wenn nicht Alles auseinander gehen sollte in chaotische Verwirrung.... Jedenfalls aber müssen wir unsererseits immer von Neuem uns dagegen verwahren, daß das imperialistische Regiment ein Ideal sei für die Europäischen Völker. Es gibt zwar Leute genug, die wenn auch nicht die Fähigkeit, doch hinlängliche Neigung haben, „Napoleon" zu spielen; und wenn sich auch das Genie nicht ablauschen läßt, sie haben ihm doch die äußeren Kunstgriffe des Gouvernirens glücklich abgeguckt und sind bereit, die Welt zu beglücken. Suum cuique! Preußen wenigstens kann nur noch bestehen, wenn seine Fürsten bei starkem Regiment ihrem Volke doch die Freiheit gewähren, deren Quelle das Recht ist, — und wenn die Unterthanen ihrem Könige die Treue halten, die ihre Wurzel hat in der freien Liebe. Wo Alles schweigt, herrscht zwar Stille, aber Friede nicht".

1) Der Prinz Napoleon war Mitte Mai 1857 in Berlin zum Besuche des Königs eingetroffen; auf der Parade ritt derselbe zur rechten Seite des Königs die Garde-Truppen entlang. Weder Antlitz noch Anzug entsprachen den Bildern, welche man sich vom alten Kaiser machte, dessen getreue Copie der Prinz sein sollte. Einer der unverwüstlichsten Straßenjungen äußerte darüber unverhohlen sein Mißfallen: „Des is ja jar nischt, das hat ja den Dreimaster nich verquer uf". — Es fehlte der historische Hut, statt seiner trug der Prinz den gewöhnlichen Generalshut, den er, sobald er einer Regimentsfahne nahte, grüßend abzog. Der „Kladderadatsch" feierte die Lindenparade in einem Gedichte mit trefflichen Apostrophen, welche Blüchern und den übrigen unter den Linden im Erzbild ragenden Helden gewidmet waren.

2) Herr v. Bismarck spricht hier von dem Artikel im „Berliner Zuschauer" No. 110 der Kreuzzeitung vom 13. Mai 1857.

3) Der König von Preußen nannte den Prinzen Napoleon bei einem Toaste »prince français«. Der offizielle »Moniteur«-Bericht gab diesen Toast in folgenden Worten wieder: »Au dessert le roi s'est levé et a porté la santé du Prince français, en ajoutant: »je souhaite que l'illustre famille à laquelle appartient mon hôte, fasse longtemps le bonheur de la France, et que cette grande nation reste toujours l'amie de la Prusse«.

1857
Mai 13.
schon eigenthümliche Geschichten genug über unfreundliches Verhalten gegen
den Gast.

Ich hätte über manche meiner Pariſer Wahrnehmungen[1] gern die Gelegenheit zu mündlicher Besprechung mit Ew. Excellenz gehabt; besonders
in Betreff des Wunsches des Kaisers, uns zu besuchen, und anderer sich daran
knüpfenden Gedanken, zu denen mir die Unterredungen mit ihm Veranlaſſung
gaben.   Schriftlich läßt sich Manches nicht genau wiedergeben, so weitläufig
man auch wird, und bei dem rein privativen Charakter meiner Beziehungen zu
den politiſchen Persönlichkeiten in Paris sind mir die Grenzen der von mir
erwarteten Discretion mit Rückſicht auf unsere Berliner Verhältnisse nicht
deutlich genug bewußt.   Ich habe indessen der Versuchung, nach Berlin zu
kommen, widerstanden, und keine Anträge deshalb gestellt, weil ich nicht das
Gefühl habe, daß meine Gegenwart und meine Anschauungen Sr. M.
dem König ganz willkommen sein würden. Ich will mir aber morgen erlauben,
Ew. Excellenz mit einer rein privativen Meinungsäußerung über unsere allgemeine Politik zu behelligen,[2] um deren nachſichtige und diskrete Aufnahme
ich bitte, wenn sie bei den abweichenden Allerhöchsten Intentionen müßig oder
unzeitig erscheint".

111.   Eigenhändiger Bericht, betr. das Mémoire des Herrn v. Bismarck
über Preußens allgemeine Politik. Besuch des Prinzen Napoleon in
Berlin und politiſcher Gewinn eines Besuches des Kaisers Napoleon.
Österreichische Bemühungen um die Garantie Deutscher Staaten für
Italien. Gebot der Vorsicht bei Mittheilungen nach Wien. 18. Mai 1857.

Mai 18.
— — „Ich habe das, was ich vortragen wollte, in dem anliegenden Mémoire[3] zusammengestellt, welches ich Ew. Excellenz als einen Versuch, zur
Beleuchtung der Situation von meinem Standpunkte aus beizutragen, mit
Nachsicht aufzunehmen bitte. Ich weiß nicht, ob meine Auffassungen den Allerhöchsten Intentionen entsprechen werden; daß sie mit den Ansichten des Generals Gerlach nicht übereinstimmen, ersehe ich aus dessen Briefen; nach meinem
Eindruck von der wirklichen Lage der Dinge kann ich mir aber von der Haltung, die wir einnehmen sollten, keine andere Überzeugung bilden.

Die Reise des Prinzen Napoleon, die Art, wie seine Aufnahme bei uns
im Moniteur verkündet,[4] und so zu sagen ausposaunt wird, beweist, welchen
Werth die Französische Politik auf den Eindruck legt, daß sie mit Preußen gut
stehe.   Außerdem ist mir in Paris hinlänglich Gelegenheit geworden, mich zu

---

1) cf. oben Seite 257 ff.
2) cf. die folgende Urkunde.
3) cf. die folgende Urkunde.
4) cf. oben S. 261, Note 3.

überzeugen, daß man danach ſtrebt, mit uns intimer zu werden und zu ſcheinen. Wenn es der Auffaſſung Sr. M. des Königs entſpricht, daß mindeſtens der Schein davon auch für uns erhebliche Vortheile hat, ſo würde derſelbe beſonders und in einer Form, die uns zu Nichts verbindet, gefördert werden, wenn wir der Neigung des Kaiſers Napoleon, Preußen zu beſuchen, entgegenkämen. Ich weiß nicht, ob und wie dieſes Thema in den officiellen Wegen zwiſchen Berlin und Paris oder bei Gelegenheit der Anweſenheit des Prinzen Napoleon in Berlin ſchon verhandelt worden iſt. Sollte Se. Majeſtät ſich bewogen fühlen, darauf einzugehen, und der regelmäßige Weg Bedenken darbieten, ſo wäre ich, nach dem was mit mir in Paris darüber geſprochen iſt, in der Lage, die Sache in unverfänglicher Weiſe und quasi auf eigene Hand aufzunehmen oder zu ſondiren, ſei es bei einem gelegentlichen Beſuch der Großherzogin Stephanie,[1]) wenn ſie in Baden iſt, ſei es auf anderen Wegen. Ich würde es für einen großen diplomatiſchen Gewinnſt Preußens anſehen, wenn es zu Stande käme, und obſchon mich Gerlach über den Gedanken tüchtig geſcholten hat, würde ich doch glauben ſehr richtig gehandelt zu haben, indem ich zurede.

In der letzten Berliner Revue ſteht eine recht hohle hiſtoriſche Deklamation über den Franzöſiſchen Beſuch in Berlin.[2]) Daß die Franzoſen 1806 in Berlin waren, beſagt heut zu Tage nicht mehr, als die andere Thatſache, daß die Ruſſen und Öſterreicher im ſiebenjährigen Kriege auch da waren. Mit Phraſen kann man nicht Politik machen.

Wegen etwaiger Öſterreichiſcher Bemühungen um Garantie Deutſcher Staaten für Italien habe ich hier Nichts ermitteln können; nicht einmal in dem vorzugsweiſe plauderhaften Darmſtädter Revier. Vielleicht iſt nur in Hannover auf Grund von Platen's[3]) Äußerungen eine verſuchsweiſe Zumuthung der Art gemacht. Die Öſterreichiſchen Zeitungen ſtellen eine ſolche Garantie als überflüſſig, und als ſchon durch die Bundesverhältniſſe bedingt, dar, und meinen Collegen von Frankreich und Sardinien hat man, wie es ſcheint, zu vermuthen gegeben, daß Öſterreich Zuſicherungen für Italien von u n s beſitzt.

In Paris habe ich erfahren können, wie vorſichtig wir in Mittheilungen nach Wien ſein müſſen, und wie jede wohlwollende Redensart von uns, und namentlich Alles, was man von Äußerungen an unſerem Hofe erfährt, benutzt wird, um dem Kaiſer Napoleon Mißtrauen gegen uns einzuflößen, und ihn glauben zu machen, daß Öſterreich uns jederzeit gegen Frankreich führen könne, und daß nichts Vertrauliches von Paris an uns gelange, was wir nicht in

---

1) cf. oben S. 37, Note 2.

2) Gemeint iſt der Artikel „Napoleon in Berlin" in der am 15. Mai 1857 ausgegebenen, von Hermann Keipp redigirten „Berliner Revue". Vergl. auch die ſpäteren Artikel über den Beſuch des Prinzen Napoleon in Berlin in demſelben Blatte (II. Quartal S. 275 und 323.)

3) cf. oben S. 248, Note 6.

1857
Mai 18.

Wien mittheilten; letzteren Gedanken namentlich sucht man stets lebendig zu halten, und Hübner[1] hat zu Insinuationen viel Geschick".

112. **Eigenhändiges Mémoire, betr. die allgemeine Politik Preußens:** Wesen und Bedeutung der Allianz der drei östlichen Großmächte. Auflösung der heiligen Allianz. Consequenzen für den Fall eines Krieges Deutschlands mit Frankreich. Befürchtungen der Deutschen Fürsten im Falle eines Krieges Frankreichs mit dem geeinigten Preußen und Österreich. Mangel des Vertrauens der Mittelstaaten in Österreichs Politik. Gesteigertes Souverainetätsgefühl derselben. Vortheile direkter Verhandlungen der Süddeutschen Staaten mit Frankreich. Auflösung des Bundes für den Fall eines Krieges Deutschlands gegen Rußland und Frankreich. Werth des Deutschen Bundes für Preußen in Friedenszeiten. Ziele der Österreichischen Politik in Deutschland. Scheitern seiner Pläne während des Orient-krieges. Bekämpfung des Preußischen Einflusses in Baden. Rastatter Besatzungsfrage. Bundesverträge als morscher Stützpunkt für Preußens auswärtige Politik. Nothwendigkeit der Anbahnung neuer bezw. der Regenerirung der alten Bündnisse. Unmöglichkeit der Wiederherstellung der Nordischen Allianz. Nothwendigkeit der Sicherung eines zuverlässigen Defensivsystems für Preußen durch Eingehen auswärtiger Bündnisse. Werth eines Russischen Bündnisses und der Freundschaft Preußens für Frankreich. Vortheile Preußens von einer derartigen Verbindung. Folgen einer Ablehnung der Werbung Napoleon's um die Freundschaft Preußens. Aussicht auf eine sich alsdann bildende Französisch-Russische Allianz. Nothwendigkeit der Belebung der Disposition Frankreichs für ein Bündniß desselben mit Preußen. Consequenzen einer Frankreich entmuthigenden Haltung Preußens. 18. Mai 1857.

Mai 18.

„So lange ein enges, auf gemeinsame politische Principien begründetes Bündniß der drei östlichen Großmächte bestand, bildete dasselbe zugleich eine sichere Grundlage des Deutschen Bundes, und fand in letzterem wiederum einen Zuwachs an Kräften. Mancher Verschiedenheit der Ansichten und Interessen ungeachtet, war unter diesem System das ostrheinische Europa zu einer Art von solidarischer Körperschaft vereinigt, welche gemeinschaftlich eine defensive Frontstellung nach Westen hin einnahm, um von allen Gliedern die Gefahren abzuhalten, mit denen sie von Französischen Revolutionen und Eroberungs-gelüsten bedroht sein konnten. Diese Verbindung war so stark, und besonders

---

1) cf. oben S. 262, Note 3.

im Vergleich mit Frankreich allein so augenscheinlich übermächtig, daß ihre Mitglieder in derselben eine ziemlich sichere Assecuranz des eigenen Besitzstandes fanden. Auch die auf der Westgrenze am meisten exponirten Deutschen Fürsten konnten mit großer Wahrscheinlichkeit darauf rechnen, daß ein Französischer Angriff auf sie unterbleiben oder von der vereinten Macht der heiligen Allianz überwunden und die etwa bewiesene Untreue in letzterem Falle ihre Strafe finden werde. Es war daher anzunehmen, daß sie, auch unter anfänglichen Unglücksfällen, treu blieben, daß auch für Kriegszeiten die Bundesacte sich als eine Wahrheit, die Bundesarmee sich als eine Realität bewahren würde.

Für Preußen hätte die Stellung in dieser Allianz, wenn wir ehrgeizige Pläne hätten, ihr Unbequemes gehabt. Die enge Verbindung mit den beiden größeren Kaiserreichen, die unter sich mehr Analogie der inneren Zustände und Regierungsgrundsätze hatten als mit uns, gestattete uns keine freie Bewegung auf dem Gebiete Europäischer Politik. Aber die Sicherheit friedlicher Existenz hatte auch für uns ihren Werth, und unter dem Schutze derselben gewannen wir, vermöge der Gleichartigkeit der Zustände und Interessen, in Deutschland einen Einfluß, welchen uns Österreich entweder aus Rücksichten auf seine innere Politik nicht streitig machen konnte, oder welchen es uns stillschweigend gegen gelegentliche Unterstützung seiner Ansichten bei den Cabinetten der anderen Großmächte überließ. Der Deutsche Bund war also eine Einrichtung, auf deren Hülfe wir für den Krieg einigermaßen zählen konnten, und dessen, von Österreich nicht begünstigte, Entwickelung im Frieden mehr für als gegen uns lief.

Es kommt hier nicht darauf an, ob die Auflösung der heiligen Allianz mehr die Schuld Rußlands oder Österreichs ist, sondern nur auf die Thatsache, daß dieses Bündniß nicht mehr besteht. Es ist keine Wahrscheinlichkeit vorhanden, daß, wenn heute Französische Heere in Deutschland einfielen, Russische sich beeilen würden, ihnen mit uns entgegenzurücken; es ist nicht einmal anzunehmen, daß Österreich alsdann seine Ostgrenzen entblößen, und sich mit seiner ganzen Macht dem westlichen Feinde würde entgegenwerfen können. Es würde außerdem zweifelhaft bleiben, ob zwischen Preußen und Österreich derjenige Grad von Vertrauen und gegenseitiger Hingebung, welcher allein ihrem Bündnisse einheitliche Energie und Bürgschaften des Erfolges geben könnte, sich in der Schnelligkeit herstellen ließe. Deshalb ist in Deutschland, und besonders bei den einem Französischen Angriff in erster Linie exponirten Bundesfürsten, der Glaube an einen schließlich für Frankreich ungünstigen Ausgang des Kampfes weniger fest geworden, wenn nicht verloren gegangen.

Wenn aber Preußen und Österreich in einem solchen Kriege wahrhaft einig wären, so würden die Deutschen Fürsten, nach dem Ausscheiden Rußlands aus der Verbindung, nicht mehr das Zutrauen haben, daß ihre Stellung in und

1857
Mai 16. nach den Wechselfällen des Krieges von Österreich und Preußen besser respec-
tirt werden würde, als von Frankreich; die Herren selbst haben das Gefühl,
daß die Kleinstaaterei mit ihrer heutigen hochgeschraubten Souverainetät für
Deutschland ein Übel, dem Französischen Interesse aber nicht nachtheilig ist;
sie wissen sehr gut, daß die zerrissene Lage Preußens an und für sich schwer zu
tragen ist, und durch den unnatürlichen Selbständigkeitstrieb der kleinen
dazwischen liegenden Staaten eine schwere Fessel für uns und für Deutschlands
Leben und Entwickelung wird. Das Vertrauen, daß Österreich ihnen die bisherige Unabhängigkeit lassen und erhalten werde, haben sie durch Graf Buol
und die Wiener Politik im letzten Kriege verloren. Als Herr v. Hügel Württembergischer Gesandter in Wien war, sagte ihm Graf Buol etwa um die Zeit der
berüchtigten Circularbepesche vom 14. Januar 1855[1]) in barscher Weise: „Sie
müssen Sich daran gewöhnen, daß in Deutschland nur Österreich das Recht
auf eigene Politik hat, und je früher Sie das lernen, desto besser für Württemberg"; gegen Könneritz[2]) hat er damals in gleicher Stimmung geäußert: „Wir
werden auf die kleinen Staaten drücken, bis ihnen der Athem zum Widerspruch
ausgeht". Diese und ähnliche Reden sind natürlich an den mittelstaatlichen
Höfen von Mund zu Mund gegangen, und da in dem Charakter der Personen,
welche die Österreichische Politik leiten, keine Garantie liegt, welche dergleichen
als bloße Redensart anzusehen berechtigte, so bilden sie den Ausdruck dessen,
was die Mittelstaaten von Österreich erwarten. Dazu ist die Lust der Letzteren
an Selbständigkeit und Einfluß gewachsen durch das abwechselnde Werben
Preußens und Österreichs um ihre Stimmen. Ihnen diese Stellung zu erhalten, haben vielleicht Frankreich und Rußland ein Interesse, Österreich und
Preußen aber nicht, oder doch nur aus Eifersucht gegeneinander, und sie ist
daher gefährdet, sobald Österreich der Noth oder der Vernunft soweit nachgiebt,
daß es seine Beziehungen zu Preußen ehrlich zu bessern sucht.

Angesichts dieser nahe liegenden Erwägungen gehört für die Süddeutschen
Staaten ein sehr hoher Grad von Bundes-Patriotismus dazu, wenn sie ihre
Thermopylen am Rhein machen, oder nöthigenfalls die Wiedereroberung ihrer
Länder im Preußisch-Österreichischen Lager abwarten sollten; sie werden in
der Gefahr nach dem Sprüchwort handeln, daß das Hemd einem näher ist als
der Rock, das eigene Land näher als der Bund; sie werden bei Zeiten in Paris
direkte Garantien zu erhalten suchen, vielleicht sogar Aussicht auf Gewinn.

Frankreich kann Württemberg und Bayern versprechen, ihnen Baden
Preis zu geben, welches sich vielleicht im Vorgefühl dieser Gefahr neuerdings
Österreich in die Arme wirft.[3]) Es kann noch manche andere Vereinfachung

---

1) cf. Band II, S. 141, Note 2.

2) Rudolph von Könneritz, Kammerherr und Wirklicher Geheimer Rath, K. Sächsischer
Gesandter in Wien.

3) Durch sein Abkommen in der Rastatter Besatzungsfrage. cf. oben Urkunde 110.

des deutschen inneren Grenzwesens lockend erscheinen lassen; aber schon der 1857
Erhaltungstrieb allein weist die kleinen Souveraine, gegenüber dem Miß- Mai 18.
behagen, mit welchem die Vielherrigkeit Deutschland erfüllt, auf außerdeutsche
Anlehnung hin, und in den höchsten Kreisen von Paris hat man leicht den
Eindruck, daß diese Anlehnung dort, wenn nicht schon gefunden ist, doch
gesucht wird, und daß Frankreich nicht glaubt, in einem Deutschen Kriege die
volle Bundesarmee gegen sich zu haben.

Wenn sich schon gegen die Haltbarkeit des Bundes in einem einfachen
Kriege zwischen Deutschland und Frankreich erhebliche Zweifel aufdrängen, so
werden dieselben ziemlich zur Gewißheit, wenn man sich den Bund zur Vertheidigung gegen einen gleichzeitigen Angriff von Rußland und Frankreich
berufen denkt. Schon der Wegfall Rußlands, als einer Reserve hinter dem
Deutschen Bund, raubt den schwankenden Staaten in letzterem das Bewußtsein der Übermacht auf ihrer Seite, und das Ausscheiden Rußlands aus der
Allianz nimmt ihnen den Stützpunkt, den sie bisher innerhalb derselben für
ihre unbeschränkten Souverainetäten hatten. Wenn wir die Übermacht ohnehin
auf unserer Seite haben, so wird uns auch die Bundesarmee nicht fehlen; für
jede andere Combination müssen wir uns gewöhnen, die Bundes-Kriegsverfassung als nicht mehr vorhanden zu betrachten, und nur auf die Contingente
zu zählen, welche sich nach der geographischen Lage in Abhängigkeit von uns
befinden.

Auch für die Zeit des Friedens gewährt uns der Bund nicht mehr dieselben Vortheile wie vor 1848. Österreich, welches früher die Leitung der
Bundesverhandlungen innerhalb gewisser Grenzen, und nicht selten auf lange
Zeit das Präsidium an uns überließ, ist als unser Nebenbuhler um Einfluß
am Bunde und an jedem Deutschen Hofe aufgetreten, und dies Streben beruht
nicht in vorübergehenden Anschauungen der gegenwärtigen Österreichischen
Staatsmänner, sondern ist eine nothwendige und dauernde Consequenz des
veränderten Systems seiner auswärtigen und besonders seiner inneren Politik;
das große Problem der auf dem deutschen Element zu begründenden Centralisation des Reichs ist mit den 18 bis 20 Procent Deutschen unter der eigenen
Bevölkerung nicht durchzuführen, sondern nur vermöge der Gewinnung und
Erhaltung engerer und hegemonischer Beziehungen zum übrigen Deutschland.
Bei dem Vorwiegen der handelspolitischen Interessen in unserer Zeit, und mit
Rücksicht auf das Bedürfniß, sich an gesunderen finanziellen Zuständen als
den eigenen aufzuhelfen, steht das Streben nach der Aufnahme in den Zoll-
verein[1]) in erster Linie. Den Bedürfnissen, welchen der Eintritt von Gesammt-
Österreich in den Bund[2]) entsprechen sollte, würden einstweilen Garantie-

---

[1]) cf. oben S. 45 f.
[2]) cf. oben S. 15, Note 2.

verträge für Italien und Ungarn abhelfen, ohne daß dadurch die Österreichischen Matrikularbeiträge, wie bei dem Gesammteintritte, auf das dreifache
erhöht werden. Schon längst wird es von Wien aus mit Erfolg gelehrt, daß
die Pflicht, Österreichs Besitzungen außerhalb des Bundes zu schützen, durch
die Deutschen Interessen geboten und ein indirekter Ausfluß der Bundesverträge
sei. Durch diese Theorie wächst den übrigen Bundesgliedern eine große Er-
weiterung ihrer Verbindlichkeiten ohne Äquivalent und ohne Lasten für Österreich zu.

Bis zum orientalischen Kriege hatte das Wiener Cabinet auf diesem Wege,
unter geschickter Benutzung der Erinnerung der Fürsten an die Preußisch-
Gothaische Politik, große Forschritte gemacht, und es gehörte die Ungeschick-
lichkeit des Grafen Buol dazu, um während des orientalischen Krieges das
uns abgenommene Terrain großentheils wieder einzubüßen; aber nicht wir
haben es wiedergewonnen, sondern die Bamberger Staaten[1] finden in Frankreich den schließlichen Stützpunkt der unabhängigen und schiedsrichterlichen
Stellung, welche sie in den Rivalitäten der Deutschen Großmächte annehmen
konnten. Durch diese Gefahr läßt sich das Wiener Cabinet auf seinem Wege
nicht beirren, und bekämpft neuerdings mit Erfolg den Preußischen Einfluß in
dem uns so nahe verwandten Baden.

Wenn wir im Jahre 1842 uns bereit erklärt hätten, Österreich den künftigen Besitz der vom Bunde zu erbauenden Festung Rastatt in Aussicht zu
stellen, so ist wohl kaum zweifelhaft, daß es uns Concessionen, sei es in Mainz
oder anderweit dafür gemacht hätte. Aber es rechnet darauf, daß wir lediglich
aus bundesfreundlicher Gefälligkeit ihm seine Position uns gegenüber ver-
bessern, und würde uns auch keinen Dank schuldig zu sein glauben, wenn wir
gratis Garantien für seine außerdeutschen Länder übernehmen, sondern diese
als schuldige Bundesgenossenpflicht entgegennehmen, auch nicht anstehen, sie
zu tendenziöser Mittheilung an Frankreich zu benutzen. Es hat uns in allen
Gebieten der Politik am empfindlichsten bekämpft, während der Dauer unseres Garantievertrages über Italien[2] und des späteren April-Bündnisses;[3]
es wird uns auch ferner bekämpfen, denn es ist kein willkürliches Gelüst,
sondern die natürliche Lebensbedingung des heutigen Österreichs, Preußen
nicht stärker werden zu lassen, sondern seine Macht zu mindern, wenn es
angeht.

Der hauptsächlichste und stärkste unter unseren Genossen im Deutschen
Bund hat eine politische Bahn eingeschlagen, die ihn zum nothwendigen
Gegner unserer Interessen macht, und selbst in Fällen der äußersten gemein-

1) cf. oben S. 194, Note 1.
2) cf. oben S. 170.
3) cf. oben S. 186, Note 2.

samen Noth schwerlich eine ehrliche und nachhaltige Hülfe von ihm erwarten läßt. Von einem wichtigen Theile der Übrigen steht die Leistung der Bundes-pflicht im Kriegsfalle nicht zu erwarten, und im Frieden haben wir keineswegs den Einfluß auf die Gesammtheit, der mit unseren Bundespflichten im Ver-hältniß stände, und uns für unsere eigene Gebundenheit entschädigen könnte. Wir können deshalb nicht mehr, wie vor 1848, den hauptsächlichen oder gar ausschließlichen Stützpunkt unserer auswärtigen Politik in den durch die Bundesverträge bedingten Verhältnissen nehmen. Die Stütze ist morsch, und wir fallen unzweifelhaft, wenn wir unsere Anlehnung an sie allein nehmen.

Wenn von unseren alten Bündnissen, in der veränderten Constellation der Politik, nicht mehr zu erwarten ist, daß sie ihren Zweck erfüllen, so können wir Einfluß und Sicherheit nur dadurch wiedergewinnen, daß wir neue an-bahnen, oder die alten regeneriren, falls es möglich ist, sie zu erhalten.

Die Nordische Allianz von vor 1848 werden wir nicht einfach wiederher-stellen können. Rußland, Österreich und Frankreich sind andere geworden, als sie damals waren. Österreich hat der erhaltenden Politik entsagt, und will nach drei Richtungen hin, besonders aber in Deutschland und im Orient wach-sen, Rußland fühlt nicht mehr den Beruf, der Französischen Revolution oder überhaupt aufständischen Bewegungen außerhalb seiner Grenzen entgegenzu-treten, und sieht das gegenwärtige Regime in Frankreich ohne Abneigung; Frankreich selbst aber ist stärker nach außen geworden, als es unter Louis Phi-lipp war.

Es ist unter diesen Umständen ein Gebot der Selbsterhaltung, nicht des Ehrgeizes, daß wir uns nach einem gesicherteren Defensivsysteme für die Zu-kunft umsehen, und die Verbindungen, welche wir in diesem Sinne anknüpfen, brauchen nicht von einer Verschwörung gegen Andere, sondern können einen we-sentlich erhaltenden Charakter haben. Der Einfluß einer Macht im Frieden hängt in letzter Instanz von der Kraft ab, welche sie im Kriege entwickeln, und von den Bündnissen, mit welchen sie in den Krieg eintreten kann. Für uns aber ganz besonders ist die Gewinnung von Einfluß in Deutschland gegen-wärtig allein durch den Glauben der Bundesstaaten an die Möglichkeit, Wahr-scheinlichkeit oder Sicherheit bedingt, mit welcher Preußen im Kriegsfalle auf auswärtige Bündnisse rechnen kann. Die Bundesacte allein gewährt uns keine Mittel, und Österreich leiht uns keinen Beistand, um unsere Bedeutung im Bunde über das Niveau von $1/17$ Stimmantheil im engeren Rath zu erheben. Nur außerhalb Deutschlands bieten sich uns die Mittel, unsere Stellung im Interesse Deutschlands selbst zu consolidiren.

Der Kaiser Napoleon hat kein Verlangen danach, das Bündniß mit Eng-land abzubrechen. Ein Krieg mit England hat durchaus nichts Einladendes für ihn, er bietet wenig Aussicht auf Vortheil, dagegen die Sicherheit er-schöpfender Opfer, und ist für den Kaiser ein Spiel um die Existenz; nach seiner Auffassung ist ihm aber eine feindselige Stellung Englands gegen ihn ohne Kriegserklärung noch gefährlicher als der Krieg selbst, und er würde des-halb, sobald unfreundliche Beziehungen zwischen beiden eintreten, bald über dieselben hinweg zum Kriege gelangen wollen, um die Franzosen in ihrer na-tionalen Ehre gegen den Feind zu compromittiren. In der Vorhersicht dieser Entwickelung sucht er daher mit großer Aufmerksamkeit jeder Erkältung der Intimität vorzubeugen. Letztere wird natürlich durch jede Annäherung Frank-reichs an Rußland beeinträchtigt, und soweit Rußland auch die Arme offen halten mag, wird der Kaiser Napoleon sich doch schwerlich hineinwerfen, so-lange sich England so verhält, daß den Franzosen das Bündniß mit ihm er-träglich bleibt. Die Politik einer Englischen Regierung ist aber unberechenbar, und nicht selten von inneren Einwirkungen abhängig, die sich den Combina-tionen staatsmännischer Vernunft gänzlich entziehen.

Die Vorsicht gebietet daher Frankreich, sich das Russische Bündniß offen zu halten, ohne durch auffällige Bemühungen deshalb sich England ohne Noth zu entfremden. Der sicherste Mittelweg hierzu ist die Cultivirung der Bezie-hungen Frankreichs zu Preußen. Frankreich könnte es mit Österreich oder mit den Rheinbundstaaten halten, Beide könnte es ohne Schwierigkeit gewinnen; aber einem Bündniß mit Österreich stehen Französische Interessen entgegen, ein solches mit den Mittelstaaten müßte Preußen zum Gegner Frankreichs machen, und Preußen ist das kräftigere und zukunftsreiche Element in Deutschland. Die Freundschaft Preußens stellt für Frankreich erhebliche Vortheile in Aussicht. Dieselbe gewährt ihm eine außerenglische, continentale Anlehnung, und hat als solche die Wirkung, daß sie die Englische Politik rücksichtsvoller gegen Frankreich und weniger leichtfertig in Betreff eines Bruches mit letzterem macht; sie hat dabei nicht das Herausfordernde für England wie die Russische Verbindung; sie bildet außerdem ein Verbindungsglied, um für Frankreich die Chance des Russischen Bündnisses, auf den Fall der Noth, offen, und die Be-dingungen desselben mehr in der Hand zu behalten; sie über-hebt Frankreich der Nothwendigkeit oder der Versuchung, das Russische Bünd-niß frühzeitig und vielleicht voreilig sicherzustellen, und dadurch den Bruch mit England zu zeitigen; sie stellt zugleich die unzweifelhafte Übermacht der Allianz auf dem Continent in Aussicht, sobald man dieselbe durch Rußlands Zutritt vervollständigen will, und wirkt dadurch mäßigend auf England. Diese Vor-theile machen es erklärlich, daß Frankreich hohen Werth darauf legt, seine Be-ziehungen zu uns intimer erscheinen zu lassen. Für Preußen liegt der Gewinn dabei vorzugsweise in Deutschland; denn, indem Frankreich mehr an un-serem guten Willen als an dem der Mittelstaaten gelegen ist, wird den letz-teren die Rheinbundchance abgeschnitten, und sie sind an uns verwiesen, da sie bei Österreich allein sich nicht sicher und geschützt fühlen, solange dasselbe nicht mit Rußland verbündet ist.

Die Pflege freundschaftlicher Beziehungen zu Frankreich braucht also 1857 Mai 16. keineswegs feindselige Tendenzen gegen den Frieden Europas zu haben; im Gegentheil, es liegt in ihr eine erhöhte Bürgschaft des Friedens. Sie vermindert die Wahrscheinlichkeit eines Bruchs zwischen England und Frankreich, sie vertagt die Chance eines Französisch-Russischen Kriegsbündnisses, giebt uns, wenn es dennoch zu demselben kommen sollte, die Möglichkeit eines moderirenden Einflusses auf dessen Gestaltung und Zwecke, und verleiht demselben alsdann eine solche Übermacht, daß es zur Führung eines Continentalkrieges gegen dasselbe schwerlich kommen kann; sie ist ferner das Mittel, und vielleicht das einzige, um von der Form und dem Wesen des Deutschen Bundes die Fundamente zum Neubau, und uns einen entscheidenden Einfluß auf letzteren zu erhalten. Schon der äußere Anschein intimer Beziehungen zwischen Preußen und Frankreich wird in dieser Richtung von mächtiger Wirkung sein; der Kaiser Napoleon erkennt seinerseits offenbar das Interesse, welches er daran hat, diesen Schein zu nähren, und er würde bei einigem Entgegenkommen von unserer Seite noch entschiedener die Hand dazu bieten. Verhalten wir uns aber ablehnend gegen ihn und schneiden ihm die Hoffnung auf nähere Einigung mit uns von Hause aus ab, so wird unverzüglich, nachdem man sich in Paris darüber klar geworden ist, ein bringenderes Werben Frankreichs um das Einverständniß mit den Deutschen Mittelstaaten beginnen; dasselbe wird bei den Meisten von ihnen nicht ohne Erfolg sein und den Deutschen Bund vollständig unterhöhlen; selbst Sachsen wird die Versuchung nur insoweit von sich weisen, als die faktische Gewalt der benachbarten Großmächte es bedingt. Solange das westmächtliche Bündniß hält, bringt uns dann der Zustand der Dinge voraussichtlich keinen anderen Nachtheil, als eine fortlaufende Abnahme unseres Einflusses in Bundes- und Zollvereins-Angelegenheiten; kommt es aber zum Bruch Frankreichs mit England, so ist mit demselben auch die Französisch-Russische Allianz gegeben, und wir haben die Wahl, dieser entweder unter den Bedingungen, die sie uns alsdann stellt, beizutreten, oder die Chancen eines Österreichisch-Englischen Gegenbündnisses zu acceptiren. In dem letzteren wird England, solange es mit Amerika Frieden hat, vielleicht nicht übler situirt sein als bisher, weil seine Sicherheit weniger durch seine Bündnisse, als durch seine eigene Flotte bedingt ist. Den Deutschen Großmächten aber kann es im Kriegsfalle zu Lande wenig nützen, und ihre Partei wird als die schwächere auf dem Continent erscheinen, weil zu ihrer Einigkeit kein Zutrauen vorhanden ist, weil die Kräfte von Sardinien, Belgien und eines wesentlichen Theiles von Deutschland voraussichtlich für Frankreich disponibel sein werden, weil Österreich, wenn fremde Armeen in Ungarn und Italien eindringen, sich vielleicht als locker in seinem Zusammenhange erweist, und weil zwischen ihm und uns wirklich Argwohn und Mißgunst bestehen, welche die gemeinsame Action lähmen würden.

1857
Mai 15.   Auf Grund dieser Erwägungen würden, auch ohne daß es zum Kriege
käme, Österreich und Preußen einer Russisch-Französischen Allianz gegenüber
diplomatisch in gedrückter Stellung und ohne Einwirkung auf die kleineren
deutschen und außerdeutschen Staaten sein. Ein Russisch-Französisches Bündniß kann für Preußen, wenn wir, nach Entstehung desselben, Aufnahme
darin fänden, keine Constellation sein, die wir herbeizuwünschen hätten; aber
das beste Mittel es zu hindern, zu vertagen, oder seine Schädlichkeit für uns
abzuschwächen, scheint darin zu bestehen, daß wir die günstigen Dispositionen
Frankreichs für ein intimeres Verständniß mit uns lebendig erhalten, und
ihm die Aussicht, sie zu realisiren, nicht benehmen. Bei discreter Handhabung
einer solchen Politik bleibt zugleich, solange die westmächtliche Allianz besteht,
unser Verhältniß zu England, da es Frankreichs officieller Bundesgenosse ist,
und zu Rußland, da es dasselbe zu werden strebt, uncompromittirt und jeder
Entwickelung fähig. Wir halten dabei die Deutschen Staaten zusammen, gewinnen eine Stellung, welche vermöge der Furcht vor ihrer weiteren Entwickelung vielleicht Österreichs Politik bis zur Verträglichkeit mit uns mobifiziren
kann, und gegenüber Frankreich ist es leichter, wenn die Umstände es erfor-
dern, aus guten Beziehungen zu kühleren überzugehen, als umgekehrt.

Dieselbe freie und günstige Stellung bleibt uns nicht, wenn wir die Werbungen Frankreichs um unsere Freundschaft gegenwärtig entmuthigen, und die
erste Consequenz dieses Verhaltens würde die Entwickelung innigerer Beziehungen der Französischen Politik zu einer Anzahl Deutscher Staaten sein, und
damit zugleich die, für unsere Stellung so nachtheilige Ansicht neue Nahrung
gewinnen, daß gerade Preußen wegen der Rheinprovinz und der Französischen
Nachbarschaft eines Beistandes von Seiten des Bundes, Österreichs oder
fremder Mächte am leichtesten bedürftig werden könne, ein Präjudiz, dessen
Druck nur durch den Glauben der Anderen an freundschaftliche Beziehungen
zwischen uns und mit Frankreich abgewendet werden kann".

**113. Eigenhändiger Bericht, betr. die Fortsetzung des Mémoires über
die Beziehungen Preußens zu Frankreich. Herbeiführung einer Zusammenkunft der Kaiser von Österreich und von Frankreich durch
den König von Bayern. Russisches Circular in der Donaufürsten-
thümer-Frage. Mittel zur Begünstigung der Annäherung des Kaisers
Napoleon an Österreich. Festliche Vorbereitungen an den Frankfurt
benachbarten Höfen. 2. Juni 1857.**

Juni 2.   „Ew. Excellenz beehre ich mich die Anlage ¹) als Fortsetzung des kürzlich
eingereichten Promemoria über unsere Beziehungen zu Frankreich ²) vorzu-

1) cf. die folgende Urkunde.
2) cf. Urkunde 112.

legen; ich bin zur Zusammenstellung derselben in der vorliegenden Fassung durch eine Correspondenz über diese Angelegenheit mit General Gerlach veranlaßt worden, und habe den hauptsächlichen Inhalt meiner Äußerungen gegen ihn in der Anlage resümirt.

Telegraphisch habe ich Ew. Excellenz bereits gemeldet[1]), daß der König von Bayern seinen Aufenthalt in Paris benutzt, um für eine Zusammenkunft der Kaiser von Österreich und Frankreich in Bayern zu wirken. Ich habe die Nachricht an sich aus guter Quelle und halte sie für sicher, nachdem mir Graf Montessuy unaufgefordert, aber ganz vertraulich dasselbe mittheilte. Er nannte als Ort der beabsichtigten Begegnung Pfaffenhofen; der Name war aber seiner Zunge nicht ganz geläufig, und kann mißverstanden sein. Von ihm habe ich auch erfahren, daß Baron Bourquenay,[2]) der den Plan einer Österreichisch-Französischen Allianz niemals aus dem Auge verloren hat, für das Projekt dieser Zusammenkunft thätig sei, und daß Benedetti[3]) bei seiner Reise durch Wien für dieselbe Richtung disponirt worden und nicht ohne Erfolg, wie man aus seinen hiesigen Äußerungen abnehmen konnte. Er brachte auch die unerwartet günstigen Urtheile J. K. H. der Erzherzogin Sophie[4]) über den Prinzen Napoleon und die officiöse Verbreitung, welche dieselben nach Paris gefunden haben, damit in Verbindung. Gewiß geht aus diesen Umständen so viel hervor, daß das Bedürfniß des Kaisers Napoleon, mit anderen Monarchen in persönliche Berührungen zu kommen und sich in Deutschland zu zeigen, an den Südbeutschen Höfen richtig erkannt und von ihnen ausgebeutet wird, wenn wir versäumen, es für uns zu benutzen.

In Betreff unseres Circulars über die Angelegenheit der Donaufürstenthümer vom 28. v. M.[5]) haben mir einige meiner Deutschen Collegen, mit denen ich dasselbe besprach, ihre Genugthuung ausgesprochen, weil an ihren Höfen die Art, wie Österreich unser Verhalten geschildert habe, allerdings einen für uns ungünstigen Eindruck hinterlassen hätte.

Unter den Mitteln, welche angewendet werden, um den Kaiser Napoleon für eine Annäherung an Österreich und für jene Zusammenkunft in Bayern günstig zu stimmen, wurde mir ein für die Zeit charakteristisches genannt: Man hat Leute von der hohen Finanz disponirt, und dem Französischen Kaiser die „Isolirung" Österreichs als den hauptsächlichen Grund der Flauheit aller

1) Herr von Bismarck meldete diese Nachricht dem Minister von Manteuffel am 2. Juni 1857 mit dem Zusatze, daß Herr von Bourquenay das Projekt in Paris befürworte.

2) cf. oben S. 220, Note 2.

3) Graf von Benedetti, am 7. November 1855 zum Direktor der politischen Abtheilung im Französischen Ministerium des Auswärtigen berufen, und war 1856 als solcher Secretair auf dem Pariser Friedenscongreß. Vom 5. November 1864 bis 1870 Französischer Botschafter in Berlin.

4) cf. oben S. 74, Note 1.

5) cf. von Jasmund, Aktenstücke zur orientalischen Frage, Band III, S. 100.

Börſen und des niedrigen Standes der Effekten dargeſtellt. Die dadurch ein=
geflößte Beſorgniß wirke entmuthigend auf die Spekulation und drücke be=
ſonders die Franzöſiſchen Capitalanlagen in Öſterreich. Am Ende geht der
Kaiſer Napoleon nach Pfaffenhofen, um eine Hauſſe der Franzöſiſch-Öſter=
reichiſchen Eiſenbahn-Effekten zu bewirken! Über ſeine Dispoſitionen in Be=
treff der Wünſche des Königs von Bayern habe ich indeſſen noch Nichts er=
fahren können. Vermuthlich wird es ihm nicht entgehen, daß die Flauheit der
Börſen nicht ihren Grund in der Sorge der Banquiers um Öſterreich, ſon=
dern in der Erſchöpfung der disponiblen Capitalien hat, welche dem Übermaß
neuer Unternehmungen in den letzten Jahren nothwendig folgen mußte.

An den benachbarten kleinen Höfen iſt Alles in feſtlichen Vorbereitungen,
in Wiesbaden wegen der Schwediſchen Heirath[1]), in Darmſtadt wegen des Ruſ=
ſiſchen Beſuches[2]), und in Rumpenheim ſammelt ſich die Landgräfliche Familie,
ſo daß wir hier in einem Kreuzfeuer von Höflichkeitspflichten für die nächſte
Zeit ſtehen werden. Der College läßt ſeiner ſelten getragenen Uniform ein
neues Luſtre geben und die Damen üben ſich in der Kunſt, mit der Schleppe
zu manövriren".

114. Eigenhändiges Mémoire, betr. die Beziehungen Preußens zu Frankreich:

Gründe für die Abneigung gegen eine nähere Verbindung Preußens
mit Frankreich. Widerlegung der Theorie von der Unzuläſſigkeit
eines Compromiſſes mit der von Napoleon repräſentirten Revolution.
Der Bonapartismus als eine Folge der Revolution. Gefahrloſigkeit
des Bonapartismus für die Propaganda revolutionärer Grundſätze
im Auslande. Antipathie gegen Frankreich bei einer anzuſtrebenden
Allianz Preußens mit Napoleon. Folgen eines paſſiven Abwartens
der Ereigniſſe durch Preußen. Schwäche deſſelben bei einer Verbin=
dung mit anderen Großmächten, insbeſondere England und Öſter=
reich. Werth eines Beſuches Napoleon's in Preußen als oſtenſibles
Zeichen der guten Beziehungen zwiſchen Preußen und Frankreich.
2. Juni 1857.

_____

Einer der hauptſächlichſten Gründe der Abneigung, auf welche eine
nähere Verbindung mit dem heutigen Frankreich bei uns ſtößt, liegt in der
Auffaſſung, daß der Kaiſer Napoleon der hauptſächliche Repräſentant der
Revolution und mit ihr identiſch, und daß ein Compromiß mit der Revo=
lution ebenſowenig in der äußeren wie in der inneren Politik zuläſſig ſei. In

_____

1) scil. des jetzigen Königs von Schweden mit der Prinzeſſin Sophie von Naſſau
(6. Juni 1875).

2) Erwartet wurde daſelbſt die Ruſſiſche Kaiſerfamilie.

den auswärtigen Beziehungen ist es nicht möglich, den letzteren Grundsatz in der Weise durchzuführen, daß die äußersten, davon abgeleiteten Consequenzen noch immer jede andere Rücksicht durchbrechen sollten, und außerdem ist es nicht richtig, die Revolution gerade in dem gegenwärtigen Kaiser der Franzosen ausschließlich zu verkörpern. Die nächste Anleitung dazu giebt die in's Auge fallende Illegitimität des Ursprungs seiner Herrschaft. Aber wie viel Existenzen giebt es in der heutigen politischen Welt, welche mit voller Continuität im Rechte wurzeln. Spanien, Portugal, Brasilien, alle amerikanischen Republiken, Belgien, Holland, die Schweiz, Griechenland, Schweden, das noch heute mit Bewußtsein in der Revolution von 1688 fußende England, können ihre dermaligen Rechtszustände auf keinen legitimen Ursprung zurückführen. Selbst für das Terrain, welches die Deutschen Fürsten, theils Kaiser und Reich, theils ihren Mitständen, den Standesherren, theils ihren eigenen Landständen abgewonnen haben, läßt sich kein vollständig legitimer Besitztitel nachweisen.

Ein Princip kann man aber nur insoweit als ein allgemein durchgreifendes anerkennen, wenn es sich unter allen Umständen und zu allen Zeiten bewahrheitet, und der Grundsatz: quod ab initio vitiosum, lapsu temporis convalescere nequit, bleibt der Doctrin gegenüber richtig, wird aber durch die Bedürfnisse der Praxis unaufhörlich widerlegt.

Die meisten der oben berührten Zustände sind eingealtert, wir haben uns an sie gewöhnt und deshalb ihre revolutionäre Geburt vergessen. Aber auch dann, wenn sie noch nicht diesen Grad von Verjährung hatten, stieß man sich früher nicht an ihrer revolutionären Natur. Cromwell wurde von den Europäischen Potentaten „Herr Bruder" genannt und seine Freundschaft gesucht, wenn sie nützlich erschien. Mit den Generalstaaten waren die ehrbarsten Fürsten im Bündniß, bevor sie von Spanien anerkannt wurden; Wilhelm von Oranien und seine Nachfolger in England hatten, auch während die Stuarts noch prätendirten, nichts an sich, was unsere Vorfahren von den intimsten Beziehungen mit ihnen abgehalten hätte; den Vereinigten Staaten haben wir schon in dem Haager Vertrage von 1785 ihren revolutionären Ursprung verziehen. In neuester Zeit hat unser Hof den Besuch des Königs von Portugal empfangen, und mit dem Hause Bernadotte hätten wir uns verschwägert, wären nicht zufällige Hindernisse eingetreten.

Wann und nach welchen Kennzeichen haben alle diese Mächte aufgehört, revolutionär zu sein? Es scheint, daß man ihnen die illegitime Geburt verzeiht, sobald wir keine Gefahr von ihnen besorgen, und daß man sich alsdann auch nicht principiell daran stößt, wenn sie fortfahren, ohne Buße, ja mit Rühmen sich zu ihrer Wurzel im Unrecht zu bekennen.

Es scheint nicht, daß vor der Französischen Revolution ein Staatsmann auf den Gedanken gekommen ist, die Beziehungen seines Landes zu anderen Staaten lediglich dem Bedürfniß unterzuordnen, von Berührungen mit revolutionären Erscheinungen frei zu bleiben, und doch waren die Grundsätze der Amerikanischen und Englischen Revolution, abgesehen von dem Maße des Blutvergießens, und von dem nach dem National-Charakter verschiedenen Unfug, der mit der Religion getrieben wurde, ziemlich dieselben wie diejenigen, welche die Unterbrechung der Continuität des Rechtes in Frankreich herbeiführten. Auch auf die revolutionären Erscheinungen von 1789 wird das Princip nicht überall ebenso rigoros angewendet, wie bezüglich Frankreichs.

Die gegenwärtigen Rechtszustände in Österreich und die politische Richtung der dort leitenden Persönlichkeiten, das Prosperiren der Revolution in Portugal, Spanien, Belgien, Dänemark, das offene Bekennen und Propagiren der revolutionären Grundideen von Seiten der Englischen Regierung und das Bethätigen derselben noch in dem Neuenburger Conflict, das Alles hält uns nicht ab, die Beziehungen des Königs unseres Herrn zu den Monarchen jener Länder nachsichtiger zu beurtheilen als diejenigen zu Napoleon III. Die unfürstliche Herkunft des Letzteren thut ohne Zweifel viel dabei, aber sie ist in Schweden von noch frischerem Datum, ohne dieselben Consequenzen zu haben. Die Revolution muß daher in Frankreich noch besondere Eigenthümlichkeiten haben, liegen dieselben nun gerade in der Familie Bonaparte? Diese hat weder die Revolution in die Welt gebracht, noch würde die Revolution beseitigt oder nur unschädlich gemacht, wenn man gedachte Familie ausrottete. Die Revolution blühte von 1830 bis 1848 recht im Vollen, ohne daß dabei von den Bonaparten die Rede war; sie ist viel älter als das geschichtliche Auftreten dieser Familie und viel breiter in ihren Grundlagen als Frankreich. Wenn man ihr einen irdischen Ursprung anweisen will, so wäre auch der nicht in Frankreich, sondern eher in England zu suchen, oder noch früher in Deutschland oder in Rom, je nachdem man die Auswüchse der Reformation oder die der römischen Kirche nebst der Einführung römischer Rechtsanschauungen in die germanische Welt als schuldig ansehen will.

Der erste Napoleon hat damit begonnen, die Revolution für seinen Ehrgeiz mit Erfolg zu benutzen, und hat sie später mit falschen Mitteln und ohne Erfolg zu bekämpfen gesucht; er wäre sie gewiß gern aus seiner Vergangenheit los gewesen, nachdem er ihre Frucht für sich gepflückt hatte. Gefördert wenigstens hat er sie nicht in dem Grade, wie die drei Louis vor ihm durch Einführung des Absolutismus unter Louis XIV., durch die Unwürdigkeiten der Regentschaft unter Louis XV., durch die Schwäche Louis XVI., der am 14. September 1791 bei Annahme der Verfassung die Revolution als beendigt proklamirte; fertig war sie allerdings ohne Napoleon geworden. Das /Haus Bourbon hat auch ohne Philippe Egalité mehr für die Revolution gethan, als alle Bonaparten.)

Der Bonapartismus ist eine Folge, aber nicht der Schöpfer der Revo-

lution. Auch die ungerechten Eroberungskriege sind kein eigenthümliches At- 1857
tribut der Familie Bonaparte und des nach ihr benannten Regierungssystems. Juni 2.
Legitime Erben alter Throne führen dergleichen auch; Louis XIV. hat nach
seinen Kräften nicht weniger heidnisch in Deutschland gewirthschaftet als Napoleon, und wenn Letzterer mit seinen Anlagen und Neigungen als Sohn
Ludwig's XVI. geboren wäre, so würden wir deßhalb schwerlich Ruhe vor ihm
gehabt haben. Der Trieb zum Erobern ist England, Nordamerika, Rußland
und Anderen nicht minder eigen als dem napoleonischen Frankreich. Sobald
sich Macht und Gelegenheit, ihn zu befriedigen, zusammenfanden, ist es auch
bei den legitimsten Monarchien schwerlich die Bescheidenheit oder Gerechtig-
keitsliebe, welche ihm Schranken setzt. Bei Napoleon III. scheint er als In-
stinkt nicht zu dominiren. Derselbe ist kein Feldherr, und im großen Kriege
mit großen Erfolgen oder Gefahren könnte es kaum fehlen, daß die Blicke der
Armee, der Stütze seiner Herrschaft, sich mehr auf einen glücklichen General,
als auf den Kaiser richteten. Er wird daher den Krieg nur suchen, wenn er
sich durch innere Gefahren dazu genöthigt glaubt. Eine solche Nöthigung
würde aber für den legitimen König von Frankreich, wenn er jetzt zur Regierung käme, von Hause aus vorhanden sein. Der Eroberungssucht ist der
jetzige Kaiser der Franzosen nicht verdächtiger, als mancher Andere, und den
Makel ungerechten Ursprungs theilt er mit vielen der bestehenden Gewalten,
so daß er nicht aus diesem Grunde als ausschließlicher Repräsentant der Revolution, als vorzugsweises Objekt der Feindschaft gegen dieselbe betrachtet
werden kann. Die inneren Zustände Frankreichs unter ihm stehen ohne
Zweifel innerhalb des Gebietes revolutionärer Erscheinungen; aber der Bo-
naparismus unterscheidet sich dadurch von der Republik, daß er nicht das
Bedürfniß hat, seine Regierungsgrundsätze zu propagandiren. Selbst der erste
Napoleon hat den Ländern, welche nicht mittel- oder unmittelbar zu Frankreich
geschlagen wurden, seine Regierungsform nicht aufzudrängen gesucht; man
ahmte sie im Wetteifer freiwillig nach. Fremde Staaten mit Hülfe der Revolution zu bedrohen, ist jetzt seit einer ziemlichen Reihe von Jahren das Gewerbe Englands, und wenn Louis Napoleon ebenso gewollt hätte, wie
Palmerston, so würden wir auch in Neapel schon einen neuen Ausbruch erlebt
haben. Der Französische Kaiser würde durch Ausbreitung revolutionärer Institutionen bei seinen Nachbarn Gefahren für sich selbst schaffen; er wird vielmehr bei seiner Überzeugung von der Fehlerhaftigkeit der heutigen Institutionen
Frankreichs festere Grundlagen als die der Revolution im Interesse seiner
Herrschaft und seiner Dynastie allmählich zu gewinnen suchen. Ob er das
kann, ist freilich eine andere Frage; aber er ist keineswegs blind für die
Mangelhaftigkeit und die Gefahren des Bonapartischen Regierungssystems,
denn er spricht sich selbst darüber aus und beklagt sich. Die jetzige Regierungsform ist für Frankreich nichts Willkürliches, was Louis Napoleon ein-

richten und ändern könnte; sie war für ihn ein Gegebenes, und ist vielleicht die
einzige Methode, nach der Frankreich auf lange Zeit hin regiert werden kann.
Für alles Andere fehlt die Grundlage entweder im National-Charakter, oder
sie ist zerschlagen und verloren gegangen. Heinrich V. selbst würde, wenn er
jetzt auf den Thron gelangte, wenn überhaupt, auch nichts Anderes beginnen
können. Louis Napoleon hat die revolutionären Zustände des Landes nicht
geschaffen; die Herrschaft auch nicht in Auflehnung gegen eine rechtmäßig bestehende Obrigkeit gewonnen. Wenn er sie jetzt niederlegen wollte, so würde
er Europa in Verlegenheit setzen, und man würde ihn ziemlich einstimmig
bitten, zu bleiben, und wenn er sie an den Herzog von Bordeaux cedirte, so
würde sie dieser ohne fremde Hülfe sich nicht erhalten können. Der Kaiser
Napoleon vermag sich keinen anderen Ursprung zu geben, als er hat; daß er
aber im Besitze der Herrschaft dem Principe der Volkssouverainetät faktisch zu
huldigen fortführe und von dem Willen der Massen das Gesetz empfinge, wie
das jetzt in England mehr und mehr üblich wird, kann man von ihm nicht
sagen.

Es ist menschlich natürlich, daß die Unterdrückung und schändliche Behandlung unseres Landes durch Napoleon I. in Allen, die es erlebt
haben, einen unauslöschlichen Eindruck hinterlassen hat, und daß in deren
Augen das böse Princip, welches in Gestalt der Revolution die Throne und
das bestehende Recht gefährdet, sich allein mit der Person und dem Namen
dessen identificirt, den man »l'heureux soldat héritier de la révolution«
nannte; aber es scheint damit dem jetzigen Napoleon doch zu viel aufgebürdet
zu werden, wenn man gerade in ihm und nur in ihm die Revolution personi-
ficirt, und aus diesem Grunde die Proscription über ihn aussprechen, und es
wider die Ehre erklären will, mit ihm zu verkehren. Was gerade die Französische Revolution für uns als etwas Besonderes und mehr als andere
analoge Erscheinungen Feindseliges betrachten läßt, liegt weniger in der Rolle,
welche die Familie Bonaparte etwa ferner spielen könnte, als in der örtlichen
und zeitlichen Nähe der Ereignisse und in der Größe und Kriegsfähigkeit des
Landes, welches von ihnen bewegt wird; deshalb sind sie gefährlicher, aber
es erscheint deshalb noch nicht verwerflicher, mit Bonaparte's in Beziehung zu
stehen, als mit anderen von der Revolution erzeugten Existenzen, oder mit
Regierungen, welche die Principien der Revolution freiwillig bei sich durchführen, wie Österreich, und für deren Verbreitung thätig sind, wie England.
Nachdem Louis Napoleon von uns als Souverain eines benachbarten Landes
officiell anerkannt ist, kann es in keiner Weise ehrenrührig erscheinen, mit ihm
in diejenigen Beziehungen zu treten, welche der Lauf der politischen Ereignisse
mit sich bringt. Diese Beziehungen mögen an sich nichts Wünschenswerthes
sein, aber wenn wir auch schließlich andere Intimitäten erstreben wollten, so
wird auch das kaum möglich sein, ohne durch die Wirklichkeit oder den Schein

der Freundschaft mit Frankreich hinburch zu gehen. Nur durch dieses Mittel können wir Österreich nöthigen, auf den überspannten Ehrgeiz der Schwarzenbergschen Pläne zu verzichten, und nur durch dieses Mittel können wir eine weitere, Deutschland gänzlich auflösende Entwickelung der direkten Beziehungen der Deutschen Mittelstaaten zu Frankreich hemmen. Auch England wird anfangen, zu erkennen, wie wichtig ihm die Allianz Preußens ist, sobald es fürchten muß, sie an Frankreich zu verlieren. Also auch wenn wir uns an Österreich und England anlehnen wollen, müssen wir bei Frankreich anfangen, um jene zur Erkenntniß zu bringen.

Es ist wahrscheinlich, daß über kurz oder lang, jedenfalls sobald Erkältungen zwischen Frankreich und England eintreten sollten, eine Französisch-Russische Allianz aus dem jetzigen décousu der Europäischen Zustände hervorgeht, ohne daß wir es hindern können. Mit dieser Eventualität müssen wir rechnen und uns darüber klar machen, welche Stellung wir vorkommenden Falls zu derselben einnehmen wollen; ein passives Abwarten der Ereignisse, ein Bestreben, uns von der Berührung durch dieselben fern zu erhalten, ist in der Mitte Europas nicht durchzuführen; der Versuch dazu kann leicht ebenso beklagenswerthe Folgen haben, wie die unentschlossene Planlosigkeit, welche die Signatur der Preußischen Politik 1805 war, und wenn wir uns nicht die Rolle des Hammers vorbereiten, so bleibt leicht nur die des Ambos übrig. Verhältnißmäßig schwach werden wir in jeder Verbindung mit anderen Großmächten erscheinen, solange wir eben nicht stärker sind, als wir sind. Österreich und England werden, wenn wir mit ihnen im Bunde sind, ihre Überlegenheit über uns auch nicht zu unserem Vortheile geltend machen; wir haben auf dem Wiener Congreß gesehen, daß gerade die Interessen dieser beiden Mächte sich den unserigen am meisten entgegenstellten. Österreich kann nicht wollen, daß wir in Deutschland an Bedeutung gewinnen, und England kann uns weder unsere industrielle, noch eine maritime Entwickelung in Handel und Flotte gönnen. In der Politik thut Niemand etwas für den Anderen, wenn er nicht zugleich sein Interesse dabei findet; die Richtung aber, in welcher Österreich und die Deutschen Mittelstaaten gegenwärtig ihre Interessen verfolgen, ist mit den Aufgaben, welche für Preußen Lebensaufgaben sind, ganz incompatibel, und eine Gemeinschaftlichkeit deutscher Politik gar nicht möglich, solange Österreich nicht ein bescheideneres System uns gegenüber adoptirt, wozu bis jetzt wenig Aussicht ist.

Wie aber auch die Parteinahme Preußens bei einer neuen Gestaltung der Allianzen in Europa ausfallen möge, nach jeder Richtung hin empfiehlt es sich, die gegenwärtigen Werbungen Frankreichs um unsere Freundschaft nicht abzuweisen, sondern umgekehrt dem Vorhandensein intimerer Beziehungen zwischen beiden Regierungen einen für alle Cabinette erkennbaren Ausdruck zu geben. Als einen solchen bietet sich vorzugsweise ein Besuch des Kaisers Napoleon in Preußen dar.

Die Deutschen Staaten sind rücksichtsvoll und anhänglich an uns in dem Maße, als sie uns für befreundet mit Frankreich halten; Vertrauen werden sie nie zu uns gewinnen; jeder Blick auf die Karte benimmt es ihnen, und sie wissen, daß ihre Sonderinteressen und ihr Mißbrauch der Souverainetät stets der Gesammtrichtung der Preußischen Politik im Wege stehen. Sie erkennen deutlich die Gefahr, welche hierin für sie liegt, und gegen welche nur die Uneigennützigkeit unseres Allergnädigsten Herrn ihnen eine Sicherheit für die Gegenwart gewährt. Ein Besuch des Kaisers der Franzosen bei uns kann deshalb Mißtrguen bei ihnen nicht weiter hervorrufen, dasselbe ist untilgbar vorhanden, und die Gesinnungen des Königs, welche es für jetzt wenigstens entkräften sollten, werden Sr. Majestät nicht gedankt, sondern nur benutzt und ausgebeutet. Die Dankbarkeit und das Vertrauen werden im Falle der Noth nicht Einen Mann für uns in's Feld bringen; die Furcht, wenn sie vorsichtig und geschickt benutzt wird, kann den ganzen Bund zu unserer Disposition stellen und, um sie einzuflößen, müssen wir ostensible Zeichen unserer guten Beziehungen zu Frankreich geben.

Wenn wir dagegen Frankreichs dermalige Werbungen um uns ablehnen, wenn wir namentlich dem in Paris fast zum Bedürfniß gewordenen Wunsch eines Zusammentreffens der Monarchen, eines Besuchs bei uns unerfüllt lassen, so wird der Kaiser Napoleon den Grund unseres Verhaltens nicht in politischen Erwägungen, sondern in seiner Person suchen, und die Empfindlichkeit darüber kann nicht anders als auf die gegenseitigen Beziehungen zurückwirken. Es kann ohne Zweifel auch eine solche Gestaltung der Preußischen Politik gedacht werden, die es mit sich bringt, auf kühlem Fuße mit Frankreich zu stehen, wenn sich auch sichere Unterlagen für eine solche in der augenblicklichen Lage Europa's nicht erkennen lassen. Solange aber eine solche Politik nicht entschieden von uns adoptirt ist, dürfte es sich unter allen Gesichtspunkten empfehlen, unseren Beziehungen zu Frankreich jede Pflege angedeihen zu lassen, welchen nicht u n a b w e i s l i c h e Rücksichten entgegenstehen".

115. Eigenhändiger Bericht, betr. die Besprechung der Dänischen Frage mit dem Fürsten v. Gortschakoff und Herrn v. Bülow. Bemühungen in Betreff einer Zusammenkunft Napoleon's mit dem König von Preußen und dem Kaiser von Rußland. Bedeutung derselben für Preußens Stellung in Deutschland. Principielle Opposition Österreichs gegen Preußen. Haltung der Kreuzzeitung gegenüber Frankreich und Österreich. Stimmung des Kaisers Alexander in Betreff Österreichs und einer Tripel-Allianz Preußens, Rußlands und Frank-

reichs, sowie Auslassungen des Fürsten Gortschakoff hierüber. Einladung des Herrn v. Bismarck zum Besuch des Kaisers Alexander
und zur Jagd nach Schweden. Decorirung des Französischen Ge-
sandtschaftspersonals in Bern durch Preußen. Erklärung für die
Schwenkung Württembergs nach Österreich. 3. Juli 1857.

„Ew. Excellenz beehre ich mich in Fortsetzung meines gestrigen Schrei- 1857
Juli 3.
bens[1]) noch Nachstehendes vorzutragen.

Ich besuchte vorgestern den mir als früherer College in Frankfurt bekannten Fürsten Gortschakoff, und traf bei ihm mit Herrn von Bülow von hier
zusammen. Das Gespräch kam natürlich auf die Dänische Frage,[2]) und ich
setzte meine Ansicht etwa in Folgendem auseinander, was ich indessen Ew.
Excellenz gegenüber nicht in allen Punkten als meine wirkliche Meinung gebe,
sondern theilweis mit Rücksicht auf jene Herren vorbrachte. Preußen hat
ebensowohl wie Rußland das Interesse, die Dänische Monarchie in ihrem
Territorialbestande erhalten zu sehen, weil Alles, was an ihre Stelle treten
könnte, für uns unbequemer wäre, als das heutige Dänemark, sobald es ver-
ständig regiert wird. Die Gesammtverfassung ist aber kein erhaltendes Band
für den Dänischen Staat, sondern ein zersetzendes Element, welches die Trennung zwischen Deutschen und Dänen durch Reibungen fördert, und den Staat
unfähig macht, Europäische Krisen zu überdauern. Um Dänemark zu kräf-
tigen, müsse die Gesammtverfassung und mit ihr die Herrschaft der Demokratie
fallen. Herr von Bülow gab dies, als mit seiner Privatansicht, vielleicht auch
mit der einiger der Dänischen Minister übereinstimmend, im Allgemeinen zu,
meinte aber, daß man der Regierung Zeit lassen müsse, um ein Programm
der Art zur Reife und eine conservative Herrschaft zur Entwickelung zu bringen;
versuche man, die letztere durch eine Pression von außen zu zeitigen, so werde
man Unruhen in Copenhagen und in Folge derselben fremde, namentlich
Englisch-Französische Einmischung herbeiführen. Das Bemerkenswertheste in
den Äußerungen des Fürsten Gortschakoff war, daß der Schlüssel der Position
in den Händen der Gräfin Danner[3]) liege, et si on s'assurait d'elle en lui
assurant un avenir, so bedürfe es gar keines Regierungswechsels (von dem
jetzt gerüchtweise so oft die Rede sei), um mit dem jetzigen König alle wün-
schenswerthen Änderungen durchzusetzen, ohne daß es zu Unruhen oder Ein-
mischungen zu kommen brauche. Herr von Bülow begleitete diese Rede mit
einem Kopfnicken, welches eine diplomatische Mitte zwischen Nachdenken und
Beifall hielt. Schließlich stellte mir Fürst Gortschakoff vor, wie wünschens-

---

1) Gemeint ist das in Band III, Urkunde 70 abgedruckte eigenhändige Privatschreiben
des Herrn von Bismarck, betreffend die Haltung Österreichs in der Holsteinschen Frage.
2) cf. oben S. 255.
3) cf. Band III, S. 97.

1857
Juli 3.

werth es sei, der letzten Dänischen Mittheilung[1] gegenüber keine heftigen und unerwarteten Schritte zu thun, sondern erst zu sehen, wie sich die Beziehungen zwischen den Holsteinschen Ständen und der Regierung praktisch gestalten würden.

Graf Montessuy[2] hat einige Zeit in Paris zugebracht. Seine Äußerungen bestätigen von neuem meine eigenen Wahrnehmungen, daß der Kaiser Napoleon ein Zusammentreffen mit Sr. Majestät und mit dem Kaiser Alexander lebhaft wünscht, aber nicht recht wagt, explicite Schritte dazu zu thun, weil er fürchtet, daß das Bekanntwerden derselben von seinen Gegnern mißbraucht werden würde, um ihn der Französischen Eitelkeit als einen Bittenden um Zulassung in vornehme Gesellschaft darzustellen. Meinem hiesigen Collegen von Frankreich läßt der Kitzel, sich ein Verdienst um die Zusammenkunft zu erwerben, ohne sich zu compromittiren, keine Ruhe. Gleich nach seiner Rückkehr hat er zu mir und Herrn von Fonton[3] in dem Sinne gesprochen; er habe keine Aufträge, aber er sei überzeugt, daß es dem Kaiser sehr lieb sein werde; durch Herrn von Moustier[4] seien Nachrichten gekommen, daß auch Se. M. der König dafür gestimmt sei; er habe gehört, daß durch Hatzfeldt eine Einladung des Kaisers Napoleon zu unseren Manövern, oder zu einem Zusammentreffen jetzt in Süddeutschland erfolgt sei oder doch erwartet werde; kurz er steckt voller »on dit« über dieses Thema, hält aber nicht Stand, wenn man ihn genauer fragt. Mit Fonton führt er ähnliche Reden; derselbe nahm sie Anfangs kühl auf, sagte, er laufe Gefahr, die Empfindlichkeit des Fürsten Gortschakoff zu erregen, wenn er sich auf die Erörterung einlasse; dann theilte er mir Montessuy's Bemühungen mit, und sprach von der Schwierigkeit, welche die Rang- und Etikettenfrage bei solcher Begegnung darbieten würde. Ich fragte vorgestern den Fürsten Gortschakoff, ob er auf eine Zusammenkunft beider Kaiser rechne; er sagte, sie sei nicht unmöglich, da sein Kaiser bis zum 22. in Kissingen bleibe; sie würde ihm, und er glaube auch dem Kaiser zur größten Freude gereichen, da die persönlichen Beziehungen beider Monarchen vermöge ihrer direkten Correspondenz ganz ausgezeichnete seien; Schritte, um eine Zusammenkunft herbeizuführen, könnten aber nach allen Avancen, die Rußland an Frankreich gemacht habe, nicht von ersterem ausgehen; die Rangfrage müsse man sich selbst überlassen, wenn man sie vorher bespreche, werde sie schwierig. Er sprach lange und viel über das Thema, über die örtlichen Möglichkeiten, wo man sich treffen könne; das Leichteste schien ein Gegenbesuch des Kaisers Napoleon in Stuttgart, von dort ein Besuch bei der Kaiserin-

---

1) cf. Band III, S. 134, Note 1.
2) cf. oben S. 241, Note 1.
3) cf. oben S. 246, Note 3.
4) Marquis de Moustier, Französischer Gesandter in Berlin.

Mutter in Wildbad.[1]) Im Ganzen hatte ich den Eindruck, daß er mit Sicherheit auf die Verwirklichung rechnet, entweder weil er glaubt, der Französische
Kaiser werde es nicht laffen können, auch ohne daß Rußland neue Avancen
mache, oder, was mir noch wahrscheinlicher wurde, weil die ganze Sache schon
arrangirt und a b g e m a ch t ist, und Gortschakoff mir nur den Eindruck laffen
wollte, als warte Rußland ruhig das Entgegenkommen Frankreichs ab. Wenn
meine Vermuthung richtig ist, so darf ich annehmen, daß auch wir der Verabredung nicht mehr fremd find, und wünsche uns Glück dazu.

Es ist dringend zu wünschen, daß wir in Deutschland wieder eine gewich-
tigere diplomatische Position gewinnen, indem fich durch eine solche Begegnung
der drei Monarchen der Schatten einer möglichen künftigen Allianz an der
Wand zeichnet. Die rückfichtslose Dreiftigkeit, mit der jetzt wieder Sachsen,
Württemberg und sogar Hannover in der Raftatter Frage gegen uns Partei
nehmen,[2]) anftatt doch wenigftens auf vermittelnde Verhandlungen und Ver-
ständigungen hinzuwirken, ist wirklich recht geeignet, Öfterreich in seinem Sy-
ftem, uns zu majorifiren, anftatt uns zu gewinnen, zu beftärken.

Unter der mir heute von Ew. Excellenz zugegangenen Expedition ist ein
Bericht von Zschock[3]) aus Stuttgart; derselbe läßt fich, wie es scheint, durch
den Vorwurf verblüffen, daß wir principielle Opposition gegen Öfterreich
machten; er hätte erwidern sollen, daß Öfterreich principielle Opposition gegen
uns macht; Öfterreich tritt erobernd auf gegen unsere Position in Deutschland,
und man will uns vorwerfen und übelnehmen, daß wir uns vertheidigen, ftatt
daß man uns beiftehen, und Öfterreich vorhalten sollte, daß es den Deutschen
Bund muthwillig sprengt, wenn es fortfährt, Preußen mit Bundesmajoritäten
unterdrücken zu wollen.

Die Kreuzzeitung könnte auch etwas Klügeres thun, als in den Chorus
der sittlichen Entrüstung Öfterreichischer Blätter über angebliche Provocation
Französischer Einmischung in Deutsche Fragen einzuftimmen; sie sollte lieber
Öfterreich in's Gewissen reden, daß es Frieden mit uns sucht und hält, anftatt
uns überlaufen zu wollen. Diese Theoretiker reden, als ob Öfterreich gar kein
Ausland mehr für Preußen wäre, und als ob wir vollftändig in Präfidial-
Deutschland aufzugehen hätten. Nicht durch das Bücken vor Öfterreichischer
Anmaßung, sondern dadurch, daß wir die Zähne zeigen und auf die n o th-
w e n d i g e n Confequenzen einer schlechten Behandlung Preußens offen aufmerksam machen, werden wir zu bessern Verhältnissen in Deutschland kommen
können.

In Betreff Öfterreichs, sagte Fürst Gortschakoff, sei die Stimmung des

1) Kaiserin A l e x a n d r a Feodorowna, des Königs Friedrich Wilhelm III. von Preußen
Tochter, Mutter des Kaisers Alexander II. von Rußland.

2) cf. oben S. 259 und die in Band III über diese Frage abgedruckten Urkunden.

3) von Zschock, Geschäftsträger bei der Preußischen Gesandtschaft in Stuttgart.

Kaisers Alexander dieselbe, wie zur Zeit der Krönung; die Worte Österreichs würden die, in Folge der Österreichischen Politik natürliche Kälte Rußlands nicht ändern, mit Phrasen lasse man sich nicht abspeisen, und Rußland werde nicht mehr die dupe einer angeblichen Solidarität des „Österreichischen" Conservatismus sein; Frankreich werde, solange sein jetziges System dauere, naturgemäß den von Österreich leer gelassenen Platz einnehmen, und die Verbindung von Rußland, Preußen und Frankreich werde, an Stelle der früheren Allianz, den Frieden Europas erhalten, und dem Österreichischen Ehrgeiz im Orient und in Deutschland Schranken stecken. Den Gedanken dieser Tripel-Allianz formulirte er sehr rondement als Ziel seiner Wünsche, nannte dann auch England gelegentlich als Vierten im Bunde, und sprach von demselben \ bei Weitem nicht mit der Abneigung wie von Österreich.

Was von dieser, noch sehr in Details über den Charakter höchster Personen eingehenden Unterhaltung nur für mich, und was aus Überzeugung gesprochen wurde, vermag ich nicht zu sagen; aber viel Vortheil konnte er sich weiter nicht davon versprechen, mir diese Ansichten als die Seinigen aufzubinden, wenn er sie nicht wirklich hatte. Er fragte mich, ob ich nicht einen Besuch in Kissingen machen würde, da der Kaiser mich noch nicht kenne; ich konnte nur erwidern, daß ich es gern thun würde, wenn meine hiesigen Geschäfte es gestatteten.

Für den Monat August hat mich der Prinz Friedrich von Hessen auf 14 Tage zur Jagd nach Schweden eingeladen; da wir alsdann voraussichtlich Ferien haben, so würde ich gern hingehen; er sagt mir, daß außer dem Prinzen von Dänemark einige Sommitäten der politischen Welt des Nordens, Baron Blixen [1]) und Andere dort sein würden. Ich kann also manche Gelegenheit zur Information dabei haben.

Von einem Mitgliede der Französischen Gesandtschaft in der Schweiz ist mir gelegentlich die Frage gestellt worden, ob die Herren bei Wiederaufnahme unserer diplomatischen Beziehungen zur Schweiz von uns decorirt werden würden; ich sagte ihm, daß alle bei dergleichen Vertretungen übliche Ehren ohne Zweifel gewährt werden würden. Der erste dortige Secretair, Tillos, ist einer der ältesten, wenn nicht der älteste premier sécrétaire im Französischen Dienste, dabei ein Mann von Fähigkeit und mit Deutschen Verhältnissen von der Universität her vertraut, so daß ihm wohl später Verwendung im Deutschen Dienste bevorsteht; ich möchte ihn deshalb der Berücksichtigung empfehlen. Einer der Secretaire ist kürzlich nach Amerika versetzt".

Postscriptum.

„Was Herr von Zschock [2]) über den Eindruck unserer „principiellen Oppo-

---

1) cf. unten S. 298 und 302.
2) cf. oben S. 283, Note 3.

sition gegen Österreich" in Württemberg sagt, ist deshalb, wenn es wahr ist, merkwürdig, weil der König von Württemberg und Herr von Hügel [1] bisher und in den letzten zwei Jahren gegen mich und Andere jederzeit nur im Sinne der heftigsten Gereiztheit gegen Österreich gesprochen haben. Sollte in Stuttgart vielleicht etwas über Bayerische Besprechungen mit Frankreich, bei Gelegenheit des Besuchs des Königs in Paris, verlautet haben, wodurch Württemberg beunruhigt und zum Anschluß an Österreich bestimmt würde?"

*1857
Juli 3.*

116. **Eigenhändiger Bericht**, betr. die Benutzung der Reise des Kaisers Alexander zur Herstellung besserer Beziehungen zwischen Österreich und Rußland, sowie Scheitern dieses Versuches. Begrüßung des Kaisers durch einen Französischen General. Reisedispositionen des Ersteren. Wendung in der Politik Hannovers. Diplomatische Vertretung Preußens daselbst. Stimmung und Haltung des Königs Georg. Theorie von der ausschließlichen Berechtigung Österreichs zu einer selbständigen Politik. Consequenzen dieses Systems und Mittel zur Bekämpfung desselben. Berechtigung Frankreichs zu einer Meinungsäußerung in der Rastatter Besatzungsfrage. Dispositionen der Bundestagsgesandten in der Dänischen Frage. Fürst v. Metternich über Kossuth und Mazzini. 7. Juli 1857.

„Ew. Excellenz erlaube ich mir einige mit der Reise des Kaisers von Rußland zusammenhängende Nachrichten mitzutheilen.

Juli 7.

In meinem früheren Schreiben meldete ich, daß Graf Buol gegen Graf Rechberg die Absicht geäußert hatte, die Reise des Kaisers Alexander zur Herstellung besserer Beziehungen zwischen Österreich und Rußland zu benutzen. Aus sicherster Quelle habe ich über die Art, wie dieses versucht worden ist, Folgendes in Erfahrung gebracht.

Als Graf Rechberg in der Woche nach Pfingsten ostensibel zum Besuche seines Bruders [2] nach Württemberg ging, hat er im Auftrage seines Cabinets dem König von Württemberg die Bitte vorgetragen, der Vermittler Österreichs bei dem Kaiser Alexander zu sein, und der Erstere hat es übernommen, auf Letzteren in dem gewünschten Sinne einzuwirken. Bei der Anwesenheit des Kaisers in Wildbad ist dies jetzt geschehen, aber ohne den gewünschten Erfolg. Der Kaiser hat auf die Vorstellungen des Königs, welche ihre Begründung vorzugsweise den von der Revolution und eventuell von Frankreich drohenden Gefahren entnommen haben, erwidert: Er hege keine feindseligen Gesinnungen gegen Österreich, habe aber auch keinen Anlaß zu intimeren Sympathien, und

---

1) Freiherr von Hügel, Württembergischer Minister der auswärtigen Angelegenheiten.
2) Albert Graf von Rechberg, erbliches Mitglied der Kammer der Standesherren in Württemberg, Haupt des gräflichen Hauses Rechberg und Rothenlöwen.

bevor von einer Annäherung Rußlands an Österreich die Rede sein könne, müsse er andere „Garantien" für die Österreichische Politik haben als bisher. Wenn aber auch Österreich bereit wäre, diese Möglichkeit zu gewähren, so werde sich der Kaiser Alexander doch »à tout jamais« nicht wieder auf eine Allianz zu Dreien mit der Frontstellung gegen Frankreich einlassen. Fürst Gortscha-koff hat sich dann gegen den König von Württemberg noch weiter darüber aus-gesprochen, daß Rußland bestrebt sein werde, mit Preußen und Frankreich in enge Beziehungen zu treten, welche darauf berechnet seien, den Frieden und das Recht in Europa gemeinschaftlich aufrecht zu erhalten; wenn Österreich später das Bedürfniß fühlen sollte, zur Vertretung derselben Grundsätze jener Verbindung als Vierter beizutreten, so werde Rußland sich dem nicht wider-setzen. Der König von Württemberg selbst hat seinen, für die Verständigung Österreichs mit Rußland unternommenen Versuch als complètement raté be-zeichnet.

Ew. Excellenz werden wohl schon von Baden aus erfahren haben, daß der General Newbel auf telegraphischen Befehl des Kaisers Napoleon sich zur Begrüßung des Kaisers von Rußland dort eingefunden, und das Be-dauern des Ersteren darüber ausgedrückt hat, daß er nicht früher gewußt habe, wie nahe der Kaiser von Rußland der Französischen Grenze gekommen, und ihn daher nur durch den General begrüßen könne. Der Kaiser Alexander hat er-wiedert, daß sein Entschluß, nach Baden zu gehen, ein ganz plötzlicher ge-wesen, und daß es ihm sehr leid thue, nicht schon bei dieser Gelegenheit die persönliche Bekanntschaft des Kaisers der Franzosen haben machen zu können.

Nach einigen mir von Eisenbahnbeamten in Betreff der Circulation und Aufstellung der Hofwagen und sonst zugehenden Notizen glaube ich annehmen zu dürfen, daß der Kaiser Alexander bereits zu Ende dieser Woche wieder hier durch auf der Bahn nach Heidelberg passiren wird, also vermuthlich am 13. zum Geburtsfest der Kaiserin-Mutter [1] in Wildbad ist.

Die letzten Nachrichten aus Hannover sind sehr eigenthümlich; ich höre, daß die Wendung zu Österreich persönliche Politik des Königs Georg, im Widerspruch mit Platen's Ansicht ist, vielleicht das Werk Zimmermann's, [2] der sowohl den König wie Platen beherrscht. Mein Hannoverscher College hier bemerkte dazu, daß Österreich der einzige Hof sei, der einen Gesandten in Han-nover habe; [3] die von Preußen, [4] Rußland [5] und Frankreich [6] seien fort;

1) cf. oben S. 283, Note 1.

2) Zimmermann, Geheimer Regierungsrath, demnächst Staatsrath, Generalsecretair des Hannoverschen Gesammtministeriums.

3) Der bereits mehrfach genannte Graf von Ingelheim.

4) August Graf von Nostitz, General der Cavallerie, in außerordentlicher Mission beglau-bigt (22. November 1850).

5) von Fonton. cf. oben S. 248, Note 3.

6) Graf von Reculot.

von Letzterem hörte ich dabei, daß ſeine Stellung ſehr ſchlecht ſei, er ſich viel 1857
Feinde mache, und Politik auf eigene Hand zu treiben ſuche; ſo habe er in Juli 7.
der Neuenburger Sache gegen uns operirt, im Widerſpruch mit ſeiner Regierung. Es ſei für uns ſchlechterdings nothwendig, einen ſtändigen Geſandten
in Hannover zu haben, wenn wir Einfluß dort behalten wollten; Yſenburg[1],
habe den beſten Willen, ſei aber durch Mangel an Stellung und Vermögen
ebenſoſehr wie durch das Bedürfniß, ſich die perſönlichen Sympathien in
Hannover und die Ausſicht auf die Nachfolge bei Noſtitz's Abgang zu erhalten,
an einem feſten Auftreten verhindert.

Ein Maßſtab für die Gefühle, welche König Georg uns und Öſterreich
widmet, liegt in der Verſchiedenheit, mit welcher der Fall des Jahdebuſens[2]
und der von Raſtatt aufgefaßt wird. Für die Entwickelung deutſcher Wehr-
kraft zur See läßt ſich noch patriotiſcher argumentiren, wie für die Öſterreichiſche Vertheidigung Raſtatts, und letzteres iſt in ganz anderem Sinne ein
Zwing-Uri für den Südweſten, als die Jahde für den Nordweſten Deutſchlands. Die Redensarten von der Franzöſiſchen Einmiſchung liefern dem König von Hannover einen willkommenen Vorwand, ſich in dem Dilemna zwiſchen uns und Öſterreich in anſcheinend ſittlicher Entrüſtung auf die Seite
des Letzteren zu ſchlagen. Es ſcheint, daß die Deutſchen Staaten ſich gewöhnen,
nur Öſterreich als hinreichend ſouverain zu betrachten, um ihm eine ſelbſtän-
dige Politik zu geſtatten, an die ſich dann Preußen jederzeit anſchließen muß,
bei Strafe für „undeutſch" erklärt zu werden. Wenn wir uns durch derartige
Theorien meiſtern laſſen, ſo werden wir bis zu einer Linie gedrängt werden,
an der wir den Bund nicht mehr halten können, wenn wir uns nicht ſelbſt
aufgeben wollen. Zeigen wir aber die Entſchloſſenheit, uns das Recht der
ſelbſtändigen Politik und der entſcheidenden Einwirkung auf die Geſchicke
Deutſchlands durch jedes Mittel zu erhalten, ſo wird die Einigkeit Deutſchlands feſter werden, indem die Überhebung Öſterreichs und der Mittelſtaaten
aufhört, unſere Stellung im Bunde unhaltbar zu machen. Ich will damit
nicht ſagen, daß ſie ſchon unhaltbar wäre; ſollten wir aber berufen ſein, innere oder äußere Stürme zu beſtehen, ſo macht es, bei einer eitlen Nation, wie
wir ſind, einen bedenklichen Unterſchied, ob vermöge der auswärtigen Stellung, die wir haben, das Preußiſche Nationalgefühl gedrückt oder befriedigt
iſt; das Eine oder das Andere wird es heut zu Tage ziemlich genau in dem
Verhältniß ſein, in welchem man im Lande glaubt, daß wir abhängig oder
unabhängig von Öſterreich uns bewegen, und ich zweifle nicht, daß es unſeren
inneren Zuſtänden wohlthun würde, wenn ſich im Lande der Eindruck auf-
friſchte, daß die Regierung eine feſte Stellung Öſterreich gegenüber einnimmt.

1) cf. oben S. 249, Note 1.
2) Im Jahre 1853 erwarb Preußen von Oldenburg zwei kleine Landſtreifen am Jahde-
buſen zur Anlage eines Kriegshafens.

1857
Juli 7.

Sehr schlagend ist die Äußerung des Grafen Walewski [1]) gegen Baden,
daß es ihn überrasche, dieselben Regierungen, welche über den Durchmarsch
der Preußen nach der Schweiz [2]) in Paris angefragt hätten, jetzt so empfind-
lich darüber zu sehen, daß Frankreich seine Ansicht über die Festsetzung Österreichs in Baden äußere.

In Betreff der Dänischen Frage [3]) ist hier bei den Gesandten von Österreich, Sachsen, Württemberg, Baden, beiden Hessen, Luxemburg, Nassau, der
16. Stimme und natürlich Holstein nicht der mindeste Eifer zu spüren, sie
bald an den Bund gebracht zu sehen, man fürchtet, daß die öffentliche Meinung die Thatsache überschätzen, sich zu großen Erwartungen aufregen und
der Bund diesen alsdann nicht entsprechen könne und vermöge der Ent-
täuschung im Ansehen leiden werde. Die Collegen von Hannover, Mecklenburg, Weimar, Oldenburg, den Freien Städten sind schon bereiter als Jene,
Dänischen Übergriffen entgegenzutreten; der von Bayern spricht in jüngster
Zeit weniger davon als sonst.

Vorgestern besuchte ich den alten Metternich [4]) auf dem Johannisberg; ich
finde ihn körperlich sehr, geistig wenig verändert seit fünf Jahren; er sprach
fast nur von längst vergangenen Zeiten, das einzige Thema der Gegenwart,
auf welches er einging, war eine Parallele zwischen Kossuth [5]) und Mazzini, [6])
man habe Programme und politische Briefe von Beiden in neuester Zeit aufge-
fangen, in welchen Beide sich bekämpften. Mazzini wolle Italien durch stets
wiederholte Attentate in Aufregung erhalten, Kossuth rathe, im Stillen zu
wirken, bis man sich stark fühle und bis die Gelegenheit einträte. Der Fürst
erklärte Mazzini und sein Programm für albern und für die Regierungen
ebenso nützlich, als die fingirten Attentate auf Louis Philipp; Kossuth dagegen
für einen großen und höchst gefährlichen „Staatsmann der Revolution".

117. Eigenhändiger Bericht., betr. die Haltung Österreichs in der Dä-
nischen Frage. Besuche Deutscher Fürsten bei dem Kaiser Napoleon.
Reisedispositionen des Kaisers Alexander. 10. Juli 1857.

Juli 10.

„Ew. Excellenz erlaube ich mir in Bezug auf die Dänische Frage [7]) anzuzeigen, daß, nach einer heute an Graf Montessuy aus Paris eingegangenen
Benachrichtigung, Österreich dort bereits erklärt hat, daß ihm die letzte Dä-

---

1) cf. oben S. 256, Note 3.
2) cf. Band III, S. 63 und 67 ff.
3) cf. oben S. 288.
4) cf. oben S. 37, Note 1.
5) cf. oben S. 154, Note 1.
6) cf. oben S. 247, Note 2.
7) cf. oben Note 3.

nische Rückantwort[1]) nicht von der Art zu sein scheine, daß die Deutschen Mächte genöthigt wären, die Frage nunmehr an den Bund zu bringen. Österreich werde vorziehen, die Berufung der Holsteinschen Stände abzuwarten; es komme daher lediglich darauf an, ob Preußen derselben Ansicht sei.

Ich höre, daß der Großherzog von Darmstadt die Absicht hat, den Kaiser Napoleon in Plombières zu besuchen, und der König von Württemberg sich später zu ihm nach Biarritz begeben wird; die erstere Angabe ist aus einer gut unterrichteten Quelle, die andere von der Königin von Württemberg selbst.

Der Kaiser Alexander wird, wie ich schon in meinem letzten Schreiben[2]) andeutete, die Kaiserin-Mutter zum 13. cr. in Wildbad besuchen; er wird übermorgen, am Sonntag, hier bei Herrn von Fonton diniren und am Abend in Wildbad eintreffen. Auf den 14. Abends ist hier Quartier für die KaiserinWittwe bestellt, welche am 14. oder 15. ankommen und von hier zunächst nach Weimar fahren will".

118. Eigenhändiger Bericht, betr. die Reisedispositionen des Herrn v. Bismarck. Copenhagen, 24. August 1857.

„Ew. Excellenz erlaube ich mir anzuzeigen, daß ich übermorgen, Mittwoch, Nachmittags in Berlin einzutreffen gedenke und meine Reise gern am Abend desselben Tages mit der Ostbahn fortsetzen möchte. Wenn es Ew. Excellenz Zeit erlaubt, so würde ich Ihnen bei dieser Gelegenheit über die hier erhaltenen Eindrücke mündlich Bericht erstatten, und werde ich übermorgen etwa um 5 Uhr nachfragen, ob und zu welcher Stunde ich im Laufe des Abends die Ehre haben kann, Ew. Excellenz aufzuwarten".

119. Eigenhändiger Bericht, betr. die Zusammenkunft der Kaiser von Österreich und Rußland in Weimar. Reisedispositionen des Kaisers Alexander und Zusammenkunft desselben mit Herrn v. Bismarck in Darmstadt. Beunruhigung der Deutschen Fürsten durch die Stuttgarter Monarchen-Zusammenkunft. Besuche Napoleon's in München und Darmstadt. Symptom für die Bedeutung eines Russisch-Französischen Bündnisses mit praktischem Ziele. Verbesserung der militairischen Stellung Preußens in Mainz. Ankunft des Prinzen von Preußen. 23. September 1857.

„Ew. Excellenz werden schon direkt durch den Telegraphen Kenntniß davon haben, daß der Kaiser von Österreich am 1. Oktober mit dem von Rußland in Weimar zusammentrifft. [3]) Es ist mir mit dem Beding mitgetheilt,

---

1) cf. oben S. 281, Note 1.
2) cf. Urkunde 117.
3) Über diese Kaiserzusammenkunft vergl. auch Band III, Urkunde 77.

gegen Niemand als die eigene Regierung etwas davon merken zu lassen; zugleich wurde die Besorgniß geäußert, der Kaiser Franz Joseph könne diese Begegnung in der Absicht angeregt haben, durch Zuziehung Sr. M. des Königs
zu derselben sie, der Stuttgarter Zusammenkunft[1]) gegenüber, zu einer Gegen-
demonstration im Sinne der heiligen Allianz zu benutzen. Fürst Gortschakoff
sagte mir, daß sein Kaiser, bei dem leicht erregbaren Mißtrauen des Französischen, jedenfalls Alles vermeiden wolle, was in jenem Sinne gedeutet werden
könne, und deshalb eine Zusammenkunst à trois, eine gleichzeitige Begegnung mit unserem Allergnädigsten Herrn und dem Kaiser von Österreich für
unthunlich halte. Der Kaiser von Österreich hat den von Rußland direkt um
eine persönliche Unterredung gebeten und Letzterer Weimar vorgeschlagen. Graf
Buol wird seinen Herrn nicht begleiten, sondern nur Graf Grünne.[2]) Von
Weimar wird der Kaiser Alexander am 2. Oktober um 6 Uhr früh nach Dresden fahren und von dort um 9 Uhr Abends in Potsdam eintreffen. In
Darmstadt habe ich ihn am Sonntag beim Thee der Großherzogin und Montag auf der Parade der Darmstädter Truppen gesehen. Das erste Mal sprach
er wieder sein Bedauern aus, daß Se. M. der König nicht nach Stuttgart
käme, bemerkte aber, daß der Großherzog sehr zufrieden mit dieser Gestaltung
sei, weil die Zusammenkunft ohnehin die Deutschen Fürsten beunruhige. Letzteres sagte mir Herr von Dalwigk[3]) auch und sprach sich schärfer antirussisch
zu mir aus, als ich unter jetzigen Umständen erwartete. Wenn er erst weiß,
daß der Kaiser von Österreich nach Weimar kommt, so wird er wohl wieder
einen anderen Ton anschlagen, wie nicht minder die Österreichische Presse, die
jetzt von allen Seiten das Horn bläst, um Deutschland zur „Wachsamkeit" auf-
zufordern. Von Bayern sind Anstrengungen gemacht worden, um den Kaiser
Napoleon zu bewegen, daß er seine Excursion bis München ausdehne, aber
bisher vergebens. In Darmstadt hofft man noch auf den Französischen Besuch
nach der Stuttgarter entrevue, kann aber nichts Sicheres über die Art der
Rückreise nach Frankreich in Erfahrung bringen. Der Französische Gesandte
sagte mir, daß sein Kaiser heute um 9 Uhr Morgens von Châlons abgefahren sei,
vermuthlich den Tag in Straßburg oder Metz zubringen und am 24. in Baden
sein werde. Rußland ist morgen 4 Uhr, Frankreich übermorgen 5 Uhr in
Stuttgart.

Der bloßen Thatsache einer Russisch-Französischen Zusammenkunft gegenüber hat man hier schon das Gefühl, daß der Deutsche Bund wackelt und alle
Bundesfragen bei den Collegen an Interesse verlieren; wie schnell würde die
ganze Bundesverfassung auf die Bedeutung historischen Materials herabsinken,

---

1) cf. Band III, S. 150.
2) cf. oben S. 78, Note 1.
3) cf. oben S. 103, Note 3.

wenn ein Bündniß mit praktischen Zwecken zwischen jenen Beiden erst wirklich 1857
vorläge!   Sept. 23.

Gerüchtweise sagt man hier, daß Bonin[1]) zum Commandirenden des
II. Armeecorps bestimmt sei; wenn das geschähe, so wäre wohl zu wünschen, daß er einen Nachfolger bekäme, der sich während der noch übrigen Zeit
des Preußischen Gouvernements der Frage wegen Verbesserung unserer dortigen militairischen Stellung[2]) ernstlich annähme, und mit Reitzenstein[3]) ver-
abredete, was wir dazu thun können.

Der Prinz von Preußen trifft heute Abend hier ein, und ich denke ihn
nach Baden zu begleiten, da mit der Abreise des Kaisers von Darmstadt die
Stille hier wieder eintreten wird".

120. Eigenhändiger Bericht, betr. den Zustand des Königs von Preußen. Holsteinsche Frage. Zumuthungen an den Bund aus Anlaß
der Pulverthurm-Katastrophe in Mainz. Kasernenbauten daselbst.
Mainzer Personalnotizen. Rastatter Besatzungsfrage. Frhr. v. Brunnow. Frhr. v. Budberg und Herr v. Fonton. Englische Beschwerde
über die Haltung des Herrn v. Bismarck in der Bentinck'schen Streitsache. 27. Dezember 1857.

„Ew. Excellenz danke ich für das Schreiben vom 22., welches mir durch Dez. 27.
den Depeschenkasten richtig zugegangen ist.

Ich begreife, daß man die Calamität, welche durch den Zustand der Gesundheit des Königs über das Land verhängt ist, in den Spitzen des staatlichen
Organismus am unmittelbarsten empfindet. Die Unabhängigkeit der einzelnen
Ressorts und der höchsten Vertreter eines jeden derselben hat sich bei uns her-
kömmlich in dem Maße ausgebildet, daß sie des vermittelnden und zusammen-
haltenden Momentes, welches in dem lebendigen Wirken der Königlichen Person liegt, nicht entbehren kann. Vom Prinzen ist letzteres nicht in dem erfor-
derlichen Maße zu verlangen, solange er nicht das Bewußtsein hat, nur Gott
und sich selbst für seine Regierungshandlungen verantwortlich zu sein, solange
ihm bei allen Entschließungen neben den eigenen Erwägungsgründen der Gedanke gegenwärtig bleiben muß, was der König dazu sagen werde, wenn er
die Regierung wieder an sich nimmt. Gegen diese partielle Lähmung und Un-
freiheit der Königlichen Gewalt giebt es aber in unserer gegenwärtigen Lage
kein Mittel. Die Übernahme der Regentschaft durch den Prinzen, auch wenn

---

1) von Bonin, General-Lieutenant, Vice-Gouverneur der Bundesfestung Mainz.
2) cf. unten S. 292 f.
3) cf. oben S. 207, Note 2. Freiherr von Reitzenstein, General-Lieutenant, Preußischer Erster Bevollmächtigter in der Bundes-Militaircommission, demnächst Vice-Gouverneur
der Bundesfestung Mainz.

derſelben weniger Gründe und Rückſichten entgegenſtänden als jetzt, würde
darin nichts ändern. Mit dem einen Rechtstitel ſeiner Geſchäftsführung ſo-
wenig als mit dem anderen würde der Prinz das Gefühl eventueller Verantwortlichkeit los werden, welches von lebendigerem, aus eigenem Ermeſſen
entſpringenden Eingreifen in etwaige Diſſonanzen der Regierungsorgane
abhält. Auch die Kammern können als ſolche darin nichts beſſern; wohl aber
bringt ihr Zuſammentritt eine Menge von neuen Perſonen auf die Bühne,
deren Geſammteinfluß ſich ſchwerlich in Förderung der Einigkeit und des gegen-
ſeitigen Vertrauens fühlbar machen wird. Ich würde deshalb ſchon aus eigenem
Intereſſe an der gemeinſamen Sache des Landes gern in Berlin anweſend ſein,
und wenn ich Ew. Excellenz auf Grund meiner mannigfachen Perſonalbezie-
hungen nützlich ſein kann, ſo komme ich ſehr gern, ſobald ich die Erlaubniß
dazu habe, und die hieſigen Geſchäfte nicht zu brennend werden, um mich los-
zulaſſen.

Die Holſteiner Sache [1]) wird nicht in ſo ſchnellen Sprüngen gehen, daß
ich in den Intervallen nicht Zeit hätte, abzukommen. Herr von Schrenk hat
den Berichts-Entwurf [2]) fertig, 80 enge Bogenſeiten; Abſchrift ſeiner Schlußanträge ſchicke ich heute mittelſt Berichts ein. Das Wort Schleswig kommt
in dem ganzen Referat nicht vor; die Berührung der ziemlich klaren Zuſagen
Dänemarks in Betreff dieſes Landestheiles, etwa in Form eines Vorbehaltes
bei der Motivirung, ohne daß es Gegenſtand des Beſchluſſes würde, hätte ich
wohl gewünſcht. Die Übergehung Schleswigs mit gänzlichem Schweigen wird
keinen guten Eindruck machen, und die allgemeine Erfahrung, daß man den
Mund voll nehmen ſoll, um etwas zu erreichen, wird auch hier anwendbar ſein.

Die Bundesfeſtungs-Angelegenheiten könnten mich eher periodiſch hindern, mich zu entfernen. Die Mainzer ſteht im Vordergrunde, aber ich glaube,
die Raſtatter wird noch brennender werden. Was erſtere anbelangt, ſo hat ſie
zwei Seiten, einmal die Schadloshaltung wegen der Exploſion, [3]) dann der
ſchon vorher betriebene Kaſernenbau. [4])

Die Anforderung der Mainzer an den Bund, und die Art, wie die Darmſtädter Regierung ſie unterſtützt und das Unglück mouſſiren läßt, iſt übertrieben.
Die ſämmtlichen Klein- und Mittelſtaaten, zuſammen volkreicher wie Preußen,
haben ungeachtet ihrer vielen Hofhaltungen und der verhältnißmäßig reichen
Dotation derſelben, ſehr wohlhäbige Finanzzuſtände; ſie ſparen es, im Vergleich mit uns, am Militairbudget. Sie haben nicht e i n e gute Landesfeſtung,
ſelbſt Bayern kaum, und Preußen hat an 25. Der Bund baut ihnen die
Feſtungen, erhält dieſe, giebt die Garniſonen her, die beiſpielsweiſe in Mainz

1) cf. oben S. 269.
2) cf. Band III, Urkunde 95.
3) cf. Band III, S. 178 ff.
4) cf. Band III, S. 228 f., 284 f., 292 ff. und 306 f.

seit 42 Jahren jährlich mindestens eine Million Thaler verzehren, und wenn ein Unglück eintrifft, soll der Bund auch noch vor den Riß treten. Wer würde Coblenz in ähnlichem Falle entschädigen? Und doch dient Coblenz so gut zum Schutze Deutschlands wie Mainz, nur mit dem Unterschiede, daß die Werke von Coblenz der Landesherr selbst bauen und unterhalten muß. Wo es sich um das Mitreden handelt, da ist jeder groß und selbständig, wo es an das Zahlen und Leisten geht, ist er klein und ruft die Mildthätigkeit des Bundes an, statt die geringe Summe von seinen eigenen Kammern zu fordern, um welche der Betrag der milden Beiträge von dem des Schadens überstiegen wird. Mir scheint es erniedrigend, daß wir durch die Österreichische Artillerie-Direktion von jeder Controle über das Pulver und dessen leichtsinnige Behandlung ausgeschlossen sind, und doch les pots cassés bezahlen sollen. Wir spielen dann etwas die Rolle des alten Herrn in der „Reise auf gemeinschaftliche Kosten", der schlecht ißt und logirt und stets für Alle bezahlt. Reitzenstein klagt sehr bitter über Bonin's[1] Verhalten in dieser Sache; anstatt die Gelegenheit zu benutzen, um das Österreichische Artillerie-Monopol unter Mitaufsicht Preußens und des Bundes zu bringen,[2] hat er die Hand geboten, einen Schleier über alles Unliebsame zu werfen, die Untersuchung Österreichischer Leitung überlassen und schließlich die Akten an Österreich ausgeliefert.

Man hört von allen Seiten hier das Urtheil bestätigen, welches in der Anlage des Briefes Ew. Excellenz über Bonin gefällt wird. Er ist eine Art von männlicher Coquette, hat das Bedürfniß, allen Leuten mundrecht zu sein, und namentlich die Anerkennung Österreichs zu erwerben. Das eigenthümliche Kaiserliche Handbillet an ihn vom 17. Dezember beweist, daß ihm letzteres gelingt, und macht einiges Aufsehen in den Preußischen Kreisen. Meines Dafürhaltens sollten wir die Mainzer Zumuthung an den Bund kühl und entschieden ablehnen. Denn von wem erwarten wir Dank dafür? Vom Mainzer Volk? Vom Bischof Kettler? Von der Darmstädter Regierung unter Dalwigk? Ersteres wird Niemand, Letztere nur Österreich, dem Anstifter des Schadens danken, der mit fremdem Gelde generös zu sein weiß. Wir haben keinen Pfennig „politischer Zinsen" von einer Freigebigkeit der Art zu erwarten. Und welche Consequenzen wird ein solcher Vorgang für alle Bundesfestungen haben! Jede wird sich für allen Schaden, der mit der Festungseigenschaft oder der Garnison zusammenhängt, als assecurirt durch den Bund betrachten.

Durch den Auftrag in Betreff des Kasernenbaues zu Mainz vom 22.[3]

---

1) cf. oben S. 291, Note 1.
2) Vergleiche hierüber auch Band III, S. 294, Note 1.
3) Am 22. Dezember 1857 ertheilte der Minister Frhr. von Manteuffel Herrn von Bismarck den Auftrag, das Projekt der Anlage einer Haupt-Citadelle auf dem Kästrich in Mainz schleunigst mit den General-Lieutenants Frhr. von Reitzenstein und von Bonin

war ich einigermaßen in Verlegenheit gesetzt; es wäre wohl interessant zu
wissen, wer den Gedanken von der Citadelle auf dem Kästrich angeregt hat;
wenn es von Jemand geschehen ist, der sich au courant der Mainzer militairischen Dinge befindet, so kann ich mich des Verdachts nicht erwehren, daß derselbe lieber Österreich dienen will als Preußen. Reitzenstein ist derselben
Ansicht und auch Bonin erklärte, wenigstens uns gegenüber, den Plan für
durchaus intempestiv und für den Todesstoß unserer Bauprojekte innerhalb der
Citadelle.

Die Mainzer Personalnotizen, welche Ew. Excellenz Schreiben beilagen,
müssen von einem urtheilsfähigen und zuverlässigen Mann herrühren; wenigstens bei den Leuten, die ich kenne, treffen sie durchaus zu.

Über die Rastatter Sache[1]) berichte ich ausführlich, sobald sie an den
Militairausschuß gelangt.[2]) Soll unser Verlangen auf Theilnahme an der
Besatzung geltend gemacht werden, so wäre es gut, daß es bald geschähe, ehe
die Instruktionen der anderen Gesandten definitiv feststehen. Die Truppen
dazu wären nach Reitzenstein's Meinung allein schon in Wesel disponibel, wo
5 Batterien ständen.

Daß Brunnow[3]) nach London kommen würde, ist, wie ich hier höre, schon
im Oktober entschieden worden; er selbst sprach mir damals bei meiner Abreise
in einer Weise davon, daß ich es für eine schon bekannte Sache nahm; doch
nur davon, daß er Berlin verließe und hoffe, man werde ihm London geben.
Er nahm schon damals vollständig Abschied von mir; ich sah Ew. Excellenz
nach dem nicht mehr, sonst hätte ich davon gesprochen, und ich schrieb nicht,
weil ich es für keine neue Nachricht hielt. Budberg[4]) als Nachfolger Gortschakoff's[5]) wäre wenig in unserem Interesse; er haßt uns im Grunde seiner Seele;
ich kann nicht sagen warum, denn er hat sich über Berlin wahrlich nicht zu
beklagen, und hat seine Carriere durch uns gemacht. Aber bei seiner Anwesenheit hier im Sommer hat er sich sehr antipreußisch ausgesprochen, etwa so wie
er zur Zeit von Erfurt über uns reden machte, und von seinen reisenden Landsleuten, die durch Wien gekommen sind, habe ich noch neuerdings Ähnliches
über ihn gehört. Über Fonton[6]) habe ich hier eine minder nachtheilige Ansicht
gewonnen, als Ew. Excellenz aussprechen. Sein Charakter ist wie der einer

---

näher zu besprechen, um nach Maßgabe der Rücksprache in der nächsten Sitzung der Bundesversammlung einen entsprechenden Antrag zu stellen. Vergl. auch Band III, S. 284,
Note 1.

1) cf. oben S. 259, Note 2.

2) cf. Band III, Urkunde 104, 105, 119.

3) Freiherr von Brunnow, Wirklicher Geheimer Rath, Russischer Gesandter in Berlin,
seit 1856.

4) Freiherr von Budberg, Geheimer Rath, Russischer Gesandter in Wien, seit 1856.

5) cf. oben S. 294, Note 4.

6) cf. oben S. 248, Note 3.

Frau, und obenein wie der einer südländischen; sehr heftig, aber ebenso leicht
besänftigt und dann gutmüthig wie ein Kind, in Privatsachen nämlich; arbeits-
scheu für gewöhnlich, aber sehr thätig und geschickt, sobald seine Theilnahme
oder seine Leidenschaft angeregt ist; leicht zu gewinnen und leicht zu verletzen
und für seine Freunde mit Eifer thätig; so war er es für Österreich und gegen
uns, als er in Wien war, so für Platen in Hannover. Er hat von hier aus
einen eminenten Einfluß auf die Entschließungen seines Cabinets, und macht
einen Theil der Aktenstücke in den großen Fragen. Die jüngste Note an Dänemark ist, wie mir sein Secretair sagt, lediglich auf seinen wiederholten Antrag
erlassen und bei den anderen Höfen communicirt, auch wörtlich von ihm verfaßt. Ich glaube, daß es von Einfluß ist, ihn zum Freunde zu haben, und er
hat Neigung, sich da anzuschließen, wo er accreditirt ist. Nach dem, was Ew.
Excellenz von ihm halten, wage ich kaum zuzureden, daß wir ihn für Berlin
zu gewinnen suchen, aber ich würde es beklagen, wenn wir ihn ausdrücklich
refüsirten und dadurch zu unserem Feinde machten, denn daß in Petersburg
wenig ohne seinen Rath geschieht, höre ich von mehreren glaubwürdigen Seiten. Die Noth an geschickten Leuten soll so fühlbar sein, daß man über Alles
hinwegsieht, was sich gegen ihn sagen läßt, und ihn als indispensable betrachtet, wie auch die Besetzung der höchsten Stelle sich verändern möchte.
Bubberg ist indessen sein Freund auch nicht. Bei dem Rangstreit[1] habe ich
allerdings nur von seiner Seite lebhafte Erörterungen mit ihm gehabt; er
war von Anderen aufgereizt, sah aber am anderen Tage aus freien Stücken
ein, daß ich Recht hatte, besuchte mich, und war dann unser bester Advokat bei
seinen Collegen von Frankreich und Belgien. Im Ganzen kann ich mir keinen
Besseren an seiner Stelle wünschen; nur möchte ich, daß sein Privatleben,
obschon er gesellschaftlichen Anstoß vermeidet, sich unseren Norddeutschen Be-
griffen mehr anbequemte.

Die Englische Beschwerde über mein Verhalten in der Bentinckschen
Frage[2] hat mich überrascht; es muß viel Österreichische Verhetzung dabei
sein, sonst begreife ich nicht, wie dergleichen geschehen konnte. Es ist ein ganz
unerhörter Fall, daß eine fremde Regierung eine vertrauliche und nicht proto-
kollirte Discussion im Schoße der Bundesversammlung, von der sie ehrlicher
Weise gar keine Kenntniß haben kann, zur Grundlage amtlicher Schritte nimmt.
Der zeitige Geschäftsträger Edwards war heute in Folge der Sache bei mir,
nachdem ihm Bloomfield's[3] Bericht über seine Unterredung mit Ew. Excellenz

---

[1] Gemeint ist der Streit über den Rang der Bundestagsgesandten unter sich und
im Verhältniß zu den Gesandten der fremden Großmächte in Frankfurt a. M. cf. Band III,
S. 163 ff.

[2] cf. Band III, S. 189 ff. und 195 ff.

[3] Lord Bloomfield, Großbritannischer Gesandter in Berlin.

zugesandt worden. Ich habe zu ihm in demselben Sinne gesprochen, wie ich unter dem 26. November [1]) an Ew. Excellenz berichtete".

121. Eigenhändiger Bericht, betr. die Beurtheilung der Vermählungsfeier des Prinzen Friedrich Wilhelm von Preußen in Frankreich. Abwesenheit des Englischen Gesandten. Veränderungen in der Russischen Diplomatie. Rücktritt des Ministers Graf v. Bülow und Ernennung des Herrn v. Oertzen zu seinem Nachfolger. Haltung des Journal de Francfort bei Besprechung des Pariser Attentats. Graf v. Rechberg über die Österreichische Politik. Frhr. v. Blixen über die Holsteinsche Frage. 22. Januar 1858.

— — „Die Äußerungen meines Französischen Collegen sind nicht frei von Beunruhigung über den Umfang und die Lebhaftigkeit der freudigen Theilnahme in Preußen an der Vermählung des jungen Prinzen. [2]) Auch in officiösen Pariser Zeitungscorrespondenzen äußern sich analoge Empfindungen. Die Franzosen haben keine recht klare Vorstellung von unseren Beziehungen zwischen Fürst und Volk und von deutschem Familienleben, auch in höchsten Kreisen. Die Anwesenheit der ganzen Königlichen Familie in London macht ihnen den Eindruck einer politischen Demonstration, und die Theilnahme Preußens für seine künftige Königin erscheint ihnen wie ein entfesselter Durchbruch nationaler Sympathie für England.

Daß mein Englischer College [3]) von hier abwesend ist und von England also gar nichts zur Feier des Tages hier geschieht, fällt etwas auf. Er ist in Italien und kommt vielleicht am Montag wieder.

Die Ernennung Budberg's [4]) hat bei den hiesigen Russen so überrascht, daß man sie Anfangs gar nicht glauben wollte. Fonton erklärt sie sich dadurch, daß Budberg in Wien zu viel eigene Politik mit Österreich gemacht, und Fürst Gortschakoff ihm dieses Terrain habe entziehen wollen. Es scheint, daß Fonton gern nach Berlin gegangen wäre, aber nicht nach Wien, wo ihm seine Bitterkeit gegen Österreich in der jüngsten Zeit die Praxis verdorben hat. Er sagte mir, daß zur Zeit der Ernennung des Fürsten Gortschakoff in Petersburg als zweite Alternative ein Ministerium Orloff [5]) mit Budberg als Staatssecretair und faiseur für das Auswärtige daneben, aufgestellt worden sei, diese

---

1) cf. Band III, Urkunde 87.
2) cf. unten S. 298, Note 3.
3) Sir Alexander Malet.
4) cf. oben S. 294, Note 4.
5) Fürst Orloff, General-Adjutant und General der Cavallerie, Präsident des Reichsrathes, seit 5. April 1856, auch mit dem Vorsitz des Minister-Rathes beauftragt, cf. oben S. 171, Note 1.

Combination aber jetzt als todt und ohne Chance der Auferstehung angesehen
werde.

Bekannt wird Ew. Excellenz wohl schon sein, daß Graf Bülow in Schwerin[1]) Gesundheits halber zurücktritt; d. h. er will versuchen, ob er es noch etwas über ein Jahr durchführen kann, was ihm einen Pensions-Unterschied von 4000 Thlr. machen soll. Als sein Nachfolger wird mit Bestimmtheit von allen Seiten mein hiesiger College Oertzen[2]) genannt; ein achtbarer, ruhiger Charakter, etwas pedantisch und juristisch, aber ehrlich und zuverlässig, und bisher, wie sich auch in Abstimmungen vielfach zeigt, Preußisch, soweit es ein Mecklenburger von der ritterschaftlichen Partei sein kann. Er war es 1850 bis 51 nicht, aber eine siebenjährige Beobachtung der Österreichischen Politik hier an Ort und Stelle hat ihn wesentlich umgewandelt, und ich glaube, wir können seine Ernennung zum Minister, wenn wir Einfluß darauf haben, dreist befürworten.

Die Eindrücke des Pariser Attentats[3]) boten hier nur eine bemerkenswerthe Seite. Das Journal de Francfort, welches bekanntlich seit vorigem Jahre durch einen Vertrag mit Herrn von Brints[4]) direkt unter der Leitung des Wiener Preßbüreaus steht, brachte in der ersten Nummer, in welcher es das Attentat besprach, ich glaube am 18. oder 19. er., zwei ohne Zweifel aus Wien stammende Artikel, welche nicht nur sofort für das Englische Asylrecht in die Schranken traten, sondern mit unangenehmen Spitzen für den Kaiser Napoleon durchwirkt waren, die sich gerade bei dieser Gelegenheit übel ausnahmen. Dem gegenüber äußerte Graf Rechberg laut seine Entrüstung über das Blatt, schrieb die Wiener Artikel Mazzini[5]) und seinen Genossen zu, und schürte den schon heftigen Zorn des Grafen Montessuy[6]) gegen Brints, der mit der Miene gekränkter Unschuld die Vorwürfe Beider schweigend anhörte. Frankreich wird wahrscheinlich bei den Behörden der Stadt gegen das Blatt reklamiren.

Auch bei einer Unterredung mit mir über »quid faciamus nos«[7]) ließ Graf Rechberg seiner Kritik der Österreichischen Politik einigermaßen den Zügel und sprach für bessere Verständigung mit Preußen. (Gegen einen ihm befreundeten Partikulier hat er Österreichs Verhalten in der Neuenburger Frage[8]) eine

<hr>

1) Hans Adolph Carl Graf von Bülow, Mecklenburgischer Minister des Auswärtigen und des Innern, seit 12. April 1850.

2) Eine Charakteristik dieses Gesandten cf. Band III, Urkunde 144.

3) Attentat des Italieners Orsini gegen Napoleon am 14. Januar 1858.

4) cf. oben S. 184, Note 4.

5) cf. oben S. 247, Note 2.

6) cf. oben S. 241, Note 1.

7) »Quid faciamus nos« 1858 anonym in Berlin bei Schneider erschienen, behandelte in geistvoller Weise insbesondere die augenblickliche politische Situation Preußens, seine Donaupolitik, die Allianzen Preußens mit Rußland, Frankreich und England, Preußens Verhältniß zu Österreich, das Deutsche Staatensystem und das germanische Princip.

8) cf. oben S. 253, Note 1.

„Albernheit" genannt. Er ist klüger als Buol, kennt die Verhältnisse so gut
wie dieser, und sein Urtheil bestätigt, daß Österreichs Politik sich auf Holz-
wegen befindet, wo wir uns ihr unmöglich anschließen können. Leute wie
Frantz,[1] oder wer sonst jene Broschüre geschrieben hat, bedenken nie, daß wir
uns doch nicht à tout prix anschließen können, und daß die Bedingungen,
unter denen es uns nützlich sein könnte, von Österreich klar perhorrescirt werden. Die Kritik in der „Zeit"[2] war recht geschickt verfaßt, hat aber Rechberg
„tief betrübt".

Zur Zeit der Festlichkeiten[3] würde ich gern in Berlin sein, wenn Holstein[4] oder Mainz[5] mich alsdann hier nicht fesseln. In der ersteren Frage
habe ich nicht gemeldet, daß der bekannte Skandinave und Freund des Ministers Hall,[6] Baron Blixen[7] vor einigen Tagen hier war. Seiner Meinung
nach würden die Schwierigkeiten sich durch Lostrennung Holsteins im Eider-
dänischen Sinne leicht lösen, wenn wir keine Ansprüche wegen Schleswig
machten und keine neuen Verhandlungen mit den Holsteinischen Ständen verlangten. Dänemark, d. h. der König, werde dann die vom Bunde verlangten
Änderungen in Holstein-Lauenburg ohne Weiteres octroyiren und die Gesammtverfassung für den Rest der Monarchie behalten. Ob das wirklich die
Absicht ist, will ich aber deshalb, weil Blixen es sagt, noch nicht verbürgen".

**122. Schreiben des Herrn v. Bismarck an einen Abgeordneten,[8] betr.
die Stellung Preußens im Zollverein. Reformvorschläge. Nothwendigkeit der Schaffung eines Zollparlaments sowie einer rückhaltslosen
Discussion der Preußischen Zollpolitik in den Kammern und der
Presse. Die Zuckersteuer-Vorlage. 15. März 1858.**

„Ich bin mit Ihnen darüber einverstanden, daß unsere Stellung im Zollverein verpfuscht ist; ich gehe noch weiter, indem ich fest überzeugt bin, daß
wir den ganzen Zollverein kündigen müssen, sobald der Termin dazu gekom-

---

1) cf. oben S. 8, Note 4.

2) Man vergleiche die Artikel „Zur Allianzfrage" in der in Berlin erscheinenden „Zeit",
Jahrgang 1856, No. 23, 25, 27 und 31.

3) Am 8. Februar 1858 waren in Berlin die Feierlichkeiten aus Anlaß des Einzuges
des Prinzen Friedrich Wilhelm von Preußen und der Prinzessin Royal von Großbritannien
und Irland.

4) cf. oben S. 292.

5) cf. oben S. 292 f.

6) Hall, Dänischer Conseils-Präsident, zugleich Minister des Kirchen- und Unterrichts-
wesens, auch Minister ad interim für die auswärtigen Angelegenheiten.

7) cf. unten S. 301.

8) cf. unten S. 303.

men ist. Die Gründe dieser Überzeugung sind zu weitschichtig, um sie hier zu
entwickeln, und zu eng zusammenhängend, um sie einzeln zu nennen. Wir
müssen kündigen auf die Gefahr hin, mit Dessau und Sondershausen allein
zu bleiben. Es ist aber nicht zu wünschen, daß letzteres der Fall werde,
oder doch daß es lange dauere. Deshalb müssen wir in der noch laufenden
Periode den anderen Staaten den Zollverein angenehm, wenn es sein kann,
zum unentbehrlichen Bedürfniß machen, damit sie nach der Kündigung den Anschluß auf unsere Bedingungen suchen. Ein Theil dieses Systems ist, daß
man sie höhere Nettorevenüen ziehen läßt, als sie selbst durch Grenzzölle ohne
Preußen sich würden verschaffen können. Ein anderer Theil ist der, daß man
ihnen nicht die Fortdauer eines Zollvereins mit Preußen als sachlich unmöglich erscheinen läßt; das wird aber, wenn neben den 28 Regierungen noch
einige 50 ständische Körperschaften, geleitet von sehr partikulären Interessen,
ein liberum veto ausüben. Fangen die Preußischen Kammern damit an, so
wird schon der Gleichheitsschwindel der Deutschen Regierungen nicht zugeben,
daß die übrigen zurückstehen; sie werden sich auch wichtig machen wollen.

Ich glaube, daß wir in einem nach 1865 von Preußen umzubildenden
Zollvereine, um diesen Klippen zu entgehen, für die Ausübung des ständischen
Zustimmungsrechtes in Zollvereinssachen, den Unionsprojekten von 1849 eine
Einrichtung entnehmen, eine Art Zollparlament einrichten müssen,
mit Bestimmung für itio in partes, wenn die Andern es verlangen. Die Regierungen werden schwer daran gehen; aber wenn wir dreist und conse-
quent wären, könnten wir viel durchsetzen. Die in Ihrem Briefe aus-
gesprochene Idee, die Preußischen Kammern, vermöge der Vertretung aller
Deutschen Steuerzahler durch sie, zur Grundlage hegemonischer Bestrebungen
zu machen, steht auf demselben Felde. Kammern und Presse könnten das mäch-
tigste Hülfsmittel unserer auswärtigen Politik werden. In dem vorliegenden
Falle, welches auch das Ergebniß der Abstimmung sein mag, müßte jedenfalls
die Zollvereinspolitik, der Schaden des Vereins für Preußen, die Nothwendigkeit für uns, ihn zu kündigen, auf das eingehendste und schärfste erörtert
werden, damit die Erkenntniß darüber sich Bahn bricht; Ihr Brief sollte als
Artikel in der Kreuzzeitung stehen, anstatt hier auf meinem Tisch zu liegen.
Kammern und Presse müßten die Deutsche Zollpolitik breit und
rückhaltslos aus dem Preußischen Standpunkte discutiren; dann
würde sich ihnen die ermattete Aufmerksamkeit Deutschlands
wieder zuwenden, und unser Landtag für Preußen eine Macht in
Deutschland werden. Ich wünschte den Zollverein in den Bund nebst
Preußens Stellung zu beiden in unseren Kammern dem Secirmesser der schärfsten Kritik unterzogen zu sehen; davon kann der König, seine Minister und
deren Politik, wenn sie ihr Handwerk verstehen, nur Vortheil haben. Aber
ich wünschte doch als Resultat einer solchen Discussion, die Vorlage mit ge-

ringer Majorität angenommen zu sehen. Denn es handelt sich im nächsten Augenblick für den Zollverein mehr darum, Deutsche Regierungen an die Fleischtöpfe desselben zu fesseln, als Sympathien ihrer Unterthanen zu gewinnen. Die Letzteren sind machtlos, und in Betreff ihrer erreicht eine kräftige, sachverständige und ehrliebende Debatte dasselbe, wie die Zufälligkeit eines Abstimmungsresultates. Ich würde daher aus Gründen unserer äußeren Politik jedenfalls für die Regierungsvorlage[1]) stimmen, wenn ich dort wäre. Die Bedenken aus inneren Gründen, die Ihr Brief enthält, vermag ich hier nicht alle zu beurtheilen. Drückend ist die Steuer nicht, denn die Leute sind reich, und wem der Zucker zu theuer wird, der ißt keinen. Gegen H. aber würden Sie mit der Verwerfung der Vorlage gar nichts erreichen, zumal er mit dieser Sache in keinem amtlichen Zusammenhange steht; aber auch B. würde durch die Verwerfung keinen Schaden leiden".[2])

123. Eigenhändiger Bericht, betr. das Interesse Preußens an der Lösung der Herzogthümerfrage. Einziehung Schleswigs in die Controverse und Eventualitäten im Falle der Behandlung der Dänischen Antwort am Bunde. Frhr. v. Bligen. 15. März 1858.

„Ich hatte das anliegende Schreiben in der Absicht gemacht, daß es Sr. K. H. dem Prinzen vorgelegt werden könnte. Bei der Durchlesung finde ich aber, daß es in der Eile etwas ungeordnet und unklar ausgefallen ist, und werde mir deshalb erlauben, den Hauptinhalt zu einem Mémoire umzuarbeiten und dieses dem Prinzen einzusenden.

Die Duehl'schen Briefe beehre ich mich hier wieder vorzulegen. Bei allem seinem Verstande geht doch die Lebhaftigkeit antidänisch mit ihm durch. Warum sollen wir eigentlich besondere diplomatische Anstrengungen aufwenden, damit die Deutschen in Dänemark zur vollen Zufriedenheit mit ihrem heimischen Zustande gelangen, und dem Bunde die Glorie der Erreichung dieses Zweckes zufällt? Was hat Preußen davon, zumal wenn der Bund eclatant durchsetzte, was wir mit Österreichs angeblicher Hülfe nicht konnten. Die jetzt mögliche Lösung der Frage wird sich wohl in dem Satze ausdrücken lassen, daß der Bund über Holstein, Europa über Schleswig entscheidet. Le mieux est l'ennemi du bien, und wenn der Bund Schleswig mitberücksichtigen will, so zieht er nothwendig die Europäische Einmischung herbei. Was die Dänen, nach Duehl's Angaben, beabsichtigen, ist für die Holsteiner jedenfalls unleidlich, und für den Bund unbefriedigend; aber ich sehe in Duehl mehr Enthusiasmus als Staatsklugheit, wenn er jeder Deutschen Regierung,

---

1) cf. unten S. 303, Note 1.
2) cf. unten Seite 303.

und namentlich uns zumuthet, darauf „mit Thaten zu antworten". Wenn eine
solche Dänische Erklärung an den Bund gelangt, so wird der Bund zu sehen
haben, was er darauf thut, er, nicht wir, trägt die Verantwortung. Alle Weis-
heit, die ich darüber vortragen könnte, finde ich in Ew. Excellenz Brief mit den
Worten zusammengefaßt, daß wir bei den Verhandlungen und Beschlüssen der
Bundesversammlung „mehr nach vorn als nach hinten" stehen. Das wird uns
nicht sehr schwer werden; wir haben es bisher vollkommen durchgeführt, und
Nichts nöthigt uns in einer Sache, bei der jetzt gar nichts, später nur dann
etwas zu gewinnen ist, wenn sie jetzt in unbefriedigter Lage bleibt, mit
unserer eigenen Verantwortlichkeit aus der Deckung hinter dem Bunde heraus-
zutreten. Der Beifall der öffentlichen Meinung ist ein wünschenswerthes Gut
für Preußen, aber mit der Gefahr, gegen das gesammte Ausland zu
stehen, scheint er doch zu theuer erkauft.

Blixen[1]) kenne ich viel genauer als Quehl. Ein Aventurier ist er nicht,
aber krankhaft eitel. Er hat Alles, was das Herz eines Privatmannes begehren
kann, namentlich große und schöne Güter und viel Geld; aber er möchte gern
politisch berühmt sein und seinen Namen in den Zeitungen lesen. Er ist der
Einzige in der Dänischen Aristokratie, der Ehrgeiz hat, scheut keine Arbeit und
keinen Geldaufwand, um ihn zu befriedigen, geht mit Demokraten und Aristo-
kraten Verbindungen ein, und diese können ihn, da er Verstand, Kenntnisse
und Energie besitzt, in einem an den beiden ersteren armen Lande wohl in's
Ministerium führen, wenn er sich nicht durch voreilige Prahlereien und durch
den Mangel an Geradheit und Offenheit, mit dem er alle Welt mißtrauisch
macht, den Weg dazu verdirbt. Mit Schele ist er gar nicht zu vergleichen,
schon lediglich der äußeren Politur und Wohlerzogenheit wegen, die er besitzt.
Was ich in „sehr vertraulichen Gesprächen" mit ihm geredet habe, kann ohne
Schaden in jeder Zeitung gedruckt werden".

**124. Bericht, betr. das Mémoire des Herrn v. Bismarck über die Be-
ziehungen Preußens zum Bunde und zu Österreich, sowie nähere Entwickelung des darin enthaltenen Programms. Zuckersteuer-Vorlage
in der Preußischen Kammer und Beschwerden über das Preußische
Handelsministerium. Graf v. Buol und die Holsteinsche Frage.
Haltung Badens gegenüber Preußen. 10. April 1858.**

— — „In meinem letzten vertraulichen Berichte an Ew. Excellenz[2]) erwähnte
ich bereits, daß ich Sr. K. H. dem Prinzen von Preußen ein Mémoire über
unsere Beziehungen zum Bunde und zu Österreich vorzulegen beabsichtigte.[3])

---

1) cf. oben S. 298, Note 7.
2) cf. den Eingang der vorhergehenden Urkunde.
3) Gemeint ist hier augenscheinlich das am Schlusse unseres III. Bandes abgedruckte
s. g. „kleine Buch" des Herrn von Bismarck.

Mir schwebte bei Abfassung desselben hauptsächlich vor, was mir Ew. Excellenz in Betreff der Kollerschen Umtriebe gegen Sie geschrieben hatten. Aus
diesem Gesichtspunkte habe ich geglaubt, daß es besseren Eingang finden würde,
wenn es nicht durch Ew. Excellenz selbst, sondern direkt an den Prinzen gelangte. Ich fürchte nur, daß es zu lang ist, aber ich glaubte alle thatsächlichen
Beweismittel vortragen zu müssen, weil allgemeine Klagen und Behauptungen
über das gegnerische Verhalten immer den Eindruck subjektiver Ansichten machen.
In einem Begleitschreiben habe ich Sr. K. Hoheit gesagt, daß ich die Durchlesung
eines solchen opus nicht erwarten könne, aber bäte, Sich über die darin niedergelegten Erfahrungen meiner siebenjährigen Praxis Vortrag halten zu
lassen. Ich darf daher annehmen, daß die Arbeit in Ew. Excellenz Hände
gelangt ist, und bitte um nachsichtige Beurtheilung derselben. Sollte es noch
nicht der Fall sein und Ew. Excellenz den Prinzen nicht darum angehen wollen,
so werde ich, wenn Sie es befehlen, noch eine Abschrift machen lassen; ganz
schnell wird das aber nicht gehen, da ich auf den alten Kelchner[1] als Feder
gar nicht mehr rechnen kann und auch Eckert[2] vielfach kränklich ist. Die Sache
enthält für Ew. Excellenz auch nicht viel Neues, da Sie Alles, was ich Sr. K.
Hoheit über Vergangenheit und Gegenwart geschrieben, besser kennen als ich, und
meine Ansichten über unsere Aufgaben in der Deutschen Politik Ew. Excellenz
aus meinen Briefen und Berichten nicht nur bekannt sind, sondern von Ihnen,
wie ich mir schmeichle, im Großen und Ganzen auch gebilligt werden. Letzteres ist, nach meinen Eindrücken, bei Sr. M. dem König nicht in demselben
Maße der Fall. Dem Auslande gegenüber kann man in der Vertretung
Preußens nicht Parteimann in derselben scharfen Ausprägung, wie im Innern bleiben, wozu England uns den Beleg und gute Beispiele liefert. Wenn
wir nicht in der Österreichischen Bundespolitik „aufgehen", oder in unbequemer
Zeit der Alternative eines Bruches gegenübergestellt werden wollen, so müssen
wir uns bei Zeiten auf den Schwerpunkt des eigenen Gewichts zurückziehen,
und von dort her die Kräfte wirken lassen, denen Österreich keine gleichartigen
entgegenstellen kann. In nächster Linie rechne ich dazu, daß wir die Treibhaus-
pflanzen der Bundespolitik der freien Luft der Öffentlichkeit aussetzen, und
nicht bloß in der Presse, gegenüber dem großen Lügensystem der Gegner die
freieste Besprechung Deutscher Politik gestatten, sondern auch durch Herbeiführung von Kammerverhandlungen über dieselbe eine authentische Publicität
schaffen, gegen welche die Entstellungen der Presse nicht Stich halten. Wir
haben da die Mittel, unsere Zurückhaltung von angeblich nationaler Bundespolitik sehr populär zu machen, und wenn wir nur erreichen, daß Österreich
und die Majoritätsschwindler vor den Consequenzen, zu denen sie uns treiben,

---

1) cf. oben S. 115, Note 1.
2) Kanzleirath bei der Preußischen Gesandtschaft am Bundestage.

stutzig werden, und ihre Versuche, uns mit dem föderalen Bande enger zu um- 1858
schlingen, aufgeben, so ist durch dieses negative Resultat gegen jetzt schon viel April 10.
gewonnen. Wir werden dann, wenn es in den Allerhöchsten Intentionen liegt,
wenigstens ein zuverlässigeres Bündniß für „äußere und innere Sicherheit" am
Bunde schaffen können, als jetzt.

Doch ich fürchte, daß in Berlin jetzt die Zuckersteuer[1]) momentan die Interessen mehr in Anspruch nimmt, als meine Bundesquerelen. Einige meiner
Freunde in den Kammern haben mir in den letzten Wochen geschrieben, um,
wenn ich nicht selbst käme, doch schriftlich meine Meinung zu haben. Ich habe
Einem derselben zur Mittheilung an die Anderen geantwortet[2]) und erlaube mir
von dem Concept meines Briefes eine Abschrift der Hauptsache beizulegen. Die
am Schluß der Anlage in Bezug genommene Persönlichkeit ist der Minister
von Bodelschwingh,[3]) die kurz vorher angedeutete, Heydt.[4]) Ersteren klagte
ein Correspondent des Mangels an verschiedenen Eigenschaften, den Letzteren
noch anderer Dinge an. Es scheint, daß namentlich unter den Capitalisten,
welche Preußische Eisenbahnactien haben, große Gereiztheit gegen das Handelsministerium herrscht, und Verdächtigungen aus diesen Kreisen auch in
andere verbreitet werden. Man behauptet, daß die Ausübung des Aufsichts-
rechtes und die postalischen Befugnisse benutzt würden, um die Course einzelner
Actiengattungen zu heben oder zu drücken, oder um unfügsame Direktionen zu
peinigen. Dazu kommt, daß Geldmänner, welche äußerlich mit dem Handelsminister gut zu stehen scheinen, allerhand nicht greifbare, aber doch wirksame
Andeutungen über Motive des Verhaltens in Eisenbahnsachen gegen das Aus-

1. Am 27. Februar 1858 legte die Preußische Regierung dem Abgeordnetenhause die
Übereinkunft unter den Zollvereinsstaaten wegen Besteuerung des Rübenzuckers und wegen
Verzollung des ausländischen Zuckers oder Syrups vom 16. Februar 1858 vor, welche im
Artikel 2 für die Abmessung der Steuer folgende Grundsätze aufstellte: a) die Steuer vom
vereinsländischen Zucker soll gegen den Eingangszoll vom ausländischen Zucker stets soviel
niedriger gestellt werden, als nöthig ist, um der inländischen Fabrikation einen angemesse-
nen Schutz zu gewähren, ohne zugleich die Concurrenz des ausländischen Zuckers auf eine
die Einkünfte des Vereins oder das Interesse der Consumenten gefährdende Weise zu beschränken. Es sollen jedoch b) der Eingangszoll vom ausländischen Zucker und Syrup
und die Steuer vom vereinsländischen Rübenzucker zusammen für den Kopf der jeweiligen
Bevölkerung des Zollvereins jährlich mindestens eine Brutto-Einnahme gewähren, welche
dem Ertrage jenes Zolles und dieser Steuer für den Kopf der Bevölkerung im Durch-
schnitte der drei Jahre 1847/49 gleichkommt, das ist, dem Betrage von 6,0762 Silbergro-
schen für den Kopf. Vergl. die Drucksache 57 des Hauses der Abgeordneten, IV. Legis-
latur-Periode, III. Session. Die Übereinkunft erlangte nach schweren Kämpfen die Ge-
nehmigung der gesetzgebenden Faktoren. (Abgedruckt in der Preußischen Gesetz-Sammlung
1859, S. 276.)

2) Oben Urkunde 122.

3) von Bodelschwingh, Finanzminister, seit 1851.

4) von der Heydt, Minister für Handel, Gewerbe und öffentliche Arbeiten, seit 6. Dezember 1848.

land, über die Concurrenzverhältnisse der Ruhr- und der Saarkohlen verbreiten. Kurz in den fraglichen Briefen meiner Freunde fand sich eine artige Sammlung von Verleumdungen, die man über den Herrn gehört hatte, und die unter der Hand gewiß nachtheilig wirken, denen man aber nicht in so positiver Gestalt begegnet, daß man ihnen entgegentreten könnte, ohne ihre Bedeutung gerade dadurch zu vergrößern. Ich habe mich in meiner theilweis anliegenden Antwort auch auf diese Dinge nicht in Correspondenz einlassen können, sondern einfach zu erwägen gegeben, daß der Zucker nicht das Mittel ist, solchem Mißtrauen Ausdruck zu geben. Ew. Excellenz wollen mir verzeihen, wenn ich über diese Dinge pro informatione rückhaltlos schreibe, da ich weiß, daß Sie ohnehin mit der Bedeutung der Unterstützung, welche einzelne Herren der Regierung und Ihnen selbst gewähren, vollständig bekannt sind.

Graf Montessuy[1]) hat mich soeben durch einen längeren Besuch unterbrochen. Er kam, um mir mitzutheilen, daß Graf Buol,[2]) wie Bourquenay[3]) berichtet, sich gegen Letzteren günstig über die Dänische Mittheilung[4]) ausgelassen habe und von derselben die Erwartung hege, daß sich fruchtbare Verhandlungen daran knüpfen ließen, wenn Preußen derselben Ansicht sei. Buol habe besonders den versöhnlichen Ton der Dänischen Depesche gelobt, und dem Französischen Gesandten gesagt, daß die Vertreter mehrerer Deutscher Höfe sich in derselben anerkennenden Weise darüber geäußert hätten. In der Öffentlichkeit wird die Sprache des Wiener Cabinets wohl anders lauten.

Wentzel[5]) ist in Darmstadt, wo die Badischen Herrschaften sich auf zwei Tage zu Besuch aufhalten. Ich kann das Zimmer nicht verlassen, sonst würde ich versucht haben, meine Aufwartung zu machen. Es ist merkwürdig, daß gerade Baden unter allen Mittelstaaten in Form und Sache uns am schärfsten gegenübertritt; die Meysenbugsche Note über den 25. Februar[6]) ist in manchen Stellen grob zu nennen.[7]) Der Verfasser und überhaupt faiseur bei Meysenbug soll Herr von Uria sein, einer der wildesten Ultramontanen".

---

1) cf. oben S. 249, Note 1.
2) Österreichischer Minister-Präsident. cf. auch oben S. 67, Note 1.
3) cf. oben S. 220, Note 2.
4) Vergl. über diese Mittheilung Band III unserer Sammlung, Urkunde 136.
5) cf. oben S. 30, Note 2.
6) Gemeint ist hier der an diesem Tage in der Bundestagssitzung ausgebrochene Streit über den § 19 der Geschäftsordnung. cf. Band III unserer Sammlung, Urkunde 123.
7) Die dem Minister Freiherrn von Manteuffel mitgetheilte Depesche des Ministers von Meysenbug vom 16. März 1858 analysirt zunächst den bereits aus Band III unserer Sammlung bekannten Vorgang und die in Folge desselben ergangene Preußische Circulardepesche vom 4. März 1858 und bemerkt sodann: „Wir können den Vorgang, von welchem der § 89 des Protokolls der achten Sitzung Zeugniß giebt, nur bedauern, und aufrichtig

125. Eigenhändiger Bericht, betr. die Rastatter Besatzungsfrage, sowie Einlenken Österreichs gegenüber der allgemeinen politischen Lage in Montenegro und Italien. Steuerverhältnisse in Ungarn. Die Stellung des Ministers v. Meysenbug und des Herrn v. Usia. Frankfurter Börse und Rhein-Nahe-Bahn. Wahlnachrichten und Parteiverhältnisse in Preußen. 26. Mai 1858.

„Ew. Excellenz wollen mir gestatten, meinen guten Willen als Correspondent mit einigen Zeilen zu bethätigen, wenn ich auch kaum irgend welchen

wünschen, daß es künftighin gelingen möge, ähnlichen Vorkommnissen vorzubeugen. Gleichwohl sind wir nicht der Ansicht, daß der fragliche Vorfall von der ihm beigelegten großen Erheblichkeit sei, und insbesondere vermögen wir uns nicht davon zu überzeugen, daß durch denselben das Recht der Äußerung der einzelnen Bundesregierungen als gefährdet oder bedroht erscheine. Eine solche Besorgniß könnte nur dann mit Grund ausgesprochen werden, wenn es sich darum gehandelt hätte, die Erklärung, deren Aufnahme in das Protokoll verlangt wurde, überhaupt zu beseitigen. Die Protokollirung an sich wurde aber nicht beanstandet, sondern es wurde nur behauptet, daß die Aufnahme in's Protokoll in Gemäßheit der für die formelle Behandlung der Sache maßgebenden Bestimmungen Behufs vorheriger Vermerkung auf dem Ansagezettel bis zur nächsten Sitzung verschoben werden müsse. Über die Anwendbarkeit des hierwegen angerufenen Paragraphen der Geschäftsordnung auf den speciellen Fall gab sich eine Meinungsverschiedenheit kund, und wir glauben kaum, daß der Bundesversammlung, die vermöge ihrer auf den Grundsätzen des Deutschen Bundes beruhenden Organisation denn doch nicht mit einer bloßen Conferenz von diplomatischen Vertretern sonst in keiner Verbindung stehender Staaten verglichen werden kann, die Befugniß bestritten werden kann, über die Frage der Anwendbarkeit der Geschäftsordnung auf den vorliegenden Fall durch Abstimmung zu entscheiden. Eine Entscheidung war aber nothwendig, und gegen die Ansicht, daß die Regierung, welche die betreffende Erklärung abgeben wolle, am besten selbst wissen müsse, ob sie einen Antrag zu stellen beabsichtige, ließ sich, wie uns scheint, nicht ohne Grund geltend machen, daß die fragliche Erklärung, selbst wenn zunächst eine Antragstellung nicht intendirt worden sei, dennoch einen Antrag involviren könne, und daß, wenn in einem Falle dieser Art die Entscheidung jeweils von dem Ausspruche der betheiligten Regierungen selbst abhängig gemacht werden wolle, die Vorschrift des mehrgedachten § 19 jeder Zeit unschwer umgangen werden könnte.

Eine andere Frage ist es, ob die Meinungsdifferenz wegen Anwendbarkeit der Bestimmungen des § 19 der Geschäftsordnung auf die von dem K. Hannoverschen Gesandten eingebrachte Erklärung von der Bundesversammlung richtig entschieden worden ist. In dieser Hinsicht wollen wir, wiewohl zu einer desfallsigen Erörterung in der jetzigen Sachlage überall kein Anlaß mehr gegeben zu sein scheint, doch darauf aufmerksam machen, daß die Hannoversche Erklärung jedenfalls nicht eine auf die Angelegenheit der vormals Schleswig-Holsteinschen Offiziere bezügliche einfache Äußerung, sondern die förmliche Beschlußnahme einer einzelnen Regierung über den fraglichen, noch in Behandlung befindlichen Gegenstand enthielt. Eine solche Beschlußnahme wegen Zahlung in die Matrikularkasse, bevor hierwegen von Seiten des Bundes eine Auflage erfolgt und Verfügung an die Kasse ergangen war, mußte nothwendig als verfrüht erscheinen, und bedurfte einer Erörterung, wobei sich die derselben gegebene Auslegung von selbst darbot, und somit die Ansicht ihre Rechtfertigung fand, es sei die der Bundesversammlung zu machende Mittheilung in Wirklichkeit einem förmlichen Antrage auf Beschlußfassung gleich zu achten.

Die Großherzogliche Regierung wird jeder Zeit gern bereit sein, im Verein mit ihren

Stoff dazu habe, der von Interesse ist. Ich beginne mit dem Wetter und melde, daß es kalt und unfreundlich ist, täglich regnet, den Feldfrüchten aber gedeihlich zu sein scheint. Sogar der Raps verliert das lückenhafte Ansehen, welches er aus dem Winter brachte, und hat reichlich geblüht. Am Bundes-himmel ist das Wetter umgekehrt, trocken und unfruchtbar. In der Rastatter Frage [1]) hat das Drängen Rechberg's etwas nachgelassen; sei es, daß er endlich anfängt, an unseren Ernst in der Einstimmigkeitsfrage zu glauben, oder daß die trüben Aspecten in Montenegro [2]) und Italien [3]) das Einvernehmen mit Preußen wichtiger erscheinen lassen. Die Wiener Instruktionen für die Presse weisen auf letzteres hin; ich höre von hiesigen Österreichischen Zeitungsagenten, daß sie angewiesen sind, allen anderen Hader ruhen zu lassen, und nur die Nothwendigkeit zu bemonstriren, daß Preußen in den orientalischen Streitig-keiten zu Österreich halten müsse. Wenn wir Österreich in den Europäischen Fragen fest entgegentreten (und in dem vorliegenden steckt Nichts, was uns aus eigenem Interesse davon abhalten könnte), und wenn wir in Wien zu verstehen

Bundesgenossen zu Allem mitzuwirken, was den Interessen einer, der Würde und dem Ansehen des Bundes möglichst förderlichen Geschäftsbehandlung für angemessen erachtet wer-den könnte. Sie wird deshalb nicht ermangeln, diejenigen Anträge, welche die K. Preußi-sche Regierung aus Anlaß der Abstimmung vom 25. Februar wegen Modifikation einiger Bestimmungen der Geschäftsordnung bei der Bundesversammlung einzubringen Willens sein sollte, seiner Zeit einer eingehenden Prüfung unterziehen zu lassen, wenn sie schon nach dem Vorhergehenden in dem stattgehabten Vorfalle nirgends einen Anlaß zur Beanspruchung einer weiteren Garantie für die Freiheit der einzelnen Bundesregierungen zur Abgabe von Erklärungen zu erblicken, und ebensowenig die Ansicht zu theilen vermag, daß die Re-gierung selbst, die eine Eröffnung machen will, über deren Eigenschaft als Antrag oder bloße Mittheilung zu entscheiden habe. Mißverständnisse von der Art, wie sich solche in der Bundestagssitzung vom 25. Februar ergeben haben, stehen bis jetzt vereinzelt da, und es scheint uns, bei einem von föderativem Geiste beseelten Zusammenwirken sämmt-licher Bundesglieder, die Besorgniß nicht gerechtfertigt, es möchten ohne die vorgeschlagene Modifikation der Geschäftsordnung derartige Differenzen künftig öfters wiederkehren.

Die K. Preußische Regierung hat, abgesehen von dem Gegenstande des § 89 des Sitzungsprotokolles vom 25. Februar ihren Bundestagsgesandten auch beauftragt, einen Beschluß dahin zu erwirken, daß in Zukunft alle beim Präsidium rechtzeitig eingereichten Anträge auf dem Ansagezettel zur Sitzung vermerkt werden, damit hierdurch jeder Zweifel darüber beseitigt werde, daß es für das Präsidium nicht rein facultativ sei, Anträge auf die Tagesordnung zu setzen oder nicht. Die Bestimmungen der Geschäftsordnung scheinen uns in dieser Beziehung kaum irgendwie eine verschiedene Auslegung zuzulassen, auch ist uns bis jetzt nicht bekannt geworden, daß sich bei irgend einem Anlasse das Bedürfniß einer authentischen Interpretation oder Modifikation der betreffenden Bestimmungen fühlbar gemacht habe".

1) cf. oben S. 259, Note 2.

2) Als 1858 ein Aufstand gegen die Türkische Herrschaft in der Herzegowina ausbrach, verbot der Fürst von Montenegro zwar seinen Montenegrinern, irgendwo feindlich in das Türkische Gebiet einzudringen, es kam aber gleichwohl bald zu blutigen Conflicten.

3) Im Frühjahre des Jahres 1858 reiften die Absichten einer Befreiung Italiens von Österreichs Herrschaft. Juli 1858 Zusammenkunft Napoleon's III. mit Cavour in Plombières.

geben, daß unser Verhalten seinen Grund in der Österreichischen Politik in
Deutschland hat, so muß die letztere schließlich andere Saiten aufziehen, und
die Verständigung mit uns suchen und erkaufen.

Aus Ungarn sind hier sehr eigenthümliche Nachrichten: die direkten
Steuern sollen in einem solchen Umfange rückständig sein, daß die exekutivische
Beitreibung wegen Unverkäuflichkeit der Exekutionsobjekte hat sistirt werden
müssen. Wenn den Steuerpflichtigen das erst klar wird, so werden Viele es
bequemer finden, nicht zu zahlen.

In der vorigen Woche hieß es hier, daß Herr von Meysenbug in seiner
Stellung gewankt habe, und zwar in Folge der Angriffe, welche die ultramon-
tane Partei, unabhängig von Österreich, gegen ihn gerichtet hätte; der
Einfluß des letzteren soll die Sache wieder in's Geleise gebracht haben. Es
scheint, daß Meysenbug sich in der Person seines vortragenden Raths, des
Herrn von Uria,[1]) einen Dorn in's Fleisch hat setzen lassen; derselbe passirt
für den fähigsten Kopf unter den Ultramontanen hiesiger Gegend, und hat die
Aufgabe, einstweilen durch Meysenbug, später nach Umständen ohne ihn, die
Zügel zu führen.

An der hiesigen Börse macht seit einiger Zeit die Rhein-Nahe-Bahn[2]) ein
Aufsehen, welches von unseren politischen Gegnern lebhaft befördert und ausgebeutet wird. Die bedeutendsten hiesigen Bankhäuser, außer Rothschild,
sind bei der Bahn betheiligt, und natürlich sehr betrübt, daß dieselbe statt des
Anschlags von 9 Millionen jetzt über 14 kosten soll. Unsere Gegner behaupten nun alles Mögliche, um die Rechtlichkeit der Preußischen Regierung zu
verdächtigen, und das Vertrauen auf dieselbe als ein leichtsinniges darzustellen.
Bald soll der Anschlag mit Berechnung zu niedrig gestellt worden sein, um
den harmlosen Frankfurter in das Unternehmen hineinzulocken, und hochge-
stellte Beamte sollen sich dieses „Preußischen Pfiffes" gerühmt haben; bald
sollen die hohen Summen, welche jetzt verlangt werden, das Ergebniß einer
übertriebenen und luxuriösen Veranschlagung sein, mit welcher man den Cours
drücken wolle, um die Actien wohlfeil zu erwerben. Heute erzählt man mit
besonderer Entrüstung, daß der Inhalt einer Audienz, welche die Herren Gru-

---

1) cf. oben S. 304.

2) Das bereits im Jahre 1840 angeregte Projekt einer Eisenbahn von Neunkirchen
über Kreuznach nach Bingerbrück war im Jahre 1855 durch ein zu Kreuznach gebildetes
Comité wieder aufgenommen worden. Nach den der Staatsregierung eingereichten Vor-
arbeiten stellten sich die Baukosten auf 10 Millionen Thaler, wobei eine Ermäßigung auf
9 230 000 Thlr. als zulässig bezeichnet wurde. Mit der Bauausführung wurde im Früh-
jahr 1857 begonnen. Demnächst stellte sich heraus, daß die wirkliche Bauausführung zur
betriebsfähigen Herstellung der Bahn 13 600 000 Thlr. und zu ganz vollständiger Aus-
rüstung 14 900 000 Thlr. erforderte. Das Nähere über diese Etatsüberschreitung und die
Consequenzen derselben findet man in der Drucksache Nr. 83 des Hauses der Preußischen
Abgeordneten, Session 1859 (s. die Motive des betreffenden Gesetzentwurfs S. 7).

nelius und Koch gestern morgen bei dem Herrn Handelsminister gehabt hätten, auf der gestrigen Mittagsbörse hier schon bekannt gewesen, und gleichzeitig ein Berliner Fixer, Namens Kosinsky, hier erschienen sei,[1] dessen Personal-beziehungen in Berlin namhaft gemacht werden, und der die Mission gehabt habe, die Actien noch mehr zu drücken. Zu diesem Zweck habe er seine Agenten aus der Mitte der hiesigen Börsenleute instruirt, und diese während der Börse den Cours um 3 Procent geworfen, indem sie, unter Anführung amtlicher Quellen für ihre Angaben, das Unternehmen als ein ruinirtes und als mit der Ungunst der Preußischen Regierung behaftetes dargestellt haben. Bei der feindseligen Benutzung, welche derartige Gerüchte hier finden, wäre es recht erwünscht, wenn zu ihrer Widerlegung etwas geschähe, und wenn die Vertreter der Actionaire, welche sich jetzt in Berlin befinden, über die wahren Ursachen der Verrechnungen aufgeklärt, und nicht ohne Trost heimgeschickt würden. Sie wollten von mir eine Empfehlung an Ew. Excellenz mit auf den Weg haben; ich glaubte aber Ihnen eine unerquickliche Besprechung ersparen zu sollen, und bezog mich bei meiner Ablehnung auf die Ressort-Verhältnisse. Wenn die Lage der Dinge sich nicht ändert, so wird die Gesellschaft wohl in nächster Zeit eine ziemlich stürmische Generalversammlung halten.[2]

Aus der Heimath erhalte ich Briefe mit zaghaften Wahlnachrichten. Man klagt über die Zerfahrenheit und Spaltung der bisherigen conservativen Partei, und über die Rührigkeit der Opposition, welche schon jetzt die Wähler bearbeite. Ein gutes Symptom bleibt dabei immer, daß man nicht wagt, sich

---

1) Auf eine Immediatvorstellung des Verwaltungs-Ausschusses der Rhein-Nahe-Bahn vom 29. Mai 1858 eröffnete der Minister für Handel, Gewerbe und öffentliche Arbeiten von der Heydt demselben unterm 12. Juni 1858, daß die Staatsregierung für den Mehrbedarf, welchen die Ausführung der Rhein-Nahe-Eisenbahn nach den inzwischen beendigten Kosten-anschlägen erfordere, um so weniger verantwortlich gemacht werden könne, als nicht behauptet werden könne, daß die Verwaltung unzweckmäßig geleitet oder daß unnöthige Aus-gaben gemacht worden seien. „Gleichwohl bin ich, wie den hier anwesend gewesenen Mit-gliedern des Verwaltungs-Ausschusses bereits mündlich in Aussicht gestellt worden ist, zu veranlassen bereit, daß Verhandlungen darüber gepflogen werden, inwiefern vorbehaltlich der Zustimmung des Landtags den Fonds der Rhein-Nahe-Eisenbahngesellschaft durch Übernahme des Bahnhofs bei Neunkirchen und durch Vorhaltung der Betriebsmittel von Seiten der Staatseisenbahn-Verwaltung gegen die übliche Vergütung eine Erleichterung verschafft wer-den könne. Falls bei demnächstiger Unterbringung der zu creirenden Prioritäts-Obligatio-nen die Gesellschaft eine förderliche Mitwirkung der Geldinstitute des Staats für wün-schenswerth erachten sollte, würde sich dieselbe an diese zu wenden haben und vertrauen dürfen, daß diese Institute in gewohnter Weise, soweit die Umstände es gestatten, den des-fallsigen Anträgen wohlwollende Berücksichtigung angedeihen lassen werden."

2) Demnächst that die Preußische Staatsregierung ihr Möglichstes zur Beseitigung der Schwierigkeiten der Bahn. Vergl. den am 28. Februar 1859 im Preußischen Abgeord-netenhause eingebrachten Entwurf eines Gesetzes, betreffend die Gewährung der Zins-garantie des Staats für eine Prioritäts-Anleihe der Rhein-Nahe-Eisenbahngesellschaft zum Betrage von sechs Millionen Thaler (Drucksache 83 des Hauses der Abgeordneten, Session 1859).

als Gegner der Regierung hinzustellen, sondern daß jeder von sich behauptet, der eigentliche Repräsentant der Allerhöchsten Orts vorherrschenden Intentionen zu sein. Schriftliche Mittheilungen aus Ostpreußen, Pommern, mündliche aus Westfalen bekunden mir, daß man den Wahlen mit mehr Spannung entgegensehe, als das letzte Mal. Damals war es günstig, daß die Furcht vor Krieg gegen die Oppositionscandidaten in die Wagschale fiel. Zu einiger Erregung der Gemüther trägt gegenwärtig auch das Gerücht bei, daß im Herbst, falls nicht bis dahin Se. M. der König die Regierung wieder übernähme, sehr durchgreifende und principielle Änderungen in Personen und Systemen stattfinden würden. Es wäre gewiß nicht rathsam, mit aufregenden Ungewißheiten in die Wahlen hineinzugehen. Etwaige Änderungen sollten vorher erfolgen, und wenn sie überhaupt nicht beabsichtigt werden, so würde eine bestimmte Kundgebung in diesem Sinne vor dem Beginn der Wahlmanipulationen gewiß nützlich sein, um alle auf Entstellungen und aufregende Gerüchte basirte Parteimanöver zu stören.

Zum Johannistag bin ich zum Ritterschlag vorgeladen, und werde dann um Erlaubniß bitten, mich in Berlin einzufinden".

Namenverzeichniß.

Anm. Herr von Bismarck, der Verfasser der zum Abdruck gelangten Berichte ꝛc., und der Minister Freiherr von Manteuffel, an welchen dieselben gerichtet sind, finden sich in dem Namenverzeichniß nicht aufgeführt.

Sachverzeichniß.

Berichtigungen.

Druck von Breitkopf und Härtel in Leipzig.